商管 全華圖書
叢書 BUSINESS MANAGEMENT

U0044862

相關法規

The Principles and Practice of Casualty Insurance

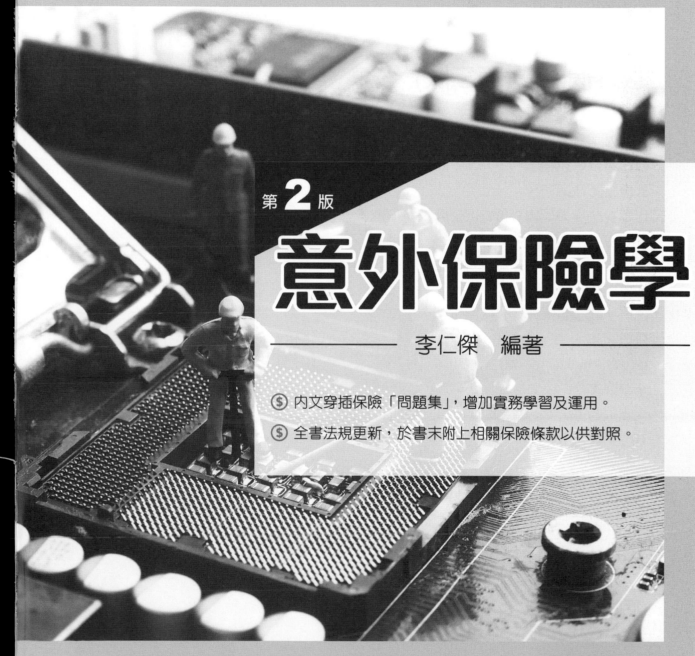

第**2**版

意外保險學

—— 李仁傑　編著 ——

$ 內文穿插保險「問題集」，增加實務學習及運用。

$ 全書法規更新，於書末附上相關保險條款以供對照。

保險為一多數經濟單位之集合，具備共釀準備基金之性質，故為一種經濟制度。

ⓝ 全華

國家圖書館出版品預行編目資料

意外保險 / 李仁傑編著. --二版. --
新北市：全華圖書, 2018.03
　　面 ；　公分
　ISBN 978-986-463-755-3(平裝)
　1. 意外保險
563.742　　　　　　　　　　107002545

意外保險學(第二版)

作者 / 李仁傑

發行人 / 陳本源

執行編輯 / 洪佳怡

封面設計 / 蕭暄蓉

出版者 / 全華圖書股份有限公司

郵政帳號 / 0100836-1 號

印刷者 / 宏懋打字印刷股份有限公司

圖書編號 / 0805801

二版一刷 / 2018 年 3 月

定價 / 新台幣 390 元

ISBN / 978-986-463-755-3

全華圖書 / www.chwa.com.tw

全華網路書店 Open Tech / www.opentech.com.tw

若您對書籍內容、排版印刷有任何問題，歡迎來信指導 book@chwa.com.tw

臺北總公司(北區營業處)
地址：23671 新北市土城區忠義路 21 號
電話：(02) 2262-5666
傳真：(02) 6637-3695、6637-3696

中區營業處
地址：40256 臺中市南區樹義一巷 26 號
電話：(04) 2261-8485
傳真：(04) 3600-9806

南區營業處
地址：80769 高雄市三民區應安街 12 號
電話：(07) 381-1377
傳真：(07) 862-5562

二版序

　　意外保險為保險歷史發展中最具潛力與挑戰的險種，其內容多元豐富；著者將保險學比擬為一張桌子，桌面為保險學總論，保險學個論除了海上保險、火災保險、人壽保險之外，意外保險為桌子的第四隻腳，不學習意外險則無法把『保險』學習的完整；筆者從事意外保險教學逾 25 年，巧逢機緣，蒙全華科技圖書股份有限公司之邀請，特將教學之內容整理並修訂以饗讀者。

　　本書增訂傷害保險，共分九大章，依序包括「危險與保險」、「意外保險導論」、「汽車保險」、「航空保險」、「責任保險」、「工程保險」、「保證保險」、「傷害保險」、「其他意外保險」，並附相關條款規定於書後以供對照。符合大學部 2~3 學分之研修，每章節參考公會之實務資料，間或附「問題集」，最後並附「自我評量」，可作為讀者自修或參加產險核保理賠證照考試之用。吾人宏觀保險知識甚為浩瀚，本書出版後尚冀業界先進及學者專家，不吝指教，無任感幸。

李仁傑　謹識

中華民國 107 年 2 月

目次

01 危險與保險

02 意外保險導論

03 汽車保險

04 航空保險

The Principles and Practice of Casualty Insurance

Chapter 1

危險與保險

1-1　危險概念
1-2　保險概說

1-1 危險概念

　　21 世紀前後災難頻傳，諸如台灣 921 大地震、美國 911 恐怖攻擊事件、印尼南亞地震海嘯、洪水侵襲東歐、以及日常生活中之汽車車禍、空難事件、各種責任事故發生、工程進行中之意外事故、員工不誠實行為、運鈔車被劫等，正如八大人覺經中云：「世間無常，國土危脆」；茲將危險之概念略述如下：（註一）

一、危險的定義

（一）危險是損失的不確定性。（Mehr & Cammack）

（二）危險是損失發生的不確定性。（Rejda）

（三）危險乃是經濟損失的不確定性。（Gustavson）

（四）危險是某一事件在一特定期間內，實際結果與原先所預期的可能結果，產生偏差的情況。（Williams & Heins）

（五）危險為存在現實世界中的一種與預期結果違逆的情況。（Vaughan）

前三者為主觀危險（Subjective Risk），後二者為客觀危險（Objective Risk）。

二、危險的特性

（一）必須為不確定性：所謂不確定性係指是否發生事故、何時發生、為何發生、損失大小等情況事先不可預知；即損失之或然率在 0 與 1 之間，即表示有危險之存在。

（二）必須有財物損失的可能性：有損失發生之可能（即損失之或然率＞0），始有危險可言，如果損失不可能發生（即損失之或然率＝0），即無危險可言。

（三）必須是屬於未來性（未知性）：過去或現在已發生之損失，其損失已確定，即無危險可言。

（四）危險的可變性（The Changeable of Risk）：人類社會一直處在時空動態改變中，危險常因科技發明、經濟發展結構轉變、政治及社會結構改變等而變動，就長期言，危險並非一成不變。

三、危險的衡量

（一）危險性（Chance of Loss）：所謂危險性，係指某一損失發生之或然率大小，通常可用「數」或「值」來表示之，以數表之，稱之為損失頻率（Loss Frequency）；以值表之，稱之為損失幅度（Loss Severity）。

（二）危險程度（Degree of Risk）＝預期損失與實際損失的可能偏差／預期的損失：係指預期損失與實際損失之可能偏差，其偏差大小即表示不確定性之範圍大小。若偏差小，則危險程度亦小，反之，則大；吾人對危險之衡量，首以危險大小來表示其良劣，再以危險程度大小反映危險之可測定；倘某一事故所可能造成之損失愈可測定，則其危險將減少。

（三）變異係數（V）：危險衡量亦可由損失經驗之統計資料中計算變異係數，當變異係數大者，則表示危險較大，反之，則危險較小。即 $V = S/X$，其中 X 為損失平均值，S 為損失標準差。

四、危險三要素

（一）保險標的（Subject-matter Insured）：如人身、財產、責任等標的，為遭受損失之主體。

（二）危險事故（Peril）：如天災地變等自然事故，及火災、車禍、竊盜等人為事故，為造成損失之原因。

（三）損失（Loss）：如人身損失、財產損失、責任損失等，為事故發生可能造成之結果；亦可分為直接損失及間接損失。

五、危險因素的定義及種類

（一）定義：危險因素（Hazard）指足以影響損失頻率或擴大損失幅度之各種因素或條件。

（二）種類：

1. **實質危險因素**（Physical Hazard）：指存在於保險標的本身或其本質上、內在的、非人為的危險因素，如汽車煞車失靈即是。

2. **道德危險因素**（Moral Hazard）：指意圖不當利得而故意引發危險事故發生或擴大損失幅度的心態，如假車禍詐領保險金即是。

3. 心理危險因素（Morale Hazard）：亦稱怠忽危險因素；指雖非有不當意圖，但卻能增加損失頻率或擴大損失幅度的個人性格或企業特性。如粗大心意、疏忽、管理不善，如燒開水疏忽引發火災即是。

六、危險事故的定義及種類

（一）定義：危險事故（Peril）指損失發生的原因；亦即造成保險標的損失的事故或事件。

（二）種類：

1. 自然界的危險事故：如颱風、洪水、地震、冰雹、海嘯等。

2. 人為的危險事故：如罷工、暴動、竊盜、撞車、火災、戰爭等。

3. 標的物本質性所產生的危險事故：如煤或魚骨粉的自燃、穀倉的塵爆等。

七、損失的定義及種類

（一）定義：損失（Loss）指非自願性或非故意的或非預期的經濟價值的減少或滅失。

（二）種類：

1. 直接損失（Direct Loss）：指危險事故發生致使保險標的遭受的損失。

2. 間接損失（Indirect Loss）：指因危險事故發生致保險標的遭受損失，所延伸出來的連帶損失。

八、危險因素、危險事故與損失間的關係

（一）危險因素會影響危險事故發生的機率。

（二）危險因素會影響損失幅度的大小。

（三）損失（Loss）係因危險事故的發生所致。

九、危險的分類

（一）依危險事故發生的經濟結果來分類

1. 純粹危險（Pure Risk）：指僅有損失機會而無獲利可能的危險；如火災或颱風洪水可能造成房屋毀損的危險。

2. 投機危險（Speculative Risk）：指既有發生損失可能，但亦有獲利的可能；如購買公益彩券及期貨。

（二）依危險事故發生的性質來分類

1. 靜態危險（Static Risk）：指不可預料或不可抗力的事件，或人為的錯誤或惡行所致的危險；如天災地變、詐欺及暴行等。

2. 動態危險（Dynamic Risk）：指由於社會、政治、經濟、技術或人類需求的變化而產生的風險；如生產、行銷、創新、政治等風險。

（三）依危險事故發生的影響層面來分類

1. 基本危險（Fundamental Risk）：指由社會、經濟、政治或自然界原因所引起，會影響整個群體或其中大部分人的危險；如經濟景氣變化引起失業。

2. 特定危險（Particular Risk）：指由個人或個體所引起，並僅影響單一個體或若干個體的危險；如個人或企業的財產遭受火災損失的危險。

（四）依危險標的性質來分類

1. 人身危險（Personal Risks）：指發生在人的身體或生命上的危險；如車禍受傷、疾病、早逝、失業等危險事故導致經濟上損失的危險。

2. 財產危險（Property Risks）：指會對個人、家庭或企業所擁有、使用或保管的有形及無形財產，因發生危險事故而導致經濟損失的危險。

3. 責任危險（Liability Risks）：指因為侵權行為或契約行為等危險事故發生，而造成第三人遭受到人身或財產上的經濟損失，而須對第三人負賠償責任的危險。

（五）依是否受個人認知狀態不同而影響來分類

1. 主觀危險（Subjective Risk）：指個人的精神及心理狀態而感受到的不確定感；不同人對同一事件所感受到的主觀危險大都不同。

2. 客觀危險（Objective Risk）：指客觀普遍存在的危險，可以藉由統計資料及其他科學技術估算其發生的機率。

（六）依是否可由商業性保險承保來分類

1. 可保危險（Insurable Risks）：指可由商業性保險來承保的危險。

2. 不可保危險（Uninsurable Risks）：指不能由商業性保險來承保的危險，如市場危險、生產危險、政治危險等。

十、危險成本

（一）概念：危險成本（Cost of Risk）指管理純粹危險或靜態危險的經濟成本及憂慮成本。

（二）包括項目：

1. 危險的經濟成本：包括保險費、自己必須承擔的損失、危險及保險的行政成本、危險控制的成本、殘餘及其他補償或救濟（減項）。

2. 危險的憂慮成本：包括提存緊急準備金的損失，以及阻礙資本形成及減少生產能量的損失。

1-2　保險概說　（註二）

一、保險基本原理

（一）大量同質危險單位之結合

1. 大數法則（Law of Large Numbers）

(1) 觀察危險暴露單位之量愈大，甚至達到無限大，則實際之結果與預期之結果非常接近。

(2) 大數法則的限制：保險公司的承保數量不可能無限多、保險的經營技術，對危險暴露單位有分類太粗與分類過細的困境、保險的環境具有變動性、道德危險與心理危險的干擾、統計方法仍有缺陷。

2. 同質的危險暴露單位：指同一個保險團體的各個危險暴露單位在性質上應屬相同或類似。

3. 損失分擔原理：加入保險團體之所有危險單位共同分擔團體中少數危險暴露單位的損失。

（二）危險轉嫁：在一方支付對價（Consideration）下，被保險人將所面對的純損危險轉嫁給保險人。

（三）意外事故之補償：保險人所補償的損失必須是因意外事故所引起的意外。意外，是指不可預見的或不可預期的（Unexpected）情況。

二、保險的意義

（一）經濟上的觀點

1. 保險為一多數經濟單位之集合，由於具備共釀準備基金之性質，故為一種經濟制度。

2. 保險應具備之要素

(1) 保險的對象為「危險」（Risk）。

(2) 保險的目的在「補償」（Indemnity）。

(3) 保險之運作方式為多數經濟單位之「結合」（Combination）。

(4) 保險的經營基礎為「保險費」（Premium）。

(5) 保險為一種持續性的「經濟制度」（Economic System）。

（二）法律上的觀點：當事人約定，一方交付保險費於他方，他方對於因不可預料，或不可抗力之事故所致之損害，負擔賠償財物之行為。

（三）財務上的觀點：保險是針對不幸意外之損失所為之一種財務重分配制度。

（四）危險管理的觀點：保險是危險融通（Risk Financing）的一種工具。

（五）從實務經營的觀點：依筆者見解，保險有九大內涵，此九大內涵包括：（註三）

1. I / indemnity：吾輩為被保險人乃保險補償的對象，道德經云：「吾之所以有大患者，為吾有身；及吾無身，吾有何患」，良有以也。

2. Necessity：保險攸關生活的一切，不僅有其需求，在日常生活中亦屬必要的。

3. Sales/Service/System：保險有賴銷售招攬，並能提供較佳之服務，更當健全其持續制度。

4. Underwriting：保險有其可保之要件，必須有適當之危險選擇並能通過保險人之核保。

5. Risk：危險無所不在，正因有危險之存在，保險方隨之存在（No Risk No Insurance）。

6. Actuarial/Adjustment：保險之經營須透過適當公平合理之精算，一旦發生事故，保險人亦須迅速公正的予以理賠。

7. Network：新世紀保險經營之各項資訊，須透過電腦網路之運用；人際溝通良好亦有助於保險業務之推展。

8. Co-operation：保險基於大數法則運用，是被保險人之間的互助合作，另外在保險經營實務上，有時亦有共同保險之需要。

9. Expenditure/Everything：保險費結構除純保費外，尚有附加保費（Loading），此項費用已漸受保險經營者重視；觀保險的天地無限寬度，可說一刻不離生活，一切亦盡在其中。

三、可保危險的要件

（一）危險單位須大量且同質。

（二）損失的發生須屬意外。

（三）損失之本身須能確定且可測定。

（四）不能同時造成多數危險單位之損失。

（五）有發生重大財務損失之可能性。

（六）損失機率不可過高。

（七）保險成本應經濟合理。

四、保險對社會與經濟的效益

（一）保障的功能。

（二）提高信用的功能。

（三）降低心理憂慮與精神傷害。

（四）維持固有收益或收入。

（五）保險業為長期資金的重要來源。

（六）保險具有所得重分配效果。

（七）提升損害防阻之層面。

五、保險之社會成本

（一）營運費用成本：保險的營運費用成本是指保險消耗具有稀少性質的經濟資源。要保人繳納的保險費非悉數用來支付賠款，其中的附加費用有部分用來支付營業費用。

（二）道德危險與心理危險：詐欺案件及疏於防範，使保險人遭受損失，亦造成許多社會成本。

（三）民事賠案膨脹：社會上許多賠償案件因為保險而產生，不但造成賠案增加，也造成賠款金額暴增。

六、保險的類別

（一）依保險法的分類區分

1. 財產保險：包括火災保險、海上保險、陸空保險、責任保險、保證保險及經主管機關核准之其他保險。

2. 人身保險：包括人壽保險、健康保險、傷害保險及年金保險。

（二）依保險金額給付是否固定區分

1. 補償保險：又稱損害保險，指危險事故發生時，由保險人估計被保險人實際損失，而支付保險金之保險。

2. 定額保險：保險契約成立時，由保險人與要保人，約定一定額度的保險金額，當保險事故發生時，由保險人按約定的金額給付保險金之保險。

（三）依保險標的性質區分

1. 財產保險：以有形財產或無形之利益或費用等為保險標的，以其毀損或滅失為保險事故，而以金錢或實物等補償方式填補被保險人損失的保險。

2. 責任保險：被保險人依法或依契約對第三人負損害賠償責任而受賠償請求時，由保險人負補償責任之保險。

3. 人身保險：係指承保人身危險的保險。

（四）依保險經營目的區分

1. 營利性保險：以營利為目的而經營的保險；如商業保險。

2. 非營利保險：以非營利為目的之保險；如社會保險。

（五）依保險費性質區分

1. 費用保險：指保險費具有費用性質之保險；如一般的財產保險。

2. 儲蓄保險：要保人所支付之保險費，含有儲蓄性質者；如一般的人壽保險。

（六）依保險實務區分

　　1. 財產三大險種：指海上保險、火災保險、意外保險。

　　2. 人身最大險種：指人壽保險。

 註釋

註一：　參閱中華民國產物保險核保學會編印「產物保險業核保理賠人員資格考試綱要及參考試題」（共同科目篇）－保險學綱要及參考試題－危險概念，中華民國九十二年十二月。

註二：　參閱中華民國產物保險核保學會編印「產物保險業核保理賠人員資格考試綱要及參考試題」（共同科目篇）－保險學綱要及參考試題－保險概論，中華民國九十二年十二月。

註三：　筆者發表於救國團承辦－九十二年暑期大專學生「美麗人生保險探索營」。

 自我評量

一、名詞解釋

1. 危險（Risk）

2. 危險事故（Peril）

3. 危險因素（Hazard）

4. 危險的可變性（The Changeable of Risk）

5. 實質危險因素（Physical Hazard）

6. 道德危險因素（Moral Hazard）

7. 心理危險因素（Morale Hazard）

8. 損失（Loss）

9. 危險性（Chance of Loss）

10. 危險程度（Degree of Risk）

11. 純粹危險（Pure Risk）

12. 投機危險（Speculative Risk）

13. 靜態危險（Static Risk）

14. 動態危險（Dynamic Risk）

15. 基本危險（Fundamental Risk）

16. 特定危險（Particular Risk）

17. 主觀危險（Subjective Risk）

18. 財產危險（Property Risk）

20. 責任危險（Liability Risk）

21. 人身危險（Personal Risk）

22. 可保危險（Insurable Risk）

23. 不可保危險（Uninsurable Risk）

24. 危險成本（Cost of Risk）

25. 大數法則（The Law of Large Numbers）

26. 保險價額與保險金額

27. 費用保險與儲蓄保險

28. 營業保險與非營業保險（政策性保險）

29. 保險金額

30. 保險費與保險金

31. 費用保險

32. 定額保險與補償保險（或稱損害保險）

33. 營利性保險與非營利性保險

二、問答題

1. 何謂危險？危險的特性為何？

2. 何謂危險三要素？這三者之間有何關係？

3. 危險管理中所稱的損失為何？損失通常可分為哪兩種？

4. 何謂危險事故？危險事故可分爲幾類？試扼要述之。

5. 何謂危險因素？危險因素通常可分爲哪幾類？試分別舉例說明之。

6. 試說明危險因素、危險事故與損失三者之間的關係。

7. 何謂純粹危險與投機危險？試分別舉例說明之。

8. 何謂靜態危險與動態危險？

9. 何謂基本危險與特定危險？

10. 危險若依危險標的之性質來分類，可以分哪幾類？試分別舉例說明之。

11. 何謂主觀危險與客觀危險？

12. 何謂可保危險與不可保危險？

13. 何謂危險成本？危險成本包括哪些項目？試扼要說明之。

14. 集合爲保險的基本原理之一，試說明其意義。

15. 保險係由多數經濟單位之集合，請說明其集合可分爲哪兩種型態？

16. 保險之意義爲何？試依我國保險法之規定說明之。

17. 保險制度之理論基礎是大數法則、危險的同質性及損害分攤三者。請詳細說明每一基礎之涵意及其間之關係。

18. 保險應具備之要素爲何？試說明之。

19. 大數法則之運用，就保險經營之技術立場而言，其效果並不完全，其理由爲何？

20. 爲使大數法則充分發揮其作用，在保險技術上應重視之原則爲何？

21. 從實務經營的觀點申述保險的九大內涵？

22. 列示「可保危險」（Insurable Risks）之成立要件？

23. 保險對個人及企業各具有何功效？試分別說明之。

24. 保險之社會成本有哪些？試說明之。

25. 請列舉五項承保危險的理想條件？

26. 保險可保的純粹危險爲何？

27. 保險事故之發生或存在必須具備哪些要件？

28. 試從經濟上說明保險之意義。

The Principles and Practice of Casualty Insurance

Chapter **2**

意外保險導論

2-1 意外保險之涵義

　　從保險實務經營及保險歷史之角度來看，整個保險學猶如一張桌子，其中第四隻桌腳即是「意外保險」，吾人對於意外保險之涵義不易瞭解，從字義加以分析，「意外」（Casualty）二字應指任何不可預料，不可抗力之事故（anything that happens），亦即一般所謂之「天有不測風雲，人有旦夕禍福」，「不測」與「旦夕」都含有不可預料，不可抗力之因素，據此，乃誤以為除少數危險事故（例如自殺）外均屬之則非也，其實欲瞭解意外保險之意義不宜從表面定義，應從世界保險發展歷史（註一）加以探討。故其意義有二：（1）係指保險標的物因意外事故致標的物本身毀損或滅失而由保險人負賠償之責。（2）係指因為意外事故，依法應由被保險人負賠償責任而受賠償請求時，保險人對被保險人負賠償之責；有時同一保險兼具二者性質，例如汽車保險即是，就保單而言有綜合保險性質，就理賠而言有保險競合性質。

　　「意外保險」一詞，英國稱之為 Accident Insurance，美國稱之為 Casualty Insurance，亦即日本所謂之「新種保險」，近年來，我國保險公司之意外保險部門亦漸更名為新種保險部門。其涵蓋範圍最廣，係英國十八世紀末工業革命以後，經濟結構改變及社會變遷所發展出來之產物，也是除海上保險、火災保險及人壽保險以外，發展歷史較短，最具發展潛力之險種，最早之意外保險是英國於 1840 年所推出之員工誠實保證保險（Fidelity Guarantee），惟業務量不多，其後範圍便逐漸擴大，其早期主要險種包括：

1. 員工誠實保證保險（Fidelity Guarantee）
2. 人身意外傷害及疾病保險（Personal Casualty，Disease and Sickness）
3. 僱主責任保險（Employers　Liability）
4. 公共責任保險（Public Liability）
5. 工程保險（Engineering）
6. 竊盜保險（Burglary）
7. 汽車保險（Motor）
8. 其他意外保險（Miscellaneous）

美國傳統上將保險規範為壽險（life）、火水險（Fire-marine）以及意外險（Casualty）三大類，後來允許業者可以經營多險種（Multiple-line）業務，致使其範圍愈難界定，1946 年美國保險監理官協會 the National Association of Insurance Commissioners; NAIC 遂規範如下：

1. 除海上保險以外之法律責任。

2. 殘廢及醫療費用。

3. 實體財物損失。

1953 年加州保險法列舉意外險包括之種類，但由於壽險業亦承保部份意外保險，故現在對保險另一分類改以下列方式：

1. 第一人保險（First Party Insurance）：即賠償請求權人為被保險人或其指定之受益人。

2. 第三人保險（Third Party Insurance）：即賠償請求權人為遭受被保險人所致損失之第三人。

上述規範仍有缺陷，如勞工補償保險在僱主無過失下，亦直接付保險金予受僱員工，此點類似由僱主支付保費替員工投保團體健康保險，又第三人責任保險祇有產險業能經營，亦有透過壽險公司所提供之人壽或健康保險來保障。

日本所謂之新種保險係指海上保險、火災保險及人壽保險除外之各種保險總稱，此乃按各險種之開辦順序稱之，並無理論上統一之界定，依序有信用保險（1904）、鍋爐保險（1908）、傷害保險（1911）、汽車保險（1914）、竊盜保險（1916）、玻璃保險（1926）、航空保險（1936）、風水災保險（1938）、動物保險（1947）、勞工責任保險（1949）、保証保險（1951）、第三人意外責任保險（1953）、汽車第三人意外責任保險（1955）、機械保險（1956）、安裝工程保險（1956）、原子能保險（1960）、建築工程保險（1960）、動產綜合保險（1961）、僱主意外責任保險（1972）、土木工程保險（1973）、營業中斷保險（1982）。

我國之金管會保險局對於保險之監理逐年修訂保險法，其現行保險法並無「意外保險」一辭，僅將保險分為人身保險及財產保險，而後者包括火災保險、海上保險、陸空保險、責任保險、保證保險及經主管機關核准之其他保險，解釋上陸空保險、責任保險、保證保險及經主管機關核准之其他保險均可歸入意外保險之範疇。綜合上述可知意外保

險之範疇乃指除了海上保險、火災保險、人壽保險之外其他險種之總稱；另傷害保險及健康保險除壽險公司外亦可由產險公司來經營者，稱之「中間性保險」。

問題集

保險法修正後，產壽險業均可以經營傷害險，產壽險公司賣的傷害險內容一樣嗎？

答 傷害保險其風險性質與財產保險相同，均因外來突發不可預料意外事故發生，產生損失（在財產為物之毀損，在人身為身體傷害、死亡、殘廢），故在歐、美保險先進國家，係屬於產險經營範圍，在我國早期保險法以人身對象而歸於壽險經營似有不當，不論是保險期間、費率及準備金等及危險評估，均與長期性質之壽險不同，今保險法終於修正，讓產險業亦可獨立經營，使消費者可有多種的選擇。

目前壽險之傷害險均僅限一般意外傷害險或旅行平安險，費率僅以行業別區分，故保費顯然偏高。

產險業在可獨立經營傷害險之前，財政部准許以附加險方式銷售，例如：僱主責任險附加員工團體傷害險、信用卡保險附加傷害險、旅遊綜合險附加傷害險、飛航傷害險、車險附加駕駛人或交通事故傷害險、住宅附加個人及家庭傷害險，居家及個人責任附加傷害險等，依危險不同附加在不同險種，因此保障範圍、費率、理賠手續與壽險業之傷害險顯有所不同，又產險大多透過銀行或旅行業為行銷管道，在費率與成本考量亦與壽險不同。

2-2 意外保險之沿革

　　十三、四世紀及至十六世紀基爾特（Guild）制度　由職業相同者基於相互扶持之精神所組成之互助組織，十七、十八世紀火災保險及人壽保險興起，迄至工業革命帶動商業革命、運輸革命，農業改革亦隨之，機械代替人工、物質文明，相對亦產生許多的危險（risk）。意外保險之思想緣起如下：

表 2-1	意外保險思想之起源
1720 年	倫敦皇家公司承保僕人之偷竊損失及德國漢堡發行家畜保險。
1710-1720 年	家畜保險（Live Stock Insurance）。
1718-1720 年	信用保險（Credit Insurance）。
1787 年	偷竊保險（Theft Insurance）。
1799-1850 年	家畜互相協會成立。

　　意外保險之興起於十九世紀，典型之意外保險（英）如下：（註二）

表 2-2	典型意外保險之興起
1840 年	誠實保證（Fidelity Guarantee）。1840 年冰雹（Hailstorm）。
1844 年	家畜（Live Stock）。
1848 年	人身意外（Personal Casualty）。
1852 年	厚玻璃板（Plate Glass）。
1858 年	工程（Engineering）。
1878 年	公共責任（Public Liability）。
1880 年	僱主責任（Employers' Liability）。
1887 年	竊盜（Burglary）。
1890 年	特許保證（License）。
1893 年	信用（Credit）。
1896 年	汽車（Motor）。
1901 年	契約保證（Contract Guarantee）。

　　配合工業革命、商業革命、運輸革命，吾人可將意外險興起之演變圖示如後：（註三）

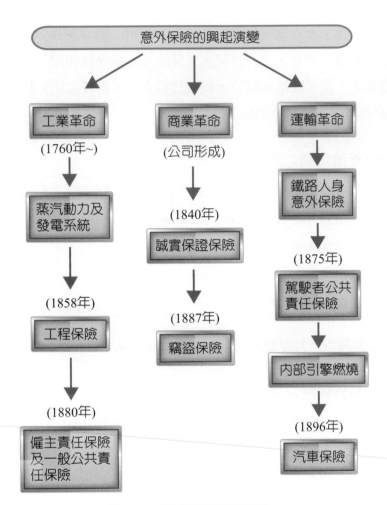

圖 2-1　意外保險的興起演變

二十世紀意外險發展迅速，機械、銀行竊盜、航空等保險及各種責任保險相繼衍生，綜合上述將意外保險之發展沿革圖示如下：（註四）

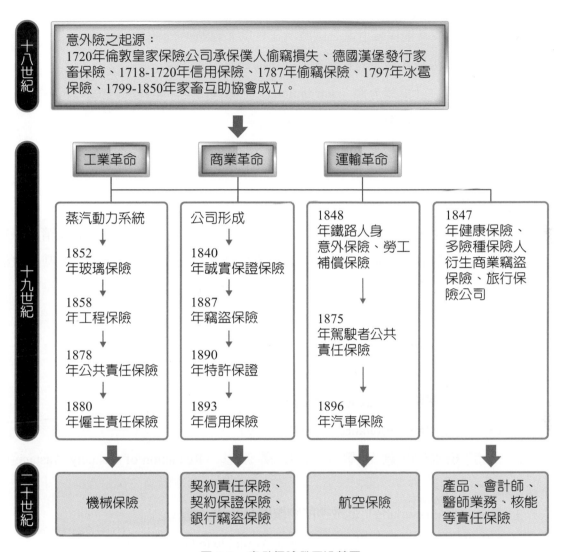

圖 2-2　意外保險發展沿革圖

2-3 意外保險之重要性

早期意外保險或其他保險計劃之困難所在有以下幾點：

1. 統計知識欠缺，特別是保險統計（Insurance Statistics）。

2. 對於保費之計算或分攤（ontributions）不易找出適切基礎。

3. 以迷信及宗教為藉口反對保險。

4. 無法認知保險所帶來之真實利益。

5. 由於缺乏現代化之交流方法，以致保險受限於某一地方，危險（risks）無法大量化及分散。

然而隨著時代之演變、科技文明，相對潛在危險的增加，同時保險統計及精算等知識逐漸建立，人類對於保險之需求日增，意外保險所包括範圍，遂逐漸擴大，其在整個經濟體系中愈顯出其重要所在，列舉其功用如下：（註五）

1. 財務損失補償（Financial Loss Recouped），包括：

   (1) 人身保險（Insurance of the Person）。

   (2) 利益保險（Insurance of the Interest）。

   (3) 責任保險（Insurance of the Liability）。

   (4) 財產保險（Insurance of the Property）。

2. 由於檢驗使意外事件之耗損減少（Reduction of Casualty Wastage by Inspections）。

3. 核保（Underwriting）促成標的物改善，品質改進。

4. 經驗提供政府施政參考（Experience Available to Government）。

綜合言之，意外保險是一門需要廣泛知識始能瞭解之險種，其特色如下：

1. 為配合意外保險之特別需要與環境變遷，一般保險理論與實務須隨時修正。

2. 意外保險某些險種，依法必須強制投保。

3. 法院判例，影響賠償項目及理賠額提高。

4. 由於競爭趨勢，一般業者可能降低限制，擴大承保範圍。

5. 某些險種承保金額不受限制，且新險種不斷增加，乃成為最具發展潛力之險種。

實務上，我國之保險公司多已成立意外保險部（目前多更名為新種保險部），以處理意外保險之相關事務，但對於其功能劃分，同業間做法不一，不論經營方式如何，意外險較之傳統險涵蓋範圍廣，成長快速且日新又新，其在我國之發展趨勢主要有三：

1. 保單之發展朝向兩種型態，一是「專門化」，乃針對不同行業或特殊事故安排特別保險單以滿足特殊需求，如旅館綜合保險，意外污染保險等；另一是「綜合化」，乃一張保單涵蓋多種保險，如綜合責任保險，銀行綜合保險等。

2. 消費者意識抬頭刺激廠商對於責任保險之需求，此外有利消費者之法律訂定及索賠金額提高，均促成較高額度責任保險之購買。

3. 社會較富裕亦較紛擾，金融業、服務業更加興盛，帶動保證保險、現金保險、竊盜保險、及其他意外保險之需求，保險業將面臨更大的挑戰，諸如金融保險商品研發創新及資金運用等。

此外欲瞭解保險之需求，亦可從「保險密度」（Insurance Density）及「保險滲透度」（Insurance Penetration）得知，保險密度係指一國每人每年之保費負擔（保費總支出／人口總數）；保險滲透度係指每年國民所得中保費支出之多寡比例（簽單保費／GDP）。

茲將最近六年財產保險及人壽保險之保險密度及保險滲透度列示如下以供參酌。

表 2-3　我國最近六年財產保險及人身保險保險密度及保險滲透度統計表

年 Year	保險密度[1]（元） Insurance Density（NTD）			保險滲透度[2] Insurance Penetration　（%）		
	總 計 Total	財產保險 Non-life Insurance	人身保險 Life Insurance	總 計 Total	財產保險 Non-life Insurance	人身保險 Life Insurance
2011	99,514	4,867	94,647	16.15	0.79	15.36
2012	111,461	5,167	106,294	17.69	0.82	16.87
2013	115,874	5,344	110,530	17.78	0.82	16.96
2014	123,895	5,642	118,253	18.02	0.82	17.20
2015	130,376	5,794	124,582	18.28	0.81	17.46
2016	139,310	6,201	133,109	19.16	0.85	18.30

資料來源：財團法人保險事業發展中心；中華民國人壽保險商業同業公會。
註：1. 保險密度：每人平均保費支出。2. 保險滲透度：保費收入對 GDP 之比率。

2-4 意外保險之類別

意外保險之類別依承保標的，可分下列四大類（註六）：

一、人身保險（Insurance of the Person）

此類保險係承保人身意外傷害，其特性為：

（一）人身保險非補償契約（Contracts of Indemnity）。

（二）人身保險不適用共同分攤條款及代位求償權。

（三）給付金額以保單所載金額為準。

二、財產保險（Insurance of the Property）

此保險承保之標的為被保險人所有或保管負責之財產，特性為：

（一）財產保險屬補償契約，理賠時須考慮折舊或增值因素。

（二）保險人有權決定理賠方式，有現金給付、修理、重置或恢復原狀等。

（三）賠償金額以保單所載保額為上限。

三、責任保險（Insurance of the Liability）

此類保險旨在對被保險人依法應負賠償責任而受賠償請求時，由保險人在承保金額範圍內賠付之，道義責任不在承保範圍內，其特性於第五章責任保險章節再述之。

四、利益保險（Insurance of the Interest）

此類保險包括員工誠實保證保險及其他類似保險，其特性為：

（一）契約關係人包括三方：保證人（保險人）、被保證人及權利人等。

（二）保險契約由權利人與保證人訂定。

無論意外保險如何分類，仍不免發生保險重疊（Insurance Overlapping）之情形，依意外險發展沿革似可將其區分五大類：

1. 機械（工程）保險。

2. 責任保險。

3. 保證及信用保險。

4. 汽車、航空保險。

5. 其他意外保險。

綜合上述，茲將意外保險之類別表示如下：

表 2-4　意外保險之類別　▼

依承保標的	依發展沿革
1. 人身保險	1. 機械（工程）保險
2. 財產保險	2. 責任保險
3. 利益保險	3. 保證及信用保險
4. 責任保險	4. 汽車、航空保險
	5. 其他意外保險

　　然而由於汽車險業務多，已獨樹一格，航空保險有的由車險部兼營，亦有交由水險部經營者，但由於航空旅遊日盛及美國 911 恐怖攻擊事件之影響，航空保險之日趨重要自不待言（容後專章探討），茲將目前台灣保險市場所開辦之保險種類分如下：（註七）

一、汽車保險

（一）車體損失保險（甲式、乙式、丙式）。

（二）竊盜損失保險（車體損失保險與竊盜損失保險通常合稱為汽車損失保險）。

（三）第三人責任保險。

（四）汽車保險可加保下列各種附加險：

　　有◎者其保單基本條款附於後（附錄一）

　　1. 汽車車體損失險附加颱風、地震、海嘯、冰雹、洪水、或因雨積水險。

　　2. 汽車車體損失險附加罷工、暴動、民眾騷擾險。

　　3. 汽車車體損失險附加供教練開車車體損失險。

　　4. 汽車經銷商車體損失險。

　　5. 汽車竊盜損失險附加零件、配件被竊損失險。

　　6. 汽車竊盜損失險附加供教練開車竊盜損失險。

　　7. 汽車經銷商汽車竊盜損失險。

意外保險學

8. 汽車運送損失險。

9. 供長期租賃小客車批單。

10.汽車經銷商汽車第三人責任險。

11.汽車製造業汽車第三人責任險。

12.汽車修理業汽車第三人責任險。

13.汽車第三人責任險附加供教練開車第三人責任險。

14.汽車第三人責任險附加酗酒駕車責任險。

15.汽車第三人責任險附加醫藥費用。

16.汽車第三人責任險附加汽車乘客責任險。

17.汽車第三人責任險附加僱主責任險。

18.汽車貨物運送人責任險。

二、航空保險

◎（一）飛機機體保險。

◎（二）飛機責任保險。

◎（三）飛機場責任保險。

三、責任保險

◎（一）公共意外責任保險。

◎（二）僱主意外責任保險。

◎（三）產品責任保險。

◎（四）營繕承包人公共意外責任保險。

◎（五）高爾夫球員責任保險。

◎（六）電梯意外責任保險。

◎（七）醫師業務責任保險。

（八）會計師責任保險。

（九）律師責任保險。

（十）貨物運送人責任保險。

（十一）核能責任保險。

（十二）旅館綜合責任保險。

（十三）意外污染責任保險。

（十四）保全業責任保險。

（十五）大眾捷運系統旅客運送責任保險。

（十六）旅行業綜合責任保險。

（十七）幼稚園責任保險。

（十八）醫院綜合責任保險。

（十九）建築師工程師專業責任保險。

（二十）保險代理人經紀人專業責任保險。

（二十一）保險公證人專業責任保險。

（二十二）金融業保管箱責任保險。

（二十三）自（主）辦活動綜合責任保險。

（二十四）董事重要職員責任保險。

四、工程保險

◎（一）營造綜合保險。

◎（二）安裝工程綜合保險。

◎（三）營建機具綜合保險。

◎（四）鍋爐保險。

◎（五）機械保險。

◎（六）電子設備保險。

五、保證保險

◎（一）員工誠實保證保險。

◎（二）員工誠實保證保險附加險。

（三）限額保證支票信用保險。

（四）住宅抵押貸款償還信用保險。

（五）工程融資保證保險。

（六）工程押標金保證保險。

◎（七）工程履約保證保險單。

（八）工程預付款保證保險。

（九）工程保留款保證保險。

（十）工程支付款保證保險。

（十一）工程保固保證保險。

其中（六）～（十一）為工程保證保險。

六、其他意外保險

◎（一）銀行綜合保險。

◎（二）銀行綜合保險附加疏忽、短鈔險。

◎（三）現金保險。

◎（四）竊盜損失保險。

◎（五）玻璃保險。

（六）商業動產流動保險。

◎（七）藝術品綜合保險。

◎（八）消費者貸款信用保險。

（九）僱傭綜合保險

註一： 參閱湯俊湘著保險學，海上保險第一張保單於 1347 年，火災保險 1667 年、人壽保險 1762 年及英國意外保險史－意外保險 1840 年。

註二： 參閱 History of Casualty Insurance in Great Britain By W.A DINSDALE，ph. D.，B. Com.，1954。

註三： 同註二。

註四： 同註一。

註五： 同註二。

註六： 「意外保險訓練教材第一輯」，財團法人保險事業發展中心編印，中華民國
　　　 七十八年十二月。

註七： 參閱「我國現行產物保險單彙編」，財團法人保險事業發展中心編印，民國
　　　 七十六年十一月。

 自我評量

一、名詞解釋

1. 意外（Casualty）

2. 意外保險（Casualty Insurance）

3. 多險種保險（Multiple-line Insurance）

4. NAIC

5. 基爾特（Guild）

6. 綜合保險（Comprehensive Insurance）

7. 保險競合

8. 保險密度（Insurance Density）

9. 保險滲透度（Insurance Penetration）

10. 中間性保險

二、問答題

1. 試述意外保險之涵義？

2. 試述同一保險兼具二種性質之謂？

3. 試簡述意外保險之歷史沿革？

4. 試述意外保險之特色？

5. 試述意外保險在我國發展之趨勢？

6. 意外保險在整個經濟體系中愈顯重要，試列舉其功用？

意外保險學

7. 試說明「保險密度」（Insurance Density）及「保險滲透度」（Insurance Penetration）之意涵？

8. 試依教材提供資料分析最近六年財產保險「保險密度」（Insurance Density）及保險滲透度」（Insurance Penetration）？

9. 試依教材提供資料分析最近六年人身保險「保險密度」（Insurance Density）及保險滲透度」（Insurance Penetration）？

The Principles and Practice of Casualty Insurance

Chapter **3**

汽車保險

3-1 汽車保險概述

　　汽車保險始於 1896 年，汽車保險之良窳與被保險人之駕駛習慣與肇事記錄有關，一般汽車之行駛亦與地區差別有關，大都會之使用汽車頻繁，汽車之專業及其保險知識不可不知。汽車修護及核保理賠均有其高度技術，汽車之行銷服務有待密集人力，其保險亦然；一旦發生事故，有時亦產生重大之影響，故汽車保險應以費率增減誘導被保險車主之損害防阻。綜上所述，汽車保險之特性包括（1）高度屬人性（2）地區差別性（3）專業知識性（4）保險技術性（5）人力密集性（6）重大影響性（7）損害防阻誘導性。二十世紀汽車普遍使用後，由汽車意外事件所致之損失已漸受各方矚目，汽車之社會成本包括（1）意外事故所致損失（2）道路維修成本（3）無形成本（警力耗費、犯罪工具、廢氣污染、塞車耗時等），尤以車禍所致他人之傷亡，更形成嚴重的社會問題，因此，各國政府莫不採用各種措施，或積極地減少車禍發生，或消極地使受害人及其家屬得到適當的照顧，汽車保險之需求遽增其原因如下：

1. 汽車為經濟生活之一部分，不可能為避免其可能所致之生命財產損害而棄之不用。

2. 汽車安全設施改善與駕駛技術進步足以預防事故發生，但無法使此種危險完全消失。

3. 車禍所造成之車損，以及對第三人之損害賠償責任為當事人所不能或不願自己承擔，因而汽車保險日見其重要性。

　　汽車保險業務量龐大，日本已將汽車保險從「新種保險」（即意外保險）獨立出來，我國各產險公司亦皆設汽車保險部門單獨承做，汽車保險經營有其特色所在，茲列舉如下：

1. 乃最和個人及社會相關的保險之一，不論有車與否，自己或親友均可能因交通意外而必須與汽車保險訴求發生關係。

2. 出險頻率居所有保險之冠，理賠糾紛頻繁，均造成各方面困擾，甚而社會問題。

3. 具綜合保險性質，除車損險外並包括對第三人之損害賠償責任。

4. 汽車保險中之第三人責任保險，依法必須投保，具強制性質。

5. 保費收入佔總產險市場之百分比最高，已躍居首要地位。

6. 實務上，汽車險已從意外保險獨立出，各保險公司皆有車險部加以處理。

上述特色一、二乃就社會之角度觀之，特色三、四乃就保單性質而言，特色五、六乃就保險經營論之。

汽車保險單之主要內容包括：（1）被保險人（2）保險標的（3）保險事故（承保範圍）（4）不保事項（5）費率決定（6）附加險等，茲分述如下：

一、被保險人

1. 指名或列名被保險人（Named Insured），乃保單上載明之被保險人，在產險可為個人或法人，在壽險為個人，亦稱保單持有人（Policy-holder）。

2. 額外或附加被保險人（Additional Insured），係指在保險契約上非指名被保險人，但亦受保險契約保障之人，通常以批單方式附加承保或在保險契約中對「被保險人」之定義中予以規範，或為同居之全體家屬、經指名被保險人或其配偶所許可使用其汽車之人，以及對被保險汽車之使用負有法律責任之任何人。

二、保險標的

包括汽車本身及對於第三人之損害賠償責任，被保險汽車係指車身及引擎合成之車輛或包括其拖車整體而言，固定裝配於車上之零件及配件，自亦包括在內，其種類有三，如下：

1. 自用汽車，指個人或企業所有，用以載人之用。

2. 營業汽車，有商用汽車及公共汽車之分，前者如運貨汽車，後者如出租汽車。

3. 特種汽車，如消防車、清道車等，至於輕重型機車，亦可投保汽車險，本節所述，以自用汽車為主。

又同一被保險人，所有汽車在十輛（或五輛）以上者可以集體投保，稱為隊車保險（Fleet Coverage），享受多輛優待；我國汽車保險，要保車輛在 100~200 者，優待 5%，要保車輛在 201 以上者，優待 10%；旅客責任保險、僱主責任保險及各種特約保險，一律不給予多輛優待。

三、保險事故

汽車保險因保險標的之不同，其承保之危險事故亦異，主要可分（一）汽車損失保險及（二）汽車責任保險，汽車損失保險之保險事故屬綜合性質，茲列舉如下：

1. 碰撞或傾覆。

2. 火災、閃電、雷擊、外來爆炸，其他運輸中危險事故所致。

3. 竊盜。

4. 拋擲物、墜落物、惡意行為或其他意外事故所致。

5. 暴風雨、地震、海嘯、冰雹、洪水、其他自然災變、以及罷工、民眾騷擾等，通常以附加險方式加保。

6. 修理費用，包括被保險人緊急處理自行支出費用。

7. 醫藥費用，指被保險人或同車之乘客，直接受有體傷，其必須支出者，附有此種條件保單，通常酌加保費。

汽車責任保險之保險事故，即指因汽車所有人、非所有人或駕駛人之過失行為，所致第三人之損害賠償責任，實務上，通常包括三種情形：

1. 被保險人因所有、使用或管有（管理、佔有）被保險汽車，發生意外事故所致第三人之傷亡或財損責任。

2. 經被保險人許可使用之人或法律上對被保險汽車之使用應負責之人，因使用或管有而發生意外事故，致第三人之傷亡或財損責任。

3. 被保險人因過失行為，致被控訴或受賠償請求，為抗辯或進行和解所需之訴訟費用及必要開支，事先經保險人同意者，保險人應另行補償之。

四、不保事項

汽車保險與一般財產保險相同，均有除外責任（Exclusions）之規定，列舉如下：

1. 道德危險因素引起者，如被保險人或被保險汽車所有人、使用人、管有人及駕駛人之故意或唆使行為所致。

2. 非常危險事故所致者，如戰爭或軍事行為、政府機構行政命令、核子危險、SRCC 等。

3. 承保危險變動所致損失，如汽車行駛保單所載範圍外、汽車修理時、汽車修理業所致之損失等。

4. 本質或天然因素所致者，如被保險汽車之窳舊、銹垢、鼠嚙、自然耗損、冰凍毀損等。

5. 非因外來意外事故直接所致機件損壞，電機及機械故障。

6. 附帶損失，包括貶值及不能使用損失（Loss of Use）。

7. 損失非發生於保險標的上者，損失險方面如存於車內之衣物、用品、工具，未固定於車上之零件或配件，輪胎及備胎單獨毀損滅失等；責任險方面，如被保險人個人對第三人所承認、要約或允許之賠償責任，廣義被保險人所有、使用、或管有財物所生毀損或滅失之賠償責任，被保險汽車本身及裝載之重量或震動導致其他財物毀損之賠償責任等。

五、費率決定

自用汽車損失險費率計算主要因素有四：

1. 駕駛人年齡、性別。

2. 汽車用途。

3. 汽車出廠之年份及式樣。

4. 經常行駛之地區。

自用汽車責任險費率決定因素包括：

1. 汽車經常行駛之地區。

2. 汽車用途。

3. 所有人之職業。

4. 駕駛人年齡、性別。

商用汽車保險費率之計算除依用途分類外、車身重量、載重量、底盤重，亦皆為主要決定因素：公用汽車保險費率計算則以車輛形態、大小及行駛區域為基礎，至於特種汽車亦可經保險人同意以公用汽車保險承保。

六、附加險

汽車險為配合被保險人之特殊需要，可以特約或附加險方式加以處理，茲舉主要如下：

（一）汽車損失險之附加險：

    1. 風暴、地震、海嘯、冰雹、洪水險。

    2. 罷工、暴動、民眾騷擾險。

    3. 零件、配件被竊損失險。

    4. 教練車輛損失險。

    5. 塗貼反射物料車輛損失險。

（二）汽車責任險之附加險：

    1. 自用汽車乘客責任險。

    2. 營業用汽車乘客責任險。

    3. 汽車雇主責任險。

    4. 酗酒駕車責任險。

    5. 汽車經銷商第三人責任險。

    6. 車製造業責任險。

此外尚有「醫藥費用保險」（Medical Expense Coverage）－乃承保被保險人或任何乘坐或上下被保險汽車之人，因意外事故發生所致直接並即時之體傷，其必需支出之醫藥費用，及「未保險駕駛人肇事保險」（Uninsured Motorist Endorsement）－乃承保被保險人、其同居家屬、其他乘坐被保險汽車及依法可獲賠償之人，因未保險駕駛人或肇事後逃逸（Hit & Run）所致之損害，即被保險人及其家屬或乘客於特定情形下，處於第三者地位，享有責任保險之權益，其承保範圍通常限於體傷部份，不包括財損部分。

汽車保險於美國使用最廣的有企業汽車保險單（Business Auto Policy；BAP）及個人保險單（Personal Auto Policy；PAP），其業務種類除上述外尚有「汽車間保險」（Garage Insurance），非但適用個人或公司，即其他如出售或修車廠商、附有出售零件之加油站、以及附設公共停車處之汽車庫等，亦多採之，包括：

1. 汽車間責任保險（Garage Liability Insurance）－乃承保汽車間所有人或僱用人，因停放或修理業務必要，開動非已有之汽車，所致他人之體傷或財損責任。

2. 汽車間管理人法律責任保險（Garage Keepers Legal Liability Insurance ）－乃承保汽車間管理人所保管他人之汽車，因火災、爆炸或竊盜所致之直接損失。

　　我國之汽車保險單，原係參考美國之汽車保險條款，加以簡化濃縮而成，另於第二節、第三節加以簡析之，美國汽車保險基本用語於網路均可查知，本文不另敘述。

3-2　自用汽車保險單條款簡析

一、共同條款

第　一　條：契約之構成與解釋，指條款、批註或批單及要保書與其他約定文件，若有疑義，以有利於被保險人之解釋爲原則。

第　二　條：承保範圍－第三人責任保險、車體損失保險甲式、乙式或丙式、竊盜損失保險。

第　三　條：自負額規定，基本自負額依費率規章規定被保險人不得加費免除，可要求較高自負額，理由如下：

1. 保險人方面－（1）減少小額賠款及理賠費用（2）改善業務品質（3）維持損失率的正常化。

2. 被保險人方面－（1）降低保費負擔（2）誘導損失預防（3）防範道德危險。

第　四　條：「被保險汽車」之定義，包括原汽車製造廠商固定裝置於車上且包括在售價中之零件及配件；附掛拖車時，按約定辦理。

第　五　條：告知義務與保險契約之解除，除斥期間爲一個月；解除契約，已收保費不予退還，倘賠償金額已給付，得請求被保險人退還。

第　六　條：保險費之交付，應以保險公司掣發之收據或繳費憑證爲憑。

第　七　條：保險契約之終止，被保險人通知終止，其已滿期之保險費，應按短期費率表計算並不得低於最低保險費之規定；保險人之書面終止，其通知應於終止生效十五日前送達被保險人最後所留之住址，書面應記載終止保險契約

之保險項目及終止生效日期，而保險契約生效已逾六十日，除另有規定及
原因（要保人未依規定繳交保費、被保險人有理賠詐欺行為或記錄），保
險公司不得終止保險契約。

第　八　條：全損後保險費之退還；全損賠付契約終止，其他各險未滿期保費按日數比
例退還之。

第　九　條：暫停使用或進廠維修或失蹤期間，被保險人不得申請減費或延長保險期
間。

第　十　條：不保事項有十項，其中末後三項可加保，如下：

1. 戰事或軍事行為或政府機構之行政命令所致。
2. 核子危險或放射性污染。
3. 故意或唆使行所致。
4. 汽車出租與人或收受報酬載運乘客或貨物所致。
5. 未經列名被保險人許可或無照駕駛或越級駕駛所致。
6. 被保險人因吸毒或施打違禁藥物，駕駛被保險汽車所致。
7. 從事犯罪或逃避合法逮捕行為所致。
8. S.R.C.C.。
9. 供教練或競賽或試驗效能或測驗速度所致。
10. 受酒類影響駕駛被保險汽車所致。

第 十一 條：其他保險之規定，財損責任按合計之保險金額與實際應賠金額比例分攤之；
體傷責任就超過強制汽車責任保險所規定之保險金額部份按比例分攤，如
為社會保險者，於超過該保險等已賠付或不為賠付部份，負賠償責任。

第 十二 條：汽車行照過戶，保單權益移轉申請有十天（買賣或贈與）或三個月（破產
或死亡）之限制規定。

第 十三 條：被保險人之防範損失擴大義務，無須負擔約定之自負額亦不影響無賠款減
費之規定。

第 十四 條：被保險人遇有承保賠償責任或毀損滅失之協助義務。

第 十五 條：危險發生之通知義務，包括出險之通知或書面通知、報警處理、五日之通
知時效。

第 十六 條： 代位求償之說明，被保險人不得擅自拋棄對第三人之求償權利或有不利於
保險公司行使該項權利之行為。

第 十七 條： 解釋及申訴管道，包括承保公司、公會保戶申訴中心、消基會等。

第 十八 條： 調解與仲裁，本條款提供申訴未成之解決，包括各鎮市公所設置之調解委
員會，調解未成可交付仲裁，其程序依商務仲裁條例辦理。

第 十九 條： 通知方法及契約變更之規定，非經同意，當事人均應書面送達對方最後所
留之住址，契約變更非經保險公司簽批不生效力。

第 二十 條： 消滅時效自請求之日起規定二年。

第二十一條： 適用範圍－汽車第三人責任保險、汽車車體損失保險（包括甲式、乙式或
丙式）或汽車竊盜損失保險及其他特約保險，惟違反保險法之強制規定無
效。

第二十二條： 管轄法院之規定，以要保人或被保險人居住所在地之地方法院為管轄法
院，若其住所在中華民國境外者，則以總公司或台灣（台北）分公司所在
地之地方法院為管轄法院。

問題集

試說明現行汽車保險單條款不保項目中「受酒類影響」之認定標準及理賠事宜？

答 一、有關標準為：

（一）警方現場筆錄。

（二）違反道路交通安全規則第一一四條第二款飲酒後其吐氣所含酒精成
份超過每公升 0.15 毫克以上者。

（三）證人證詞。

一、理賠小組意見：

（一）凡警方或醫院記載有喝酒駕駛之案件，於車體損失險部分不予理賠。

（二）未來任意責任險如可加保酗酒險部分建議訂定自負額之約定，以加
強駕駛人之注意。

三、配合推動「飲酒不開車、開車不飲酒」之社會需求，聯席會議採從嚴規定。

二、汽車第三人責任保險條款

第 一 條：承保範圍－包括傷害責任險與財損責任險。傷害責任險為「溢額保險」
（Excess Insurance），非經書面約定批改加保，不承保強制汽車責任保
險部分。

第 二 條：被保險人之定義－列名被保險人包括個人或團體，附加被保險人包括列名
被保險人之配偶及同居家屬、僱用駕駛人及業務使用人、許可使用或管理
汽車之人。

第 三 條：保險金額之規定，保險人的賠償責任須依被保險人有無肇事責任及多寡而
定。

第 四 條：不保事項有六，可經同意加保者另有二項－（1）被保險人所承諾之賠償
責任（2）被保險汽車除曳引車外，拖掛其他汽車期間所致者。

第 五 條：和解之參與，本條款乃依保險法93條規定而訂定，但經被保險人通知而
保險公司無正當理由拒絕或遲延參與者，不在此限。

第 六 條：直接請求權之規定包括傷害責任險與財損責任險，乃指損害賠償請求權人
可於下列三種情形下直接向保險公司請求支付賠償金額：（1）法院判決
確定者（2）肇事和解並經保險公司同意者（3）被保險人無法清償時。

第 七 條：求償文件之處理，如賠償請求書或法院書狀等影本立即送交保險公司，申
請給付保險金時，應檢具和解書或法院判決書。

第 八 條：和解或抗辯之說明，其所須費用由保險公司負擔，並不受保險金額之限
制，倘和解金額超過保險金額或被保險人不同意保險公司所代為之和解或
抗辯時，保險公司之此項義務即為終了。

第 九 條：理賠範圍及方式－體傷死亡理賠範圍及方式包括（1）急救或護送費用
（2）醫療費用（3）交通費用（4）看護費用（5）診斷書、證明書費用
（6）喪葬費用及精神慰藉金（7）自療費用（8）其他體傷賠償；財損理
賠範圍及方式包括（1）運費（2）修復費用（3）補償費用（4）其他財損
賠償。

第 十 條：理賠申請應分別檢具相關文件，保險公司接到文件齊全後，除有約定應於
十五日內給付之，遲延利息以年利一分計算。

問題集

被某甲駕駛其所有之自小客車（投保某保險公司乘客責任險）在高速公路上不慎追撞前面某乙駕駛之小客車後再推撞某丙駕駛之小客車，甲、乙、丙三人乃下車察看車損情形，此時某甲為取出置於行李箱之三角架故障標誌，乃打開左前車門欲搖控開啟後行李箱，未料此時有某丁駕駛大貨車高速自後駛至將某甲輾斃，乘客責任險應否理賠？又如甲在車外沒有回車上取三角架之際遭輾斃結論有無不同？

答 汽車乘客責任險特約條款中之「上下被保險汽車之人」應解釋為正在上車或下車之人，及正在做上車或下車之動作且在繼續中者，若其上下車之行為業已終了，即不屬上下車之人。因此某甲下車後再開車門，欲以遙控開啟後行李箱取三角架故障標誌之際被某丁所駕駛之大貨車輾斃，可視為正在上、下車之人；而若某甲下車查看之際即被輾斃（未再回車上取三角故障標）之情況，則某甲上下車之行動已終了，其死亡之發生應認為已由乘客而轉變成為第三人。

三、車體損失保險甲式條款

第 一 條：承保範圍包括碰撞傾覆、火災、閃電雷擊、爆炸、拋擲物或墜落物、第三者之非善意行為、不屬不保事項之任何其他原因。

第 二 條：被保險人之定義－列名被保險人包括個人或團體，附加被保險人包括列名被保險人之配偶、同居家屬、四親等血親及三親等姻親、僱用駕駛人及所屬業務使用人。

第 三 條：不保及追償事項有七：（1）附帶損失（2）自然耗損（3）非因外來意外事故直接所致損失（4）置存車內衣物或未固定之零件、配件之毀損（5）輪胎、備胎之單獨毀損（6）竊盜損失（7）肇事逃逸之肇事毀損；另有二項可經保險公司同意加保者：（1）被保險汽車之債務關係存續期間之毀損（2）因天災或雨積水所致之毀損（3）列名被保險人許可他人使用或管理被保險汽車之毀損，但保險公司得代位追償之。

第　四　條：自負額之規定，第一次為三千元，第二次為五千元，第三次以上為七千元，若可完全歸責於確定之第三人者，保險公司取得代位求償後，被保險人無須負擔自負額，且該次賠款紀錄，亦不適用賠款加費之規定。

第　五　條：理賠範圍及方式，理賠範圍以保險金額為限包括（1）救護費用（2）拖車費用（3）修復費用。

第　六　條：修復費用理賠方式，可有 (1) 修復賠償 (2) 現款賠償。

第　七　條：複保險，負比例分攤之責；故意不通知或意圖不當得利而為複保險者，契約無效。

第　八　條：修理前之勘估，被保險人通知保險公司廿四小時內（假日順延），不得逕行修理之規定。

第　九　條：全損之理賠，全損包括「實際全損」與「推定全損」，推定全損之公式如下：

$$推定全損＝修理費用＞＝ 3/4 \{保險金額－(保險金額 × 折舊)\}$$

全損理賠之折舊表

經過月數	1	1-2	2-3	3-4	4-5	5-6	6-7	7-8	8-9	9-10	10-11	11-12
折舊率 (%)	3	5	7	9	11	13	15	17	19	21	23	25
賠償率 (%)	97	95	93	91	89	87	85	83	81	79	77	75

註：被保險人無須負擔約之定自負額

第　十　條：**車輛之報廢規定**，車損無法修復或修車費用達保險金額扣除折舊後數額四分之三以上，旨在防止汽車牌照被贓車頂替使用。

第　十一條：理賠申請應檢具相關文件親自處理，除另有約定，文件齊全後，應於十五日內給付，遲延利息，以年利一分計算。

四、車體損失險乙式條款

第　一　條：承保範圍－包括碰撞傾覆、火災、閃電雷擊、爆炸、拋擲物或墜落物。不保不明原因之損失，提供被保險人另一種選擇。

第　二　條：被保險人之定義－同甲式條款第二條之規定。

第 三 條：不保及追償事項－同甲式條款第三條之規定外，尚有（1）第三者之非善意行為所致（2）不明刮損或其他不明原因所致（3）遭不明車輛或物體碰撞所致。

第 四 條：自負額－同甲式條款。

第 五 條：理賠範圍－同甲式條款。

第 六 條：修復費用理賠方式－同甲式條款。

第 七 條：複保險－同甲式條款。

第 八 條：修理前之勘估－同甲式條款。

第 九 條：全損之理賠－同甲式條款。

第 十 條：車輛之報廢規定－同甲式條款。

第 十一 條：理賠申請－同甲式條款。

問題集

保車停於紅綠燈前，遭後方車追撞並推撞前車，該後方車逃逸，雖被記下車號但警方查証後發現可能有下列二種狀況：

一、保戶記錯車號。

二、肇事逃逸車輛懸掛複製車牌。

本案乙式車體險及第三人責任險是否理賠？

答 必須有警方現場處理且二部受損車駕駛舉証說詞一致時，乙式車體險可從寬處理。財損車部份倘保車無肇責得不理賠。

五、汽車竊盜損失險條款

第 一 條：承保範圍－包括偷竊、搶奪、強盜、竊盜未遂（Attempted Theft）所致損失亦包括在內。

第 二 條：不保事項有七－（1）附帶損失（2）自然耗損（3）非因外來意外事故直接所致（4）車內衣物及未固定於車上之零、配件（5）輪胎、備胎非與汽車同時被竊（6）被保險人之同居家屬、僱用人或被許可使用人或管理人

等之竊盜、侵占（7）車體損失險甲式或乙式承保之事項。另有二項可經保險公司書面同意加保（1）裝置車上之零、配件非與汽車同時被竊（2）被保險汽車之債務關係存續期間所致毀損。

第　三　條：自負額規定，汽車整車被竊，被保險人應負擔實際損失金額百分之十；竊盜未遂損失則應負擔修理費用的百分之十；被保險人如選擇較高自負額，應依約定扣除之。

第　四　條：理賠範圍及方式－同車體損失保險甲式條款第五條。

第　五　條：修復費用理賠方式—修復賠償指合理範圍內與原狀相似，不包括加班、趕工、加急運費、空運、特別運費等，更換零件、配件概以新品為準。現款賠償除材料或零件向國外訂購外，自行修復應通知保險公司檢驗之始予給付；達推定全損依規定辦理。

第　六　條：複保險－同車體損失保險甲式條款第六條。

第　七　條：修理前之勘估－同車體損失保險甲式條款第七條，被保險人得自行送修，但須通知保險人派員辦理鑑價手續。

第　八　條：全損理賠公式如下：

$$賠款金額＝保險金額 \times 賠償率 \times 90\%$$

其餘參照車體損失保險甲式條款第八條之規定。

第　九　條：理賠申請之規定，汽車失竊必須報案，尋車期間為三十日，辦妥各項手續，保險人應於尋車期滿十五日內賠付之，逾期應加付遲延利息，以年利一分計算。

第　十　條：尋車費用之說明，保險公司不負給付義務，如有助於失竊汽車之尋回，在經保險人同意後，此項費用仍可給付。

第十一　條：失竊車尋回之處理，尋車期間內尋獲者，被保險人領回原車，如有毀損，保險人應予修復；汽車失竊逾三十日，保險人給付保險金，嗣後尋獲，被保險人七日內領回汽車，並退還保險賠款，逾七日期限或被保險人放棄領回，保險人逕行標售所得價款，被保險人可取回百分之十（依自負額比例）。

問題集

A 君向車商購買新車，向保險公司投保車體險、竊盜險、第三人責任險，未幾該車失竊後又尋回，其車內原廠配備車用電視機（**VCD**）及車用行動電話遭竊，承保公司是否須負賠償責任？

答 依共同條款第四條規定，若該車用電視機（VCD）及車用行動電話為原汽車製造廠商固定裝置於車上且包括在售價中之零、配件，則予以理賠；反之，被保險人要保時未聲明並加保車用電視機（VCD）及車用行動電話，則不視為承保之零件或配件而不予理賠。

此外亦有「車體重大損失保險」，係指被保險汽車因承保事故所致損失或該毀損無法修復或該毀損之修理費用達保險金額扣除折舊後數額之四分之三以上者。承保範圍包括：

1. 碰撞、傾覆
2. 火災
3. 閃電雷擊
4. 爆炸
5. 拋擲物或墜落物
6. 第三者之非善意行為
7. 天災
8. SRCC
9. 動物撞擊；修車之托運費用亦可納入。

另「免自負額車對車碰撞損失保險」丙式（限自用小客車、自用小貨車適用）則承保被保險汽車在保險期間內，因與車輛發生碰撞、擦撞所致之毀損滅失，在確認對方車輛或對造汽車逃逸經憲警處理由保險公司查證屬實者，保險公司負賠償之責。

3-3 商用汽車保險單條款簡析

一、共同條款

第 一 條： 契約之構成與解釋，同自用汽車保險單條款。

第 二 條： 承保範圍包括 (1) 第三人責任保險 (2) 旅客責任保險 (3) 僱主責任保險 (4) 市區客運業責任保險 (5) 車體損失保險（甲式、乙式或丙式）(6) 竊盜損失保險。

第 三 條： 自負額規定，同自用汽車保險單條款。

第 四 條： 「被保險汽車」之定義，同自用汽車保險單條款。

第 五 條： 告知義務與保險契約之解除，同自用汽車保險單條款。

第 六 條： 保險費之交付，同自用汽車保險單條款。

第 七 條： 保險契約之終止，同自用汽車保險單條款。

第 八 條： 全損後保險費之退還，同自用汽車保險單條款。

第 九 條： 暫停使用，同自用汽車保險單條款。

第 十 條： 不保事項，同自用汽車保險單條款。

第 十一 條： 其他保險之規定，同自用汽車保險單條款。

第 十二 條： 保單權益移轉，同自用汽車保險單條款。

第 十三 條： 被保險人之防範損失擴大義務，同自用汽車保險單條款。

第 十四 條： 被保險人之協助義務，同自用汽車保險單條款。

第 十五 條： 危險發生之通知義務，同自用汽車保險單條款。

第 十六 條： 代位求償之說明，同自用汽車保險單條款。

第 十七 條： 解釋及申訴管道，同自用汽車保險單條款。

第 十八 條： 調解與仲裁，同自用汽車保險單條款。

第 十九 條： 通知方法及契約變更，同自用汽車保險單條款。

第 二十 條： 消滅時效，同自用汽車保險單條款。

第二十一條： 適用範圍，同自用汽車保險單條款。

第二十二條： 管轄法院之規定，同自用汽車保險單條款。

二、汽車第三人責任保險條款

第　一　條： 承保範圍，同自用汽車保險單條款。

第　二　條： 被保險人之定義－列名被保險人包括個人或團體，附加被保險人包括列名
被保險人所僱用之駕駛人及所屬之業務使用人、許可使用或管理被保險汽
車之人、法律上對被保險汽車之使用應負責之人。

第　三　條： 保險金額，同自用汽車保險單條款。

第　四　條： 不保事項之規定，同自用汽車保險單條款。

第　五　條： 和解之參與，同自用汽車保險單條款。

第　六　條： 直接請求權之規定，同自用汽車保險單條款。

第　七　條： 求償文件之處理，同自用汽車保險單條款。

第　八　條： 和解或抗辯之說明，同自用汽車保險單條款。

第　九　條： 理賠範圍及方式，同自用汽車保險單條款。

第　十　條： 理賠申請，同自用汽車保險單條款。

問題集

被保險自小貨車於要保書登載為底盤車，車主自行加裝車廂未知會保險公
司，因車廂高度超過地下停車場限高，致撞損屋頂消防設施，第三人責任
險應否理賠？

答 汽車保險契約並未作除外規定，應予理賠。

三、旅客責任保險條款

第　一　條： 承保範圍，指被保險汽車於保險期間內發生意外事故並以此為直接原因致
乘坐或上下被保險汽車之旅客遭受身體傷害、殘廢或死亡，被保險人依法
應負賠償責任時，保險公司對被保險人負賠償之責，承保人數以行車執照
所載之載運旅客人數為準。

第　二　條： 旅客之定義，係指依約給付對價，搭乘被保險汽車代步之人；不包括（1）
未依約給付對價之被保險人及其家屬、受僱人（2）被保險汽車之駕駛人、

意外保險學

隨車服務人員、稽核人員或執行特定職務之人（3）其他未依約定給付對價而搭乘被保險汽車之人。

第 三 條：理賠範圍及方式－體傷依實際醫療費用爲準，以不超過契約所載「每一個人」體傷保額爲限；死亡或殘廢以意外事故發生之日起180日內致成者爲限，死亡依保險金額給付，殘廢依表定殘廢等級表賠償比率（見下表）乘以保額給付殘廢保險金。旅客同時遭受兩項以上殘廢，保險人僅就較高一級之殘廢給付保險金，旅客於戶籍登記失蹤之日起滿一年仍未尋獲，得申請死亡保險金，嗣後發現生還，則歸還之。

殘廢等級	一	二	三	四	五	六
賠償比例（%）	100	75	50	35	15	5

第 四 條：給付保險金之併存，事故發生除給付醫療費用外，亦給付死亡或殘廢保險金，兩者合計以保險金額爲限，本保險採分離責任金額（Spilt Limit），即每一旅客體傷及其死亡／殘廢各有一定保險金額，殘廢後死亡，已支付之殘廢保險金應自死亡保險金扣除。

第 五 條：不保事項之規定－包括旅客之（1）故意行爲（2）毆鬥、自殺或犯罪行爲（3）本身疾病、殘疾。

第 六 條：理賠申請之說明，應就（1）體傷醫療及殘廢保險金（2）死亡保險金，分別檢具相關文件，保險公司接到文件齊後，除另有約定應於十五日內給付之，遲延利息，以年利一分計算。

問題集

被保險汽車出險後可否同時申請強制汽車責任險及乘客責任險理賠？

答 基於乘客責任險爲任意險具傷害險性質，與強制險並無抵觸，可各自理賠不相互扣抵。

四、僱主責任保險條款

第 一 條：承保範圍－被保險人僱用之駕駛員，隨車服務及隨車執行職務之人，因被保險汽車發生意外事故或因隨車執行職務發生事故，受有體傷、殘廢或死亡，被保險人依勞動基準法或其他相關法規應負賠償之責；承保人數以行車執照所載人數為限，行照無規定者依約定之人數為準，發生事故人數超出，對每一人按其比例給付保險金。

第 二 條：受僱人之定義，指被保險人所僱用駕駛被保險汽車之人，隨車服務及隨車執行職務之人。

第 三 條：理賠範圍及方式，同旅客責任保險條款。

第 四 條：給付保險金之併存，同旅客責任保險條款。

第 五 條：不保事項之規定，同旅客責任保險條款。

第 六 條：理賠申請之說明，同旅客責任保險條款。

問題集

○○交通公司所有二部車輛 **XC-610** 及 **XC-267** 皆投保○○僱主責任險及第三人責任險，於 **84.08.10** 一起開至同地點，由○○起重公司之吊車負責卸貨，而在 **XC-267** 卸貨時因吊車操控不慎致貨物滑落壓死在旁邊 **XC-610** 之駕駛，保險公司應否擇前述二險種其一予以理賠？

答 一、汽車僱主責任險部分：

承保範圍為被保險人僱用之駕駛員及隨車服務人員，因「被保險汽車」發生意外事故，受有體傷或死亡，依法應由被保險人負賠償責任而受賠償請求時，負賠償之責。本案被保險汽車（XC-610）並未發生意外事故，故應不予理賠。

二、汽車第三人責任險部分：

本案肇因為吊車操控不慎致水泥樁滑落壓死該司機，故應由肇禍者及○○起重公司負賠償責任，與卸貨汽車無關。

五、車體損失保險甲式條款

第 一 條：承保範圍，同自用汽車保險單條款。

第 二 條：被保險人之定義，依營業用汽車第三人責任保險條款，但排除「經列名被
保險人許可他人使用或管理被保險汽車之人」。

第 三 條：不保事項，依上述增訂第一項八款「經列名被保險人許可他人使用或管理
被保險汽車所致之毀損滅失」。

第 四 條：自負額之規定，同自用汽車保險單條款。

第 五 條：理賠範圍及方式，同自用汽車保險單條款。

第 六 條：複保險之說明，同自用汽車保險單條款。

第 七 條：修理前之勘估，同自用汽車保險單條款。

第 八 條：全損之理賠，依自用汽車車體損失險甲式條款第八條，惟折舊率逐月增加
百分之五，賠償率逐月減少百分之五，乃因營業用汽車使用頻率較自用汽
車高之故。

第 九 條：車輛之報廢規定，同自用汽車保險單條款。

第 十 條：理賠申請，同自用汽車保險單條款。

六、車體損失保險乙式條款

第 一 條：承保範圍，同自用汽車保險單條款。

第 二 條：被保險人之定義，同前甲式條款第二條。

第 三 條：不保事項，依前述增訂第一項第十一款「經列名被保險人許可他人使用或
管理被保險汽車所致之毀損滅失」。

第 四 條：自負額之規定，同自用汽車保險單條款。

第 五 條：理賠範圍及方式，同自用汽車保險單條款。

第 六 條：複保險之說明，同自用汽車保險單條款。

第 七 條：修理前之勘估，同自用汽車保險單條款。

第 八 條：全損之理賠，同自用汽車車體損失險甲式條款第八條。

第 九 條：車輛之報廢規定，同自用汽車保險單條款。

第 十 條：理賠申請，同自用汽車保險單條款。

問題集

被保險汽車停於海灘，海水漲潮時底盤等因浸泡受損，是否屬乙式車體險承保範圍？

答 不屬乙式車體險承保範圍內。

七、汽車竊盜損失保險條款

第　一　條：承保範圍，同自用汽車保險單條款。

第　二　條：不保事項，同自用汽車保險單條款。

第　三　條：自負額規定，同自用汽車保險單條款。

第　四　條：理賠範圍及方式，同自用汽車保險單條款。

第　五　條：複保險，同自用汽車保險單條款。

第　六　條：修理前之勘估，同自用汽車保險單條款。

第　七　條：全損之理賠，保險公司按保險金額成以賠償率（營業用甲式條款第八條）所得之金額再扣除約定之自負額（一般為百分之十）後賠付之。

第　八　條：理賠申請之規定，同自用汽車保險單條款。

第　九　條：尋車費用之說明，同自用汽車保險單條款。

第　十　條：失竊車尋回之處理，同自用汽車保險單條款。

3-4 附加險及各險保險費計算概述

我國汽車保險之各種附加險（註二）－主要者如下，餘見保單條款。

一、汽車車體損失保險

1. 颱風、地震、海嘯、冰雹、洪水或雨積水險。
2. 罷工、暴動、民眾騷擾險。

二、汽車竊盜損失保險－零件、配件被竊損失險

三、汽車第三人責任保險

1. 醫藥費用

2. 酗酒駕車責任險。（目前主管機關禁止銷售）

3. 汽車乘客責任險。

4. 雇主責任險。

問題集

台灣汽車貨運商業同業公會聯合會建議同一運輸公司所有車輛（含寄行委託經營車輛）彼此間發生碰撞意外意故，是否納入第三人責任保險承保範圍？

答 一、同一被保險人所有車輛彼此間發生碰撞意外事故，傷害險視同第三人予以理賠處理，財損責任險則非屬本保險承保範圍。

二、如係屬寄行委託經營之車輛，於投保時應事先提出証明並經承保公司同意，則按第三人責任險承保範圍辦理。

有關車險附加險基本保費之計算，可參閱附錄一條款之規定。

茲將我國新制車險費率之費率規章有關各險之保險費計算分述如下：（註三）

一、自用汽車車體損失保險

（一）（個人）自用小客車、自用小貨車

保險費＝基本保費 × 被保險汽車製造年度及費率代號係數 × 從人因素係數

（二）（法人）自用小客車、自用小貨車

保險費＝基本保費 × 被保險汽車製造年度及費率代號係數 ×（1＋賠款紀錄係數）

（三）其他各車種

> 保險費＝被保險汽車重置價值 × 費率 ×（1 ＋廠牌車係減加費係數）×
> （1 ＋車齡減費係數＋賠款紀錄係數）

其中車齡減費係數滿一年減費 5%，滿二年減費 10%，滿三年以上減費 15%，從人因素係數如下：其他係數及費率規定請參閱附錄一。

從人因素係數＝被保險人年齡、性別係數＋賠款紀錄係數，分別如後：

1. 年齡、性別係數如下：

性別係數年齡	男	女
20 歲未滿者	1.89	1.70
20 歲以上 25 歲未滿者	1.74	1.57
25 歲以上 30 歲未滿者	1.15	1.04
30 歲以上 60 歲未滿者	1.00	0.90
60 歲以上 70 歲未滿者	1.07	0.96
70 歲以上者	1.07	0.96

目的有三：(1) 促進保費費率結構合理化 (2) 提供減費經濟誘因 (3) 加強被保險人注意以達控制損失之效。

2. 賠款紀錄係數如下：

賠款紀錄點數	賠款紀錄係數
－ 3	－ 0.6
－ 2	－ 0.4
－ 1	－ 0.2
0	0
1	0.2
2	0.4
3	0.6
3 點以上每增加 1 點，賠款紀錄係數即增加 0.2	

賠款紀錄點數計算公式如下：

> 賠款紀錄點數＝無賠款年度點數＋賠款次數點數

無賠款年度點數		賠款次數點數	
無賠款年度	點數	累計過去三年賠款次數	點數
3 年	－ 3	1 次	0
2 年	－ 2	2 次	1
1 年	－ 1	3 次	2
0 年	0	4 次	3
		4 次以上，每增加一次賠款，點數即增加一點。	

附註：

(1) 各車種之保險費按被保險人前三年（最高三年）之賠款紀錄爲準計算其係數。

(2) 駕駛人與被保險人非同一人時，駕駛人之賠款紀錄亦歸入被保險人之賠款紀錄計算之，同時該駕駛人本人亦予以計點存檔備查以供適用。

(3) 自用小客車、自用小貨車之被保險人爲自然人（個人）者，投保多輛汽車時，其賠款紀錄累加計算，適用於每一個別車輛。

但被保險人為法人（非個人）時，投保多輛汽車，其賠款紀錄按個別車輛分別單獨計算，不予累計。

賠款紀錄係數如下：

等　級	係　數	等　級	係　數
1	－ 0.30	11	0.70
2	－ 0.20	12	0.80
3	－ 0.10	13	0.90
4	0.00	14	1.00
5	0.10	15	1.10
6	0.20	16	1.20
7	0.30	17	1.30
8	0.40	18	1.40
9	0.50	19	1.50
10	0.60		

附註：

(1) 被保險人賠款紀錄係數按其前一年之等級調整之。

(2) 第一次新投保或無承保紀錄之被保險人以第四等級計算。

(3) 前一年無理賠紀錄之被保險人，當年度之賠款紀錄係數減 0.10（即係數降低一級）。

(4) 前一年有理賠紀錄之被保險人，每理賠一次，當年度之賠款紀錄係數加 0.30。

(5) 駕駛人與被保險人非同一人時，駕駛人之賠款紀錄亦歸入為被保險人之賠款紀錄計算之，同時該駕駛人本人亦予以計點存檔備查以供適用。

(6) 自用小客車、自用小貨車之被保險人為自然人（個人）者，投保多輛汽車時，其賠款紀錄累加計算，適用於每一個別車輛。

但被保險人為法人（非個人）時，投保多輛汽車，其賠款紀錄按個別車輛分別單獨計算，不予累計。

二、自用汽車竊盜損失保險

（一）自用小客車、自用小貨車

> 保險費＝被保險汽車製造年度之重置價值 × 基本費率 × 被保險汽車製造年度及費率代號係數

（二）其他車種

> 保險費＝保險金額 × 費率 ×（1 ＋廠牌車係減加費係數）

自用小客車基本費率及其他車種之費率參考如下，實際請參閱網站資訊。

自用小客車、自用小貨車基本費率如下：

車輛種類	費率（自負額 10%）	費率（自負額 20%）
自用小客車	0.0043077	0.0038308
自用小貨車	0.0057846	0.0051385

其他車種費率如下：

車輛種類	費率（自負額 10%）	費率（自負額 20%）
重型機車	0.0418615	0.0372154
輕型機車	0.0294000	0.0261385
自用大客車	0.0018308	0.0016308
自用大貨車	0.0020308	0.0018000
自用小型特種車	0.0018308	0.0016308
自用大型特種車	0.0019231	0.0017077
自用一般貨運曳引車	0.0020308	0.0018000
自用貨櫃貨運曳引車	0.0020308	0.0018000

有關廠牌車系減加費係數之計算公式如下：

> 次年度之損失率減加費係數＝（1＋上年度之損失率減加費係數）×
> （1＋減加費標準）－1

其中上年度之損失率減加費係數已實施兩年而得，減加費標準依各廠牌之前三年實際損失率爲準，損失率在 60%～70%（含）不予減加費，損失率在 60% 以下每遞減 5%，減費 5%，損失率低於 30%（含）以下者，減費 35%；損失率 70% 以上每遞增 5%，加費 5%，損失率超過 100% 以上者加費 35%。實施細則規定車體損失險廠牌及車系承保車數達 1,000 輛，依「廠牌車系損失率」計算減加費係數，廠牌承保車數達 1,000 輛而車系承保車數未達 1,000 輛，依「廠牌損失率」計算減加費係數，廠牌承保車數未達 1,000 輛，依「車種別之損失率」計之；各車種承保未達 1,000 輛者，不予減加費。竊盜損失險以廠牌承保達 1,000 輛者，依「廠牌損失率」計算減加費係數。實施細則如下：

1. 車體損失險（包括甲式及乙式）：

    (1) 各車種之各廠牌車系於經驗期間內任何一年之承保車輛達一千輛以上者，各按其「廠牌車系損失率」計算其減加費係數辦理其減加費。

    (2) 前項各廠牌承保車數達一千輛以上而各車系承保車數未達一千輛者，則按其車種之「廠牌損失率」計算其減加費係數辦理其減加費。

    (3) 前項各廠牌承保車數未達一千輛者，則按其「車種別之損失率」計算其減加費係數辦理其減加費。

(4)　各車種承保車輛數未達一千輛者，不予減加費。

2. 竊盜損失險：各車種之各廠牌車輛於經驗期間內任何一年承保車輛數達一千輛以上者各按其「廠牌損失率」及前（3）及前（4）項方式計算其減加費係數辦理其減加費。

3. 原有廠牌之新增車系以所屬廠牌損失率計算其減加費係數；新增廠牌及原有廠牌車數未滿一千輛者，以所屬車種損失率計算其減加費系數。

4. 各型（輕、重型）機車因無廠牌車系損失率統計，以按其「車種別損失率」計算其減加費係數辦理其減加費。

5. 各年度減加費係數並編入各年度適用之汽車重置價值表內，以供一致查閱計算辦理，各保險公司一律遵守。

6. 汽、機車廠牌車系損失率依財團法人保險事業發展中心就全體產物保險業所承保之統計資料為準。

三、自用汽車第三人責任險

（一）傷害責任保險

1. （個人）自用小客車、自用小貨車

保險費＝基本保費 × 從人因素係數

2. （法人）自用小客車、自用小貨車及其他車種

傷害責任保險各級保險金額之基本保費可參閱附錄二。

（二）財損責任保險

1. （個人）自用小客車、自用小貨車

保險費＝基本保費 × 從人因素係數

2. （法人）自用小客車、自用小貨車及其他車種

保險費＝基本保費 ×（1 ＋賠款紀錄係數）

財損責任保險各級保險金額之基本保費可參閱附錄二。

四、營業用汽車車體損失保險

（一）營業小客車、營業小貨車、租賃小客車及個人計程車

> 保險費＝基本保費 × 被保險汽車製造年度及費率代號係數 ×
> （1 ＋賠款紀錄係數）

（二）其他各車種之保險費計算方式同自用汽車之其他各車種。

　　基本保費及其他各車種之險費率、各種係數計算可參閱附錄二。

五、營業用汽車竊盜損失保險

（一）營業小客車、營業小貨車、租賃小客車及個人計程車之保險費計算方式同自用小
　　客（貨）車之竊盜保險費計算。

（二）其他車種之保險費計算方式亦同自用汽車其他各車種之竊盜保險費計算。

　　其中各車種之基本費率請參閱網站資訊。

六、營業用汽車第三人責任險

（一）傷害責任保險

> 保險費＝基本保費 ×（1 ＋賠款紀錄係數）

　　傷害責任保險各級保險金額之基本保費可參閱附錄二。

（二）財損責任保險

> 保險費＝基本保費 ×（1 ＋賠款紀錄係數）

　　財損責任保險各級保險金額之基本保費可參閱附錄二；另賠款紀錄係數之計算方
　　式亦同前述。

七、旅客責任保險

　　基本保險金額為每一人體傷二萬元，死亡或殘廢十萬元，保險費營業小客車（九位
以下）及營業小貨車每一人為 175 元，營業小型車特種車為 100 元，營業大客車（十位
以上）、營業大貨車及營業大型特種車為 144 元，增加保額為 2、3、4、5 倍時，其計
算率為 1.9、2.7、3.2、3.5 倍；目前多為基本保險金額二倍保障，可參閱附錄一。

八、僱主責任保險

　　基本保險金額同旅客責任保險，保險費營業小客車、營業小貨車及營業大客車每一人為 285 元，營業小型特種車為 113 元，營業大貨車、營業大型特種車及營業曳引車為 525 元，增加保額之費率倍數計算率同旅客責任保險。

　　汽車保險核保應考慮（1）要保書之內容，查看是否違反最大誠信情形（2）審查危險因素，實質危險因素包括是否抵押、用途、勘車記錄等，道德危險因素包括駕駛經濟狀況、健康狀況、肇事賠款等（3）核保實務之要求，如逾期投保勘車拍照，車價 100 萬以上附証明來源，中斷承保且無法提供過去記錄，記點數兩點（＋40%）核算，車損險保額太高須辦妥臨分再出單承保等。意即車險核保人員於核保時應注意之事項包括（1）要保書之資料（2）保險招攬人員意見報告書（3）實地查勘（4）政府機關或民間同業之檔案資料（5）保險公司本身之理賠檔案或其他相關資料。

　　另「強制汽車責任保險法」已於民國 105 年 01 月 06 日修正公布，其「強制汽車責任保險法施行細則」及「強制汽車責任保險給付標準」於民國 105 年 06 月 15 日修正公布及 105 年 06 月 15 日主管機關修正給付標準，茲摘要如下：

1. 制定目的：使事故受害人迅速獲得基本保障並維護道路交通安全。
2. 無過失責任：加害人不論有無過失，在規定保險金額內，受害人均得請求保險賠償給付。
3. 主管機關：行政院金融監督管理委員會。
4. 保險期間：一年至二年，視需要調整。
5. 給付項目：（1）傷害醫療費用給付（2）殘廢給付（3）死亡給付。
6. 保險理賠：提出申請後五日內確定賠償金額，並應於十日內為之。
7. 受益人：體傷、殘廢給付為受害人本人，死亡給付為受害人之繼承人；無繼承人以「汽車交通事故特別補償基金」為受益人。
8. 消滅時效：受益人知有請求權之日起算二年，自事故發生之日起算十年。
9. 出險辦理：
   (1) 報請憲警處理，五日內書面通知保險人。
   (2) 提供人證、物證有關資料及文件。

(3) 除非喪失急救他人能力，應立即將受害人護送至醫療院所急救。

10. 暫時性保險金給付：因汽車交通事故死亡者，受益人提出証明，得請求暫時性保險金（保額二分之一範圍內），保險人應立即給付。事後經鑑定結果超過應給付保險金時，保險人得就超過部份，向受益人請求返還。

11. 汽車交通事故特別補償基金：爲財團法人，於補償金額範圍內，得直接向加害人或汽車所有人求償。

12. 契約效力：保險當事人雙方不得解除契約，非有法定原因不得終止契約。（見附錄四強制汽車責任保險法第 20 條及第 21 條）

13. 傷害醫療費用給付標準：受害人因汽車交通事故致身體傷害，強制汽車責任保險（以下簡稱本保險）之保險人依本法規定爲傷害醫療費用給付時，以其必須且合理之實際支出之相關醫療費用爲限。但每一受害人每一事故之傷害醫療費用給付總額，以新台幣二十萬元爲限。

前述所稱之相關醫療費用，指下列各款費用：

(1) 急救費用：指救助搜索費、救護車及隨車醫護人員費用。

(2) 診療費用：指全民健康保險醫療辦法所規定給付範圍之項目及受害人自行負擔之門診、急診或住院費用、掛號費、診斷證明書費、膳食費、自行負擔之義肢器材及裝置費、義齒或義眼器材及裝置費用，及其他經醫師認爲治療上必要之輔助器材所需費用。受害人在合格醫師開設之醫療院所診療或住院，而非以全民健康保險給付者，準用全民健康保險醫療費用支付標準。

(3) 接送費用：指轉診、出院及往返門診之合理交通費用，以二萬元爲限。

(4) 看護費用：指住院期間因傷情嚴重所需之特別護理費及看護費等。但居家看護以經主治醫師證明確有必要者爲限。

前述所規定診療費用，其限額如下：

(1) 自行負擔之住院費用：每日以新台幣一千五百元爲限。

(2) 膳食費：每日以新台幣一百八十元爲限。

(3) 自行負擔之義肢器材及裝置費：每一上肢或下肢以新台幣五萬元爲限。

(4) 義齒器材及裝置費：每缺損一齒以新台幣一萬元爲限。但缺損五齒以上者，合計以新台幣五萬元爲限。

(5) 義眼器材及裝置費：每顆以新台幣一萬元爲限。

(6) 其他必要之輔助器材費用：以新台幣二萬元爲限。

前述所規定之看護費用，每日以新台幣一千二百元為限，但不得逾三十日。

受害人接受全民健康保險提供之給付，由全民健康保險之保險人依全民健康保險法第八十二條規定，向本保險之保險人代位請求。但其代位金額以新台幣二十萬元扣除本保險保險人給付請求權人金額後之餘額爲限。

特別補償基金依本法規定爲傷害醫療費用給付之補償時，不包括全民健康保險之給付金額。

14. 殘廢給付標準：視殘廢程度分爲十五等級，依強制汽車責任保險殘廢給付標準表定之，給付新台幣五萬元至新台幣二百萬元不等。

15. 死亡給付標準：死亡給付為每一人新台幣二百萬元。

16. 給付限額：強制汽車責任保險每次因汽車交通事故致每一人死亡、殘廢及傷害醫療費用給付金額，合計最高以新台幣二百二十萬元爲限。

17. 殯葬費用限額：最高以新台幣三十萬元為限。

18. 保險費率：（1）由費率審議委員會審議（2）訂定費率兼採從人及從車因素（3）視被保險人違規紀錄增減之。

問題集

甲車駕駛不慎撞及農用拼裝車，甲車駕駛人死亡，該拼裝車彈至對向車道遭乙車撞及，拼裝車之駕駛人亦死亡，強制險應如何理賠？

答 一、甲車駕駛人死亡與乙車並無碰撞及肇事因果關係，而農用拼裝車目前不屬強保法所稱汽車，因此甲車駕駛人死亡屬一輛汽車事故，強制險應不予理賠。

二、農用拼裝車駕駛人死亡由甲、乙二車強制險承保公司各分攤 1/2 賠款。

問題集

被保險汽車於颱風天外出，忽遇洪水，駕駛人順利逃離，乘客逃避不及而遭淹斃，是否屬強制汽車責任保險承保範圍？

答 屬單一汽車交通事故，乘客死亡仍應予理賠。

問題集

兩車於國道發生碰撞，受害人於國道上突然切入變換車道，致其死亡，是否因病情復發而失控已無法查證，但其死亡證明書上所載之死亡原因為肝衰竭、先行原因為肝癌合併右肺轉移，本案可否賠付強制保險金？

答 受益人若能提供受害人醫療紀錄並証明其死因與本次交通事故有直接因果關係，始予理賠。

茲將我國汽車強制保險之特點說明如下：

1. 採限額無過失責任，迅速理賠：強制汽車責任保險法（簡稱本法）第五條規定：「因汽車交通事故致受害人體傷、殘廢或死亡者，加害人不論有無過失，在相當於本法規定之保險金額範圍內，受害人均得請求保險賠償給付。賠償基礎由「過失責任主義」，改採「限額無過失責任主義」，即在保險金額內，不論加害人有無過失，保險公司均須理賠，以消除受害人因舉證困難，而索賠無門之不合理現象。

2. 擴大受害人範圍：依法條規定：「受害人係指因汽車交通事故遭致體傷、殘廢或死亡之人」。受害人之範圍，只要是因交通事故所致有體傷之人即屬之，惟僅涉及一輛汽車，例如，駕駛人自行衝撞電桿而受傷者，則該車之駕駛人（第一人）即便有體傷仍非保障範圍；反之，若交通事故涉及數輛汽車者，只要駕駛人有體傷即包含在第三人之範圍內（即含駕駛、乘客及對方之第三人）。

3. 設置特別補償基金：此基金設置之目的，乃為保障所有車禍受害者之權益，因某些情況下，如肇事逃逸或未投保，保險人喪失賠償能力等，受害人或其家

屬無法得到強制汽車責任保險之理賠時則可向特別補償基金申請一定金額之理賠，以加強對所有車禍受害人之保障。

4. 車禍受害人有保險金給付之直接請求權：依法條規定「被保險汽車發生交通事故時，受益人得在本法規定之保險金額範圍內，直接向保險人請求給付保險金」。其主要目的乃在配合本法採無過失制，以保障受害人能直接迅速獲得基本保障的宗旨。

5. 採單軌制，所有汽車及動力機械均需納保：即所有之汽車、機車，不管是自用、營業用，包括軍用汽車及行駛道路之動力機械都要投保強制汽車責任保險。對於原於公路法規定所形成之「雙軌制」（運輸業者可採繳交相對保證金辦法）的不公平現象亦法制之一元化而消彌。

6. 理賠給付含死亡、殘廢、醫療費用及殯葬費用：

   (1) 傷害醫療費用給付：最高二十萬元。

   (2) 殘廢給付：最高二百萬元。

   (3) 死亡給付：定額給付二百萬元。

   (4) 殯葬費用給付：最高以新台幣三十萬元為限。

   每一事故給付人數無上限，每人最高給付二百二十萬元。

   （先傷後殘廢或先傷後死亡之合計）

7. 訂定汽車所有人未依規定投保之罰則及監理舉發之規定：為貫徹強制汽車、機車所有人投保責任之政策性目標，及保障汽車交通事故受害人為目的，依法條規定對於未依法投保或未續保被查獲者，車主將受到三千元到一萬五千元之罰緩，而未投保肇事者，則加倍處六千元到三萬元之罰款。同時依本法第四十五條規定公路監理機關於執行路邊稽查或警察機關於執行交通勤務時，對於未依規定投保者應予舉發。另依本法第四十六條規定逾期不繳納罰款者，移送法院強制執行。公路主管機關並得停止汽車所有人辦理車輛異動或檢驗。

8. 保險業須設立獨立會計：本政策性保險與商業性保險明確區分，同時達到監理之目的，保險人應將本保險之經營設立獨立會計，並將經營本保險有關資料陳報財政部及交通部。

9. 費率釐訂兼採從人及從車因素：依本法第四十一條規定本保險費率由財政部會同交通部擬定，提經社會公正人士組成之費率審議委員會審議，以符合公開公平透明化之原則。費率決定因素包括車種及被保險人之年齡、性別及違規肇事紀錄，且考慮到各車種車輛的危險程度不同，駕駛人的一般特性差距，故更見公平性。

10. 死亡車禍，受害人家屬可申請給付暫時性保險金：死亡車禍受益人可申請暫時性保險金則是仿效日本作法，針對因汽車交通事故死亡的受害者；在受益人備妥憲警機關證明文件及醫師開立之死亡證明後，得請求保險人應先給付死亡保險金一半之金額，以作為受害者之喪葬費用及因應受害者家屬日常生活所需，此項規定乃是此政策目標中「救急」的立法旨意。

　　強制汽車責任保險屬政策性保險。因此，其費率結構中並無預期利潤一項，亦即預期利潤為零，此即一般所謂「無虧無盈」（No Loss, No Profit）。

　　依據強制汽車責任保險法第四十四條規定，本保險之保險費結構如下：

1. 預期損失
2. 保險人之業務費用
3. 安定基金
4. 特別補償基金之分擔額
5. 健全本保險之費用

上列各款之百分比，由主管機關會同交通部定之。

強制汽車責任保險保險保險費計算公式如下：

費率結構公式：

$$總保費 = \frac{調整後純保費+保險人之業務管理費用+健全本保險之費用}{1-特別補償基金提撥率-安定基金提存率} + 酒後駕車加費$$

其中，

（一）調整後純保費

1. 自用小客車與自用小貨車＝基本純保費 ×（年齡性別係數＋違規肇事紀錄係數－1）

2. 其他車種＝基本純保費 × 違規肇事紀錄等級係數

3. 機車＝基本純保費

（註：現行機車未考慮從人因素因子）

（二）業務管理費用

1. 汽車部分合計 381.94 元／件

2. 機車部分

(1) 一年期保險人之業務管理費用：177.47 元／件。

(2) 二年期保險人之業務管理費用：249.10 元／件。

（三）健全本保險費用

1. 汽車部份合計 5.86 元／件

2. 機車部份一年期為：3.53 元／件，二年期為：4.25 元／件

（四）特別補償基金提撥率

1. 汽車：3%。

2. 機車：2%。

（五）安定基金提存率：0.2%。

（六）酒後駕車加費：汽車依前一年有違反酒後駕車紀錄次數乘上 2,100 元，不設上限。

有關強制汽車責任保險，違規肇事理賠紀錄係數區分 1 ～ 10 等級，加減係數－0.30 ～ 0.60，保險費率表請參閱網站：http://www.cali.org.tw。

強制汽車責任保險從人因素年齡及性別係數表如下：

性別＼年齡	男性	女性
20 歲以下	2.50	1.66
20 歲至 25 歲以下	2.30	1.53
25 歲至 30 歲以下	1.47	1.06
30 歲至 60 歲以下	1.00	0.92
60 歲以上	1.05	0.79

意外保險學

另有關強制汽車責任保險殯葬費項目及金額表如下：

代號	項目	單位	數量	金額（新台幣） 單位限額	備註
一	禮堂使用費	小時	一	六〇〇元	依實際使用時數計算
二	禮堂冷氣費	小時	一	三〇〇元	依實際使用時數計算
三	遺體接運	次	一	一、〇〇〇元	依實際接運次數計算
四	遺體防腐	次	一	五〇〇元	依實際使用次數計算
五	遺體冷藏	日	一	四〇〇元	依實際冷藏日數計算
六	遺體寄存	日	一	三〇〇元	依實際寄存日數計算
七	遺體洗身	次	一	三〇〇元	以一次為限
八	遺體化妝（含理髮）	次	一	三〇〇元	以一次為限
九	遺體著裝	次	一	三〇〇元	以一次為限
十	遺體大殮	次	一	三〇〇元	以一次為限
十一	遺體縫補	吋	五	一、〇五〇元	依實際縫補數量計算，以五吋為單位，每逾一吋增加100元
十二	禮堂善後處理費	次	一	二〇〇元	一、以一次為限 二、含奠寄完畢輓聯、垃圾等清運處理費
十三	靈車	次	一	一〇、〇〇〇元	以一次為限
十四	扶工、扛工	次	一	六、〇〇〇元	以一次為限
十五	紙錢			二、〇〇〇元	
十六	壽衣			三、〇〇〇元	
十七	靈堂布置（含鮮花）及司儀	次	一	二〇、〇〇〇元	以一次為限
十八	誦經或講道			六、〇〇〇元	
十九	麻孝服			二、〇〇〇元	
二十	告別式樂隊			五、〇〇〇元	
二十一	棺內用品			一、〇〇〇元	
二十二	火葬費	具	一	三、〇〇〇元	一、第二十二項至第二十五項火葬者適用 二、以一次為限
二十三	骨灰罐封口	個	一	三〇〇元	以一個為限
二十四	靈骨塔位（含骨灰罐寄存費）	個	一	五〇、〇〇〇元	以一個為限

代號	項目	單位	數量	金額（新台幣）單位限額	備註
二十五	骨灰罐（含磁相、火化棺木或套棺租用費）	個	一	四〇、〇〇〇元	各以一個為限
二十六	棺木	個	一	四〇、〇〇〇元	一、第二十六項至第二十八項土葬者適用 二、以一個為限
二十七	公墓使用費	座	一	七七、〇〇〇元	
二十八	營造墳墓	個	一	六〇、〇〇〇元	

資料來源：金管會保險局公告，本公告之項目及金額係參考法務部訂定「犯罪被害補償事件殯葬費項目金額參考表」並參酌台北市殯葬管理處各項實際服務收費所作調整。前揭參考表係依該部九十年三月一日為研商訂定犯罪被害人補償金殯葬費補償標準等事宜會議，參考自民國七十年至民國八十八年民事損害賠償案件有關殯葬費之裁判，歸納出法院准許之項目。

註釋

註一： 參閱我國現行汽車保險保單共同條款、附加險批單之規定。

註二： 參閱附錄「汽車保險附加險」。

註三： 參閱「汽車保險費率規章」，台北市產物保險商業同業公會，中華民國九十一年七月編印。

自我評量

一、解釋名詞

1. Named Insured

2. Additional Insured

3. Fleet Coverage

4. Exclusions

5. Loss of Use

6. Uninsured Motorist Endorsement

7.　Hit & Run

8.　Attempted Theft

9.　Split Limit

10.　免自負額車對車碰撞損失保險

11.　暫時性保險金

12.　車體重大損失保險

13.　從人因素

14.　直接請求權

二、問答題

1.　試述汽車保險之特性？

2.　試說明汽車保險經營之特色？

3.　汽車之社會成本？

4.　汽車保險之需求日增之原因為何？

5.　試列舉汽車車體損失險甲式之承保範圍？並述其「被保險人」之規定？

6.　汽車竊盜損失險，失竊車尋回處理之規定為何？

7.　試述汽車竊盜損失險之承保範圍？其賠償金額如何決定？

8.　試述汽車車體損失險「自負額」之規定？

9.　試列舉汽車保險共同條款中之不保項目？

10.　試說明自用汽車車體損失險之保險費計算方式？

11.　試說明強制汽車責任保險之（1）出險辦理程序（2）給付項目及其給付標準？

12.　如果你是位車險核保人員，你認為車險核保應注意那些事項？

13.　試述汽車保險核保時應考慮那些因素？

14.　汽車車體損失險之理賠範圍及理賠方式如何？

The Principles and Practice of Casualty Insurance

Chapter **4**

航空保險

4-1 航空保險概述

4-2 航空保險保單基本條款簡析

4-1 航空保險概述

　　1903 年美國萊特兄弟發明飛機，實現人類的飛行夢想，相對產生可能的危險，亦衍生保險之必要，航空保險（Aviation Insurance）約於 1911 年開始，並隨航空事業之發展而日趨重要，今日已邁入超音速飛機及太空旅行時代，對未來航空保險事業之進展必激起更大的挑戰，由於航空事業之發展乃近數十年之事，故航空保險業務迄今尚未獨立成一體系，衹是綜合其他多種保險，應用於航空運輸方面，其所需之保險容後敘述，航空保險之業務通常由海上保險、內陸運輸保險或意外保險（新種保險）部門承保；簡言之，「航空保險」即承保與航空有關之各種空中與地面之損失。

　　有關最新航空保險賠款率之統計資料可參閱網站：https://www.tii.org.tw/opencms/actuarial/actuarial1/report/result.html，一般飛機發生事故之原因有：

1. 天候不佳。
2. 設計或製造瑕疵，維護保養不良引起之機械故障。
3. 惡意破壞。
4. 駕駛員疏忽。
5. 機場缺陷。
6. 塔台指揮錯誤（人為或機械因素）。
7. 其他因素。

　　我國航空保險發展緩慢之主要原因有二，其一為保險市場狹小、其二為缺乏專業人才，歐美各國有少數規模巨大之保險公司單獨承保，大多數皆由若干保險公司組成之辛迭卡（Syndicate）共同承保，茲說明航空保險之特性如下：（註一）

1. 保險金額高：乃因（1）飛機造價昂貴（2）載客人數亦多。
2. 危險集中：乃因（1）危險單位有限（2）危險不易分散。
3. 具國際性：乃因（1）自留比率甚小，超出部份再保（2）國際首席再保險市場，以倫敦為中心。

　　航空保險與汽車保險有頗多類似之處，諸如（1）同為運輸革命之一環（2）屬經濟生活一部份（3）航空險採無過失責任與強制汽車責任險相同（4）除外不保事項類似

（5）均有自負額規定等。分析言之，航空運輸需要下列各項保險：（註二）

（一）財產保險：即飛機機體保險。

（二）責任保險：因對象不同列示如下：

　　1. 乘客傷亡、財損責任。

　　2. 非乘客傷亡責任：

　　　　(1) 飛機駕駛員傷亡責任。

　　　　(2) 飛機場人員傷亡責任。

　　　　(3) 飛機庫管理人員傷亡責任。

　　3. 第三人財損責任：

　　　　(1) 飛機內載運行李或貨物毀損責任。

　　　　(2) 飛機外所致財損責任。

（三）意外傷害保險：由空勤人員、學習人員或飛機乘客所購買，以補償自己所受之傷害。

（四）其他各種保險：如勞保、僱主責任保險及產品責任保險等，因非航空事業所特有，故不重覆敘述。

　　簡言之，航空保險承保範圍一般包括四種保險如下：

　　1. 飛機機體保險（Aircraft Hull Insurance）。

　　2. 飛機責任保險（Aircraft Liability Insurance）。

　　3. 飛機場責任保險（Aircraft Owner and Operator Liability Insurance）。

　　4. 機員人身意外保險（Crew Personal Casualty Insurance）

　　此外「飛機產品責任保險」（Aircraft Products Liability Insurance）、「人造衛星保險」（Satellite Insurance）（註三）乃至「太空梭保險」（Space Shuttle Insurance）亦屬航空保險之範圍。狹義之航空保險則以「飛機機體保險」及「飛機責任保險」為主要範圍，其次「飛機場責任保險」亦漸受重視。

　　航空保險一般除外不保事項列舉如下：

　　1. 飛行時違反航空法規所致之損失。

　　2. 飛機用於保單所載以外之任何用途所致之損失。

意外保險學

3. 爲任何政府之篡奪權力、捕獲、劫奪、拘押、禁制、拘留、或任何奪取所致之損失。

4. 因磨損、機件故障或結構失靈（除非爲被保之危險事故所引起）、戰爭、入侵、類似戰爭行爲、暴動、民眾騷擾、以及因飛機負責人員侵佔所致之任何損失。

茲將我國航空保險（狹義）之主要內容分述如下：

（一）飛機機體保險（註四）：所承保飛機，除機體本身外，並包括推進器、引擎、其他附屬機件及設備，無論個人或企業所有者或作爲營業用者（如航空公司所有之飛機及出租飛機）皆可投保，在保單中，應載明飛機之廠牌、類型、用途、駕駛員姓名、飛行地區及其他有關之資料，飛機發生毀損、其駕駛員及飛行地區須與保單記載相符。

1. 保險事故：承保範圍有一切危險事故及特定危險事故兩種。

    (1) 一切險承保範圍，分三種情形：

        A. 無論地面與空中危險皆包括在內。【指飛行中（Flight）、滑行中（Taxiing）、在地面停留或停泊中（On the Ground or Moored）】

        B. 承保地面靜止滑行時之危險（不包括飛行時危險）。【指滑行中（Taxiing）、在地面停留或停泊中（On the Ground or Moored）】

        C. 僅承保地面靜止之危險。【指在地面停留或停泊中（On the Ground or Moored）】

    (2) 特定險承保範圍：通常爲下列危險事故之一項或數項。如火災、雷擊、爆炸、碰撞、墜落、暴風雨、竊盜、以及水上飛機之碰撞、沈沒、漂失、傾覆等。

2. 不保事項：保單載明頗多，主要者如下：

    (1) 使用目的及飛行地區超出約定範圍所致損失。

    (2) 違反航空法規所致損失。

    (3) 非保單指名駕駛員所致損失。

    (4) 因自然損耗、機件故障或結構失靈、戰爭或類似戰爭行爲、SRCC 等所致損失。

4-4

(5) 由於政治或軍事上的理由、捕獲、劫奪、拘押、禁制、扣留等所致損失。

3. 損失補償：分全損及分損，有一定之自負額，約為保險價額之 2.5% 至 10%。

   (1) 全損：按約定保險價額扣除自負額補償之。

   (2) 分損：按修理費用及拖運費用扣除自負額補償之。

   惟自負額規定，不適用於火災或竊盜所致之損失。

4. 保險費率：飛機機體保險費率之計算，與其他財產保險不同，無共同之費率表可適用，大多取於核保人員之判斷，以用途、大小、型式及機齡為基礎。

（二）飛機責任保險：指承保飛機因所有、維護或使用所致他人身體或財物之損害賠償責任，並包括緊急救護費用、調查費用及訴訟費用；有關飛機責任的規則，依國際航空公約之演進（註五），運送人之責任可歸納以下三點：

   (1) 對地面人員之身體傷害。

   (2) 對旅客之傷害。

   (3) 對所載貨物及行李之損失。

1. 被保險人：不僅為保單記載或指名之個人或公司，亦包括任何乘客、任何經指名被保人允許駕機之駕駛人（但不包括學習人員及租用飛機之駕駛員），以及對操作飛機負有法律責任之任何人。

2. 承保範圍：

   (1) 飛機第三人責任保險（Aircraft Third Party Legal Liability）：承保飛機發生意外事故致第三人傷亡或財損，被保險人依法應負賠償責任。如飛機互撞所致飛機毀損及乘客傷亡，或飛行失事墜落致第三人傷亡、財損等。

   (2) 乘客責任保險（Passenger Legal Liability）：承保飛機乘客意外傷亡或其行李毀損，被保險人依法應負之責任。乘客食用所供應之食物、飲料而致疾病、中毒亦承保在內。乘客傷亡依當地法律或國際公約規定賠償；「登記行李」賠償限額每公斤美金 20 元，「隨身行李」則為每位乘客美金 400 元。

   (3) 貨物及郵件責任保險（Cargo and Mail Liability）：承保依契約承運之貨物及郵件之毀損滅失，賠償依實際損失計之，「報值貨物及行李」則有賠償限額。

(4) 一般第三人責任保險（General Third Party Legal Liability）：承保被保險人因經營航空業務而在各地機場可能發生之賠償責任，如機場輸運乘客、運送食物飲料或加油等作業所致第三人之傷亡或財損。

3. 除外事項：主要者如下：

(1) 依法應由被保險人承當責任。

(2) 為非法目的之使用。

(3) 在保單規定地區以外使用。

(4) 未經保險人同意而不依保單規定用途使用。

(5) 為保單未記載駕駛員之任何操作。

(6) 有關製造、修理、販賣、租賃或導航活動引起之任何責任。

(7) 違反航空法規所致之任何責任。

4. 保險金額：保額（即賠償責任限額）採用「合併單一總限額」（Combined Single Limit；CSL），即同一保險金額適用於同一保單所承保之各種責任保險。

5. 費率：以乘客飛行哩數收費（Revenue Passenger Miles；RPM）計算，如每一千 RPM 美金 0.85 元，保費預收，多退少補，有最低保費規定，通常訂為預收保費之三分之二。

6. 乘客賠償責任之法律依據：

(1) 國際航線運送：

    A. 華沙公約（1929）（Warsaw Convention）：

        a. 1929 年 10 月於波蘭首都"華沙"議定。

        b. 正式名稱為「國際航空運送統一規定」。

        c. 每位乘客賠償限額為 125,000 法郎（約折合 US$10,000）。

    B. 海牙議定書（1955）（The Hague Protocol）：

        a. 為華沙公約修訂案。

        b. 1955 年 9 月於荷蘭"海牙"議定。

        c. 每位乘客賠償限額增加一倍即 250,000 法郎（約折合 US$20,000）。

C. 蒙特利爾協定（1966）（Montreal Agreement）：

　　a. 1966 年 5 月於加拿大"蒙特利爾"開會協定。

　　b. 每位乘客之賠償限額，若包括訴訟費用為 US$75,000，若未包括訴訟費用為 US$58,000。

　　c. 不論航空公司是否有過失，均負賠償之責。

D. 瓜地馬拉議定書（1971）（Guatemala Protocol）：

　　a. 華沙公約及海牙議定書之重大修正。

　　b. 971 年 3 月在"瓜地馬拉市"議定。

　　c. 每位乘客之賠償限額為 1,500,000 法郎。

(2) 國內航線運送：依民航法規 88 年 3 月 17 日修正發布之「航空客貨損害賠償辦法」，賠償標準如下：（註六）

A. 死亡或重傷，賠償金額重傷新台幣 150 萬元，死亡新台幣 300 萬元。（第三條規定）

B. 非死亡或非重傷，按實際損害計算，以新台幣 150 萬元為限。（第三條規定）

　　（重傷依刑法第十條第四項之規定）

C. 貨物及登記行李每公斤新台幣一千元。（第四條規定）

D. 隨身行李每一乘客為新台幣二萬元。（第四條規定）

（三）飛機場責任保險：乃承保飛機場的業主或經營者因所有、維護或控制所致他人身體傷害或財產損毀時依法應負之賠償責任。在本質上，是一種業主、地主及租戶的公共責任保險單，不承保對使用飛機引起之責任及由機場經營者自有飛機所致的毀損。

其他責任保險單尚有：

1. 貨物責任保險單，乃承保飛機所有或經營者對載運他人貨物所致損毀之賠償責任，乃屬於內陸運輸保險範圍。

2. 非自有飛機責任保險單，乃指包租或租用他人飛機從事運輸業務，飛機發生任何損失，由保險公司賠償之。

3. 飛機庫責任保險單，乃為飛機庫的所有人或承租人承保，因照顧看管、修理或為他人飛機加油所致他人飛機損毀之賠償責任，此一保單不承保飛行中之飛機及飛機內之個人行李或貨物損失。

問題集

飛機保險保障內容有哪些？保障的理賠額度是多少？又哪些不是在承保範圍內？並舉實例說明。

答 一、依據民國 93 年 06 月 09 日修正民用航空法第 94 條規定航空器所有人應投保責任保險，因此航空業者依法應投保乘客責任保險，承保被保險飛機之乘客於航空器中或於上下航空器時，因意外事故致死亡、體傷或其行李毀損或滅失，被保險人依法（民用航空法第 91 條）應負之損害賠償責任，保險公司負賠償責任。此外航空公司供應之食物及飲料致乘客食用後發生中毒疾病所至致之賠償責任，亦承保在內。

二、保險金額：目前我國民用航空法所規定航空業者應投保的最低保險金額為：

（一）死亡：新台幣 3,000,000 元。

（二）重傷：新台幣 1,500,000 元。

（三）隨身行李：一件新台幣 20,000 元。

（四）託運貨物或登記行李：每公斤最高不得超過新台幣 1,000 元。

三、不保事項：

（一）如戰爭、罷工暴動民眾騷擾、劫機、外國政府扣留、沒收、徵用等兵險，但可以附加方式加保，目前航空業者均會加保兵險。

（二）乘客本身之故意行為或犯罪行為。

四、飛機場責任保險：

承保範圍

（一）機場範圍內因經營業務之疏忽或過失，或因機場設施、跑道或其他設備之缺陷，或保養、管理之缺失，而發生意外事故，或因供應食物致第三人食用後發生傷亡事故。

（二）在機場範圍內之飛機或航空器材由被保險人或其受僱人負責看管、管理、保養、服務或處理時發生意外事故致該飛機或航空器材毀損或滅失。

（三）被保險人或其受僱人所製造產品責任、改建、修理、出售或供應之產品。

（四）機場控制塔機械故障或人為疏忽導致航空事故所致第三人傷亡或財物損失之賠償責任。

五、實例說明：

（一）1994 年 4 月 26 日，名古屋空難事件，死亡 264 人，最高賠償金額為新台幣 640 萬元。

（二）1998 年 2 月 16 日，大園空難事件，死亡 202 人（乘客 182 人，機組員 14 人，地面 6 人），重傷一人，最高賠償金額為新台幣 990 萬元。

（三）1999 年 8 月 22 日，香港新機場（赤角），死亡 3 人，受傷 100 人，最高賠償金額為新台幣 990 萬元。

（四）美國 911 恐怖攻擊事件之影響

美國 911 事件之保險理賠金達 935 億美元，國際航空險承保發出通知，增加附加保費、降低賠償限額、兵險費率提高等；此次事件之影響大致如下：

1. 調整附加保費：國內航線每人每段將增加兵險附加費新台幣 60 元，國際航線則為 2.5 美元，貨物每公斤依運往地區加收新台幣 2 ～ 5 元。

2. 兵險責任縮減保額：由 10 餘億美元降至 5,000 萬美元。

3. 承保危險增加：一般「機體險」及「戰爭險」保額分別達 10 餘億美元，航空公司須每年依飛安成績單進行保費議價。

4. 本次事件亦使美國保險公司和再保公司面臨倒閉，可說是保險世紀大災難。

4-2 航空保險保單基本條款簡析

一、飛機機體保險條款：（見附錄一）

包括（一）承保範圍：第一條至第五條。

（二）除外責任：第一條至第十一條。

（三）定義。

（一）承保範圍：

第　一　條：飛行中（Flight），滑行中（Taxiing），在地面停留或停泊中（On the Ground or Moored），機體之直接毀損，包括飛行失蹤達六十日者。（甲項）

第　二　條：滑行中（Taxiing），在地面停留或停泊中（On the Ground or Moored）（不包括飛行），機體之直接毀損。（乙項）

第　三　條：在地面停留或停泊中（On the Ground or Moored）（不包括飛行中滑行中），機體之直接毀損。（丙項）

以上三類承保範圍，其賠償均須扣除自負額。

第　四　條：有效期間及飛機使用性質，須符合保單所載。

第　五　條：飛機二架以上，保單以對一承保機體為準。保險期限由某年某月某日中午十二時零一分起算。

（二）除外責任：

第　一　條：使用損失或本質因素所致損壞不予賠償，但由前述原因所致損失或保單承保損失所致前述損失仍予賠償。

第　二　條：政治或軍事上理由，戰爭或類似戰爭行為，SRCC 所致損失。

第　三　條：錯誤變更或被盜用、秘密使用其他契約行為所致損失。

第 四 條：在適航證書及有效期間外之飛行所致損失。

第 五 條：不法使用、飛機不適航、非駕駛員之駕駛、駕駛員健康不佳所致損失。

第 六 條：超載所致損失。

第 七 條：違反民用航空管理規則所致損失。

第 八 條：飛機使用逾越保單範圍所致損失。

第 九 條：使用性質變更，或經有關當局特准飛行所致損失。

第 十 條：飛機款式變更所致。

第 十一 條：承保飛機權益轉移或其他糾紛未經批註者。

（三）定義：飛機、在飛行中、在滑行中、在停泊中、民航管理機構之定義見保單條款。

二、飛機責任保險條款：（見附錄一）

包括：（一）承保範圍。

（二）除外責任。

（三）定義。

（四）條款。

（一）承保範圍：

第 一 條：承保範圍六項如下：

表 4-1　飛機責任保險承保範圍

保險類別	承保範圍	保險金額	保險費
體傷責任保險（不包括乘客）	甲項	每一個人	
財損責任保險	乙項	每一事故	
乘客體傷責任保險	丙項	每一個人 每一事故	
體傷（含乘客）及財損責任險	丁項	每一事故	
體傷（不含乘客）及財損責任險	戊項	每一事故	
醫藥費用	己項	每一個人 每一意外事故	

意外保險學

第　二　條：甲、乙、丙、丁項之承保適用範圍說明。

第　三　條：說明保單承保責任不限指名被保險人，但仍有不保事項。

第　四　條：指名被保險人之正當原因而使用替代飛機所致責任仍予賠償，惟對替用飛機原主及其代理人或雇用人員不負任何責任。

第　五　條：條件相同之新飛機卅日內通知保險仍有效，並加繳保費。

第　六　條：說明承保飛機縱超過二架以上，仍以每一承保飛機為限，並列舉除外責任。

（二）除外責任：共十項。

1. 被保險人自認應行賠償之責。

2. 適航證書有效期間外之飛行。

3. 違法及違反有關規定。

4. 超載所致。

5. 違反民用航空管理規則所致。

6. 飛機使用超過範圍。

7. 保單未載明之飛機使用性質變更。

8. 保單除有規定外之被保險人雇用員工責任。

9. 被保險人之財產管理或運送。

10. 軍事、戰爭或類似戰爭行為、SRCC所致。

（三）定義：「在飛行中」、「乘客」、「民航管理機構」及「事故」之定義見保單條款。

　　事故（Occurrence）：本保險單所稱事故，謂係意外事件在本保單有效期間內符合條款之規定下的一連串或重複發生的原因，導致傷害的結果；在同一情況下所發生之損害，視為同一事故。

（四）條款：一般契約條款規定及責任範圍之再說明，共十四條。

三、飛機場責任保險條款：（見附錄一）

包括三章共二十六條：

（一）承保範圍。

（二）不保項目。

（三）保險單條款。

（一）第一章：承保範圍

第　一　條：指承保種類有（1）第三人意外責任險（2）代管飛機或航空器材損失責任險。

第　二　條：規定固定式自負額新台幣伍仟元正。

第　三　條：較少金額賠償之規定。

第　四　條：被保險人受賠償請求，保險公司得代為抗辯或進行和解，訴訟費用及必要費用經同意另行給付，刑事訴訟除外。

（二）第二章：不保項目

第　五　條：一般不保項目 12 項。

1. 被保險人或其受僱人傷亡所致賠償責任。致賠償責任致賠償責任致賠償責任

2. 租借財物之損害所致。

3. 飛機場以外地區所致。

4. 戰爭或軍事行為所致。

5. SRCC 所致。

6. 颱風、地震、洪水所致。

7. 核子危險所致。

8. 執行未經許可或非法行為所致。

9. 故意或唆使行為所致。

10. 對第三人之承諾或要約所致。

11. 被保險人或受僱人執行業務受酒類或藥劑影響所致。

12. 經營或兼營非保單載明業務所致。

第 六 條：指第三人意外責任險之不保項目，有六項。

第 七 條：代管飛機或航空器材損失責任險不保項目，有三項。

（三）第三章：保險單條款

第 八 條：說明「意外事故」之定義。

第 九 條：定義「每一個人」之保險金額，並說明傷亡不只一人時，僅以「每一意外事故之傷亡」保險金額爲限。

第 十 條：說明「每一意外事故財物損害」之定義。

第 十一 條：說明「飛行中」之定義。

第 十二 條：「損害防止義務」之規定。

第 十三 條：要保人違反「最大誠信原則」不予理賠之說明。

第 十四 條：「書面通知」、「保費正式收據」、「保單批改之簽署」之說明。

第 十五 條：「危險變更通知義務」之規定。

第 十六 條：損失通知期限四十八小時。

第 十七 條：受賠償請求有關文件之立即送達。

第 十八 條：除急救費用外，不得擅自承諾或給付賠款之說明。

第 十九 條：「和解書」或「法院判決書」取得，始予以理賠之規定。

第 二十 條：請求賠償有詐欺情事，喪失保單效力之說明。

第二十一條：「重複保險」之說明。

第二十二條：共同被保險人對第三人之賠償責任仍以保單載明爲限。

第二十三條：賠償請求遭拒須於二年內提起訴訟否則視爲放棄之說明。

第二十四條：當事人雙方終止契約之書面通知及保費返還規定。

第二十五條：理賠爭議交付仲裁之說明。

第二十六條：被保險人遵行有關法令及契約約定爲賠償先決條件之說明。

 註釋

註一： 參閱楊誠對編著「意外保險」－航空保險概述；Syndicate 乃指企業聯營組識的一種型態，如英國之勞依茲。

註二： 參閱湯俊湘著「保險學」第十八章。

註三： 人造衛星保險指承保人造衛星於發射前、發射後、在軌道運行中發生意外事故時，保險人依承保責任負賠償之責。

註四： 參閱袁宗蔚著「保險學」，增訂二十九版 P611。

註五： 國際航空公約之演進：華沙公約（1929）→海牙議定書（1955）→瓜達拉加爾公約（1961）→蒙特利爾協定（1966）→瓜地馬拉議定書（1971）。

註六： 參閱「航空客貨損害賠償辦法」，第三條、四條規定，88 年 3 月 17 日修正發布。

 自我評量

一、解釋名詞

1. Aviation Insurance

2. Syndicate

3. Satellite Insurance

4. CSL（Combined Single Limit）

5. RPM

6. Occurrence

7. Aircraft Third Party Legal Liability

8. Passenger Legal Liability

9. Cargo and Mail Liability

10. General Third Party Legal Liability

 意外保險學

二、問答題

1. 試說明航空保險之特性？並申述航空運輸需要那些保險？

2. 何謂「飛機責任保險」（Aircraft Liability Insurance）？試申述其承保範圍？又現行保單規定之承保範圍爲何？

3. 試從國際航線運送，說明飛機責任保險中賠償乘客之法律依據及賠償限額？

4. 試從國內航線運送，說明飛機責任保險中賠償乘客之法律依據及賠償限額？

5. 試說明「飛機責任保險」之（1）保險事故（2）保險費率計算？

6. 何謂飛機場責任保險？我國之承保種類爲何？

7. 何謂飛機機體保險？試說明其承保範圍？

8. 試申論美國遭受 911 恐怖攻擊事件對航空保險之影響？

The Principles and Practice of Casualty Insurance

Chapter **5**

責任保險

5-1 責任保險概述
5-2 責任保險主要保單簡述

5-1 責任保險概述

責任保險（Liability Insurance）係指保險人對於被保險人因特定之事因，發生意外事故而損害他人權益，依法應負賠償責任所遭受之損失，負責賠償之保險。釋義如下：

表 5-1 責任保險之釋義

1. 特定事因：係指保險契約約定之事由、原因或危險。
2. 意外事故：係指不可預料且突發事故、其發生與過失行為有因果關係，不包括故意行為所致。
3. 他人：不特定之第三人，亦可為特定範圍之他人。
4. 權益：狹義指傷亡或財損，廣義指各種人身權及財產權。
5. 依法應負賠償責任：亦即法律上應負之賠償責任，以民事責任為限。
6. 被保險人所遭受之損失：以被保險人因負擔或履行賠償責任所致財產上之損失為限。

換言之，即被保險人欲免除自己對第三人之損害賠償責任為目的而訂立之保險契約，又稱第三者責任保險（Third Party Liability Insurance）。責任保險之法律依據，依我國保險法第九十條規定：「責任保險於被保險人對於第三人，依法應負賠償責任而受賠償之請求時，負賠償之責。」，可知保險人負賠償責任須同時具備三要件如下：

(1) 被保險人對於第三人之賠償責任。

(2) 被保險人依法應負之賠償責任。

(3) 被保險人受賠償請求時。

損害賠償責任之發生，不外乎如下：

(1) 侵權行為。

(2) 債務違反。

(3) 契約特別之約定。

(4) 法律之直接規定。

其中以侵權行為與吾人之日常生活最密切，有關之規定可參閱民法總則一八四至一九六條，本文不予再敘。

一般責任保險因承保對象不同、承保危險互異，而有各種不同名稱之責任保險，但各種責任保險均具有下列之共同特性：

1. 責任保險係以被保險人對於第三人（亦即被害人），依法應負之賠償責任為標的，故除保險契約當事人外，須有被害之第三人存在為保險事故成立先決條件。
2. 責任保險所保被保險人依法應負之賠償責任，除依其性質或法律規定為「無過失責任」者外，一般均以有過失為前提。
3. 責任保險係以被保險人因負擔賠償責任之債務所受之損失為補償範圍。
4. 被保險人依法應負賠償責任，以法令對賠償責任規定為依據。
5. 標的非實體財物，其保額（責任限額）由契約當事人依需要約定，自無超額保險或低額保險之事。
6. 賠償責任範圍，不以直接損失為限，抑且包括間接損失或附帶損失或精神上損失，一般將間接損失列為不保事項。
7. 危險因素複雜，每一保件幾為獨特之危險，核保及費率釐訂難有客觀標準。
8. 賠償金額不易估算，處理往往受感情、利害、權力及裁判等因素影響而益顯困難。
9. 抗辯或訴訟之額外費用，經保險人同意可另行賠付，但究竟在保額以內或以外可另行賠付，保單有不同之約定。

茲將上述列表如下：

表 5-2　責任保險之共同特性

保險標的	被保險人對於第三人依法應負之賠償責任。
賠償責任	一般以被保險人之過失為前提。
責任認定	以保險契約為基礎，並以法令規定為依據。
保險目的	形式上以補償被保險人之損失為目的，實質上係以保障被害人權益為目的。
保險金額	責任限額依需要約定，無超額或低額保險之事。
賠償責任範圍	不以直接損失為限，尚包括間接損失。
核保開價	每一保件獨特，核保及費率無客觀標準。
損失賠償	不易估算，極易受主觀及外在因素影響。
額外費用	抗辯或訴訟費用，經保險人同意可另行賠付，保單有不同規定。

問題集

何謂責任保險？其與財產保險有何不同？

答 所謂責任保險係指責任保險人（保險公司）於被保險人對於第三人依法應負之賠償責任，而受賠償請求時負賠償之責。故主要承保被保險人對於第三人依法應負之賠償責任，所謂依法，係指依據「法律規定」而言，法律有特別規定者，應從其規定，如民用航空法，大眾捷運法，核子損害賠償法等有關損害賠償之規定；法律無特別規定者，則適用一般民法有關侵權行為損害賠償之規定。因民法採行過失責任主義，故被保險人依法律規定須對第三人負賠償責任者，以有過失為前提，並受賠償請求時，始由保險人負賠償之責。一般責任保險單僅承保被保險人之法律責任，而將契約責任列為不保事項。

責任保險因承保對象不同，危險性質亦各異，但均具有共同特性，與傳統財產保險，承保被保險人因所有物遭受危險事故所致損害，以保險範圍予以填補損失有所不同。因一、責任保險係以被保險人對於第三人之損害賠償責任為保險標的，此項賠償責任是否發生並不確定，但一旦發生即須負賠償責任；二、被保險人對於第三人之損害賠償範圍，除第三人因身體傷害或財物毀損之直接損失外，尚包含精神上損害賠償；三、責任保險無「保險價額」之觀念，故對約定之「責任限額」稱為「保險金額」。要保人視其實際需求與保險費負擔能力與保險人洽訂適當之責任限額，而無所謂超額保險或不足額保險之現象；四、原則上須由被保險人賠償受害人後，再由保險人依據保單約定賠償被保險人，但保險人亦得經被保險人通知，直接對受害人（第三人）為給付，受害人對保險人無直接請求權。

責任保險之種類甚多，茲依保險標的之性質為分類標準，主要可分為下列三種：

（一）企業責任保險（Business Liability Insurance）：即由保險人承保從事各種事業者，因業務上之行為對第三人所發生損害賠償責任之保險，如製造商及營造商責任保險、航空責任保險、產品責任保險等。

（二）個人責任保險（Personal Liability Insurance）：即由保險人承保被保險人因個人行為對第三人所發生損害賠償責任之保險，如綜合個人責任保險、汽車責任保險、住宅責任保險等。

（三）職業責任保險（Professional Liability Insurance）：即由保險人承保專門職業者因職務上過失對第三人所發生之損害賠償責任之保險，如醫師責任保險、會計師責任保險、律師責任保險。

責任保險之功能亦偏向社會功能，除一般保險所共有之損害補償（Indemnity）功能外，尚有：

（一）提供加害人履行債務能力，保障（Protect）受害人債權，進而安定社會秩序。

（二）減少爭議糾紛及訴訟，促成案件順利解決，進而維持社會安全（Security）。

我國責任保險較先進國家落後，乃因：

(1) 社會型態。

(2) 經濟結構。

(3) 法律意識。

(4) 權利義務概念。

(5) 人權思想。

(6) 保險觀念。

(7) 保險業經營態度。

(8) 保險人才。

等條件之不健全或缺乏使然；隨著社會進步、經濟發展、國民生活水準提高，法治意識增強，責任保險發展之將來性可從

(1) 社會現象。

(2) 保險需求。

(3) 保險供始。

三方面列示如下：

表 5-3　責任保險之將來性

1. 社會現象	(1)新的危險不斷發生，乃全球性之趨勢。 (2)權利義務觀念之增加，求償意識普遍化。
2. 保險需求	(1)損害賠償案件逐漸增加，任何人均隨時隨地可能成為當事人。 (2)賠償金額愈趨高額化，影響償債能力及獲償機會。
3. 保險供給	(1)不斷開發新的保險商品，以應社會需求。 (2)對於承保有關事項，應特別留意。

問題集

現行主要責任保險種類為何？公務機關可能觸及之責任保險為何？

答 我國產險業已開辦之責任保險從早期約十種之多演進至今，因新保單不斷研發，至少已有二十多種之責任保險保單，難以一一列載，有屬企業團體責任保險，亦有個人責任保險或專業責任保險等不同險種，各保險公司承保內容差異不大，端視被保險人不同需求議定之。下列提供較常見之現行責任保險單供參酌：

1. 公共意外責任保險

2. 產品責任保險

3. 僱主意外責任保險

4. 電梯意外責任保險

5. 營繕承包人責任保險

6. 意外污染責任保險

公務機關及公營事業體因本身工作或營業處所之安全可能須投保公共意外責任保險、電梯意外責任保險；對於其聘僱員工之保障應投保僱主意外責任保險，因工程之發包須投保營繕承包人責任保險，因公營事業之營運或生產出售之商品，可能須購買意外污染責任保險或產品責任保險等。均屬責任保險之範疇。

責任保險承保基礎以往採「事故發生基礎」（Occurrence Basis），近年改採「索賠基礎」（Claims Made Basis），前者指凡在保險期內發生保險事故，被保險人在規定時效內請求賠償，保險人負賠償之責，而在保單生效日前或保險期間屆滿後發生之保險事故，保險人不負賠償責任；後者指凡被保險人在保險期間內受第三人賠償請求，被保險人亦在此期間內向保險人報案（Report），保險人應負賠償責任，即使於保單生效日前發生事故，第三人在保險期間向被保險人索賠，如無除外規定，保險人亦須負責賠償；而在保險期間內發生事故，倘第三人未在此間請求賠償，被保險人亦未向保險人報案，則保險期間屆滿不予理賠，以上兩種基礎究以採用何者為宜，依個別情況而定，就原則而言，凡保險事故之發生可立即知悉或發現者，以採用「事故發生基礎」為宜，如電梯

意外責任保險、營繕承包人責任保險；反之則採用「索賠基礎」爲宜，如產品責任保險、以及各種專門職業責任保險。

責任保險保額之訂定方式，因責任限額較高，保險人爲分別安排再保險之方便，可將保額分「層」（Layer）承保：

（一）基層責任保險（Primary Liability Insurance）

1. 保單內保額分爲下列四項：

    (1) 每一個人傷亡。

    (2) 每一意外事故傷亡。

    (3) 每一意外事故財損。

    (4) 保險期間內累積總限額。

2. 可合併單一總限額（Combined Single Limit；CSL）

3. 例如：CSL\$5M，即指上述四項其最高賠償限額均可達到 \$500 萬，累積總額達 \$500 萬，保單即失效，之後可重新投保。

（二）超額責任保險（Excess Liability Insurance）

1. 保險人不願或無法承保較高限額，可向其他保險人投保之，CSL\$5M，另投保超過 \$500 萬之超額責任保險保額 \$100M。

2. 英文簡寫：

    (1) CSL/AGG \$100M。

    (2) in excess of CSL/AGG \$5M。

3. 承上例，如再加保第二層超額責任保險（2nd Excess Liability Insurance）\$500M，則如下：

    (1) First Layer----\$5M。

    (2) Second Layer----\$100M。

    (3) Third Layer----\$500M。

（三）巨災超額責任保險（Catastrophe Excess Liability Insurance）亦稱傘護式責任保險（Umbrella Liability Insurance）

1. 可對被保險人可能面臨之各種法律責任風險及契約責任風險提供完整之安全保障，承保範圍廣泛。

2. 例如：投保傘護式責任保險，保額 CSL$1,000M，自負額 $10 萬，超過自負額 $10 萬部份，由傘護式責任保險單賠償。

責任保險費率釐訂基礎如下所述：

1. 計算保費之危險單位（Exposure Units），隨保險種類而異。

2. 原則：

　(1) 須簡單易行，便於計算。

　(2) 所需資料須求正確並易於取得。

　(3) 保費與承擔風險高低有正向比例關係。

3. 常用之種類

　(1) 面積（Area）：一般公共責任保險採用，實際應用考慮處所之使用性質與營業額。

　(2) 銷售金額（Sales）：產品責任保險採用，公共責任保險偶亦用之，以保險期間產品銷售總金額作為計算基礎，承保責任隨銷售金額增加而增加。

　(3) 薪資（Payroll）：僱主責任保險採用，以被保險人在保險期間內支付受僱人薪資總額為計算保費基礎，會有以多報少之缺點。

　(4) 每一單位（Per Unit）：如每部電梯、每部機器保費若干，實際應用應考慮使用性質。

　(5) 專業收入（Fee）：適用各種專門職業保險，即以被保險人在保險期間內之專業收入為計算基礎，有不易取得正確資料之缺點。

問題集

責任保險費率如何擬訂？其與傳統財產保險有無不同？

答 責任保險之「費率基礎」即計算保費之「危險單位」，隨保險種類不同而異，不像傳統火災保險或汽車保險，保險標的單一，且多採行規章費率較無變化。責任險除汽車第三人責任險外，如公共意外責任保險，僱主責任險…等，種類繁多，隨社會經濟演變，各類新型保險需求不斷發生，有關費率計算基礎較具自由變化與彈性。目前責任保險常用之費率計算基礎簡述如下：

1. 面積：即以處所面積大小為計算保費之基礎，一般公共意外責任保險採用之。實際使用時應與該處所之「使用性質」，與「營業額」等因素一併考量。

2. 銷售金額：即以保險期間內產品銷售總金額作為計算保險費之基礎。產品責任保險採用之，公共意外責任保險亦採用之。

3. 薪資：即以被保險人在保險期間內支付受僱人之薪資總額作為計算保險費之基礎。僱主責任保險採用之，公共意外責任保險偶亦採用之。

4. 每一單位：例如每部電梯，每部機器保費若干元。實際應用時尚須與「處所」之「使用性質」配合考量。

5. 專業收入：即以被保險人在保險期間內之專業收入總額作為計算保險費之基礎，各種專業保險採用之。

責任保險契約包括要保書（Proposal），詢問或查詢表（Questionnaire），保險單（Policy），批單（Endorsement）或特約條款（Special Condition，Warranty），以保險單為主，茲將責任保險單共同基本條款列舉如下：（可參閱附錄一）

（一）承保事項：

1. 承保範圍。

2. 訴訟費用。

3. 自負額。

4. 較少金額之給付。

（二）不保事項：

    1. 兵險。

    2. 核子危險。

    3. S.R.C.C。

    4. 天災。

    5. 故意行為。

（三）理賠事項：

    1. 事故發生。

    2. 保險金額。

    3. 請求賠償。

    4. 欺詐行為。

    5. 代位求償權。

    6. 複保險之理賠。

    7. 共同被保險人。

    8. 仲裁。

（四）一般事項：

    1. 履行義務。

    2. 告知義務。

    3. 通知義務。

    4. 複保險。

    5. 終止契約。

    6. 批改。

    7. 時效。

    8. 法令適用。

我國產險業目前開辦之責任保險如第二章第四節所列，茲將最近三年之各種責任保險簽單保費統計表列如下（前 5 種屬商業；後 2 種屬個人），得知公共意外責任保險、僱主意外責任保險、產品責任保險等業務量較大容後敘述，其餘險種則依保單內容簡述於後。

表 5-4　國內產險主要責任保險簽單保費統計表

年份 險種	民國 103 年	民國 104 年	民國 105 年
公共意外責任保險	1,732,330,535	1,829,495,560	2,010,922,669
僱主意外責任保險	1,751,543,976	1,908,124,969	2,071,330,692
產品責任保險	1,057,181,952	1,074,096,794	1,036,339,069
電梯意外責任保險	1,555,008	2,712,495	2,904,030
營繕承包人責任保險	65,546,093	69,360,245	74,216,304
董事重要職員責任保險	752,698,639	719,659,979	826,973,939
高爾夫球員責任保險	23,120,300	18,780,195	18,574,906
醫師業務責任保險	89,813,602	99,943,100	107,150,882

資料來源：保險事業發展中心統計資料彙集。（www.tii.org.tw）

問題集

責任保險採行何種招標方式最為有利？原因為何？

答　政府為建立公平，公開之採購程序，提昇採購效率與功能，確保採購品質，特制訂政府採購法。凡與工程之定作，財務之買受，定製，承租及勞務之委任或僱傭等，均適用政府採購法，保險亦然。惟有關採購採行之方式，依採購法之規定應以招標方式行之，而招標行為往往多屬價格標，以低價競標，品質堪慮。

但保險不同於一般商品之採購，亦不屬單純勞務委任或僱傭，而是講求服務之無形商品，故專業保險知識，健全財務結構與完整服務網，方能提供完善保險服務，若一昧採行低價惡性競標，危及保險公司財務健全，反製造另一社會問題。且責任保險多屬新種保險，費率擬訂更具專業性，為期達到真正反應合理危險費率與後續理賠服務，應摒除傳統且刻板之價格標，不以價格競爭為決標之惟一因素。故以「最有利標」方式進行，可以比較保險公司服務據點，理賠專業及財務狀況，再保能力等因素，縱為保險固定費率，亦能選出合適且服務最好之保險公司。

意外保險學

5-2 責任保險主要保單簡述

公共意外責任保險（Public Liability Insurance）是所有責任保險之主流、英文名稱與英國使用名稱相同。在美國則通稱一般責任保險（General Liability Insurance），是包含除了僱主責任、汽車責任、海上運輸責任及專門職業責任之所有責任保險，基本上乃依據各國不同國情、法律及社會大眾需要發展而來，我國承保範圍較小，係承保被保險人之處所（Premises）因發生意外事故致第三人遭受體傷或財損，依法應負賠償責任之損失，如商店、辦公室、政府機關及其它公共場所。由於以下原因：

1. 法令方面：國家賠償法之頒佈實施。

2. 經濟方面：國外高額責任保險之觀念。

3. 社會方面：保護主義特質之社團相繼成立，而肇事者承擔能力不足造成許多社會問題。

使得公共意外責任保險將來必然成為主要之保險項目，茲將其特性表列如下：

表 5-5 公共意外責任保險之特性

1. 乃以列明之意外事故所導致依法應負賠償責任為承保範圍。
2. 乃以企業經營者為承保對象。
3. 保險費依行業別以固定保險費方式計收。
4. 一般採用「事故發生基礎」為保險責任之認定方式。

公共意外責任保險單內容簡述如下：

（一）承保對象：分為六類

1. 甲類：辦公處所、包括政府機關、公私企業、金融保險、各種專門職業事務所等。

2. 乙類：行號店鋪（特種營業除外）、學校。

3. 丙類：工廠、旅館、餐廳、百貨公司、超級市場、醫院、電影院。

4. 丁類：育樂遊藝場所、瓦斯及電焊等行業。

5. 戊類：特種營業場所如舞廳、酒廊、酒吧、咖啡室、理容院、視廳歌唱業（KTV、MTV）、浴室業及電動玩具業等。

6. 己類：使用、製造成供應危險物品之工廠、其危險程度較高者。

（二）承保範圍：

1. 被保險人或其受僱人因經營業務之疏忽或過失在保單或載明之營業處所內發生之意外事故。

2. 被保險人營業處所之建築物、通道、機器或其他工作物，因設置、保養或管理有所欠缺所發生之意外事故。

（三）保險金額：除部份業者強制投保最低 2400 萬規定外，任意投保亦有最低保額之規定，目前多以強制投保之金額開列。

表 5-6 公共意外責任保險之基本保額

承保範圍	基本保險金額
每一個人身體傷亡	1,000,000
每一意外事故傷亡	4,000,000
保險期限內最高賠償金額	10,000,000
每一意外事故財損	1,000,000

除此規定外，可依據被保險人之實際需要而調高為基本保額之五倍，實務上，被保險人多要求採用「合併單一總限額」訂定保額，此項要求最主要考慮因素在於損失頻率低而損失幅度高，被保險人以一次事故之最大可能損失訂定其保險金額。

問題集

投保公共意外責任險，如何訂定保險金額？

答 一、保險公司銷售公共意外責任時之基本保額： 每人體傷：100 萬元／每次意外傷亡：400 萬元／每事故財損：100 萬元／保險期間最高賠償金額 1000 萬元。基本自負額為：2,500 元。

二、然供公共使用之營利場所依規定投保公共意外責任保險時，必須符合政府規定的最低保額，如下表：

意外保險學

現有法規強制投保公共意外責任保險規定最低投保金額一覽表 單位：新台幣萬元				
法規名稱	每一個人身體傷亡	每一事故身體傷亡	每一事故財產損失	保險期間總保險金額
電子遊戲場業公共意外責任險投保辦法	200	1000	200	2400
公寓大廈公共意外責任保險投保及火災保險費差額補償辦法	300	1500	200	3400
臺北市消費場所強制投保公共意外責任保險實施辦法	300	1500	200	3400
高雄市營業場所強制投保公共意外責任保險自治條例	300	1500	200	4800

（四）自負額：基本上每一意外事故訂爲新台幣 2,500 元，但可依被保險人之要求提高而減收保費。

（五）保險費：以營業額或薪資總額爲計算基礎，物價波變或營業額變動，可自動反映調整保費，即依預估之營業額或薪資總額乘以費率計算預收保費，保單滿期多退少補。然我國一般社會大眾喜歡一次繳清保費，同時企業一般亦不便提供營業額及薪資總額，所以採固定保費較恰當可行，其基本保費配合承保對象之分類訂爲：

1. 甲類：新台幣 9,134 元。

2. 乙類：新台幣 11,414 元。

3. 丙類：新台幣 24,655 元。

4. 丁類：新台幣 51,136 元。

5. 戊類：新台幣 65,745 元。

6. 己類：由保險人視危險程度酌訂之。

除基本保費規定，尚可依保險金額之增加而調整，其增加每一意外事故及基本保險金額之費率倍數表如下：

表 5-7　增加每一意外事故及基本保險金額之費率倍數表

「每一意外事故」保險金額增加後之倍數		基本保險金額增加後之倍數				
		1	2	3	4	5
增加後之倍數	費率基數	費率倍數				
1	1.00	1.00	1.85	2.50	3.05	3.50
1.5	0.88	1.32	2.44	3.30	4.03	4.62
2	0.76	1.52	2.81	3.80	4.64	5.32
2.5	0.66	1.65	3.05	4.13	5.03	5.78
3	0.60	1.80	3.33	4.50	5.49	6.30
3.5	0.56	1.96	3.63	4.90	5.98	6.86
4	0.54	2.16	4.00	5.40	6.59	7.56
4.5	0.52	2.34	4.33	5.85	7.14	8.19
5	0.50	2.50	4.63	6.25	7.63	8.75
6	0.48	2.88	5.33	7.20	8.78	10.08
7	0.46	3.22	5.96	8.05	9.82	11.27
8	0.44	3.52	6.51	8.80	10.74	12.32
9	0.42	3.78	6.99	9.45	11.53	13.23
10	0.40	4.00	7.40	10.00	12.20	14.00

例如：某一餐廳要求以每一體傷兩佰萬，每一事故傷亡八佰萬元，每一事故財損兩佰萬，保險期限內最高賠償金額參仟萬爲保險金額，則其應收之保險費爲：丙類之基本保險費 24,655 元 × 費率倍數 3.8 = 93,689。

　　如所要求保額超過上述規定，其費率倍數由承保公司參照增訂之，並報公會備查即可。

（六）保險費之調整：

　　1. 提高自負額減費：標準如下表，如所要求自負額超過規定時可由保險公司參照訂定，並報公會備查。

表 5-8	提高自負額減費標準
每一意外事故之自負額	按應收保費減收
5,000	5% 以下
10,000~10% 以下	50,000~20% 以下
100,000~25% 以下	200,000~30% 以下

2. 各項加費之規定：

　　(1)　面積加費：建坪（含空地）超過 2,000 平方公尺，每增加 1,000 平方公尺按應收保費加收 5%，不足 1,000 平方公尺時按 1,000 平方公尺計算；面積超過 10,000 平方公尺者，超過部份之加費由承保公司另訂，並報公會備查。

　　(2)　受僱人數加費：受僱人在 100 人以上者，每增加 100 人，按應收保費加收 5%，不足 100 人時按 100 人計之；人數超過 1,000 人者，超過部份其加費由承保公司另訂，並報公會備查。

　　(3)　危險性設施加費：危險性設施是指較易發生意外災害之設備，或者是該設備一旦發生意外事故所導致之人員傷亡或財物損害將非常嚴重者。由於種類繁多，乃由核保人員綜合考慮多種因素，另行訂定加費程度並報公會備查。

　　(4)　危險物品加費：危險物品指火險費率規章列出之危險品及特別危險品分類，核保人員須深入了解情況以彈性方式訂加費標準始符所需。

問題集

投保公共意外責任險保費怎麼算？

答 依投保對象之危險性質分為甲、乙、丙、丁、戊、己六類，決定基本保費，承保公司並視被保險人之營業規模，消防安全措施及實際危險狀況等酌減或酌加保險費，最高加減 50%。此外，保險金額提高時，保費則以倍數提高，當自負額增加時，保費可以減收。

（七）保險期間：基本訂爲一年，但有些業務性質以單項活動之公共意外責任爲考慮因素，如選美會、音樂會等表演或展示期間較短，須訂定不足一年保險契約，其應收保費如下表：

（八）最低保險費：每一張保險單之最低保險費不得少於新台幣兩千元整。

（九）強制投保：最低保額每人體傷新台幣二百萬元，每一事故體傷新台幣一千萬元，每一事故財損新台幣二百萬元，保險期間總保額二千四百萬元；保險費率由業者自行洽保險業訂定。

表 5-9 保險有效期間之保費與年繳保費比率換算表

保險有效期間（月）	應收全年保費百分比（%）
0-1	15
1-2	25
2-3	35
3-4	45
4-5	55
5-6	65
6-7	75
7-8	85
8-9	90
9-10	95
10-11	100

意外保險學

問題集

住戶經營哪些危險行業，必須強制投保公共意外責任保險？

答 依法規應投保公共意外責任保險者：

一、公寓大廈管理條例第十七條明訂餐飲、瓦斯、電焊或其他危險營業或存放有爆炸性或易燃性物品者，應投保公共意外責任險。

二、台北市政府「各類場所投保公共意外責任保險作業要點」明訂十一類場所如：電影院、夜總會、KTV、MTV、PUB、百貨公司、餐廳、旅館、保齡球館、補習班、幼稚園、安養院、瓦斯電焊業等應投保。

三、高雄市政府「高雄市供公共使用營利場所強制投保公共意外責任保險實施自制條例」應投保之場所如下：

（一）旅館、電影院、錄影節目帶播映、舞廳、舞場、酒家、酒吧（廊）、特種咖啡茶室、視聽歌唱、浴室（三溫暖）及電子遊藝場業。

（二）總樓地板面積三百平方公尺以上之餐廳、歌廳、保齡球館、遊樂場、撞球場、理髮理容業。

（三）總樓地板面積五百平方公尺以上之各種百貨批發、零售之營利場所。

四、大致上多數業者會配合規定，但仍有部分業者未投保，視各地區政府單位執行落實與否。台北市政府執行非常嚴格，未投保公共意外責任險之業者，除依規定辦理外，亦造冊至公會。

（十）不保事項：除一般不保事項外，僅將特別不保事項列舉如下：

1. 被保險人或受僱人或其代理人因售出或供應之貨物或商品致第三人死傷疾病之賠償責任。

2. 被保險人在經營業務時，因工作而發生之震動或支撐設施薄弱或移動，致第三人之建築物、土地或其他財物遭受毀損滅失之賠償責任。

3. 被保險人之家屬或在執行職務之受僱人發生體傷死亡或其財物受有損害之賠償責任。

4. 被保險人因所有、使用或管理電梯所致第三人體傷、死亡或第三人財物毀損滅失之賠償責任。

問題集

試說明公共意外責任保險之承保之意外事故要件並舉例？

答 一、公共意外責任保險係指企業、團體或機構於從事營業或業務活動因意外事故所致第三人之傷害或財物受損，依法應負賠償責任而受賠償請求時，保險公司對被保險人負賠償責任。

二、承保範圍：被保險人因在保險期間內發生下列意外事故致第三人體傷、死亡或第三人財物損害，依法應負賠償責任，而受賠償請求時，保險公司對被保險人負賠償之責：

　　（一）被保險人或其受僱人因經營業務之行為在本保險載明之營業處所內發生之意外事故。

　　（二）被保險人營業處所之建築物、通道、機器或其他工作物所發生之外事故。

三、承保之意外事故要件：

　　（一）意外事故必須是下列兩個原因之一所造成：

　　　　1. 因被保險人或其受僱人經營業務之行為所致者。

　　　　2. 因被保險人營業處所之建築物、通道、機器或其他工作物所致者。

　　（二）意外事故必須是在保險期間內發生。

　　（三）意外事故必須是在保險單載明之營業處所內發生。

　　（四）意外事故必須造成第三人體傷、死亡或財損失之結果。

　　（五）必須被保險人依法應負賠償責任，而受有賠償請求。

四、例如：

　　（一）大飯店玻璃門透明，未作適當之警告標示，使客人撞傷。

　　（二）KTV、MTV 逃生設備簡陋，逃生通道阻塞，使客人在火災發生時無法逃離而喪生。

　　（三）餐廳服務生不慎將熱菜倒在客人身上，使客人受傷。

　　（四）百貨公司、賣場滑濕，使小孩摔倒而受傷。

　　（五）遊樂場因機械保養不良、斷裂，使客人摔傷。

　　（六）辦公室吊燈年久鬆動，掉下來打傷訪客。

　　（七）服飾店發生火災，延燒至左右鄰居之房舍。

　　（八）超級市場之冷凍庫漏電，造成客人受傷。

　　（九）工廠發生爆炸，傷及隔壁工廠及過往行人。

我國公共意外責任保險保單基本條款簡析如後：（見附錄一）

第一條～第四條：說明保單之承保範圍。

被保險人為個人企業，其配偶亦為被保險人，被保險人為合夥企業，則所有合夥人及其配偶均為被保險人，被保險人為公司組織，則經理人員及執行董事均為被保險人，但上述僅限於其所營業行為或職務範圍為限。

除此外，企業之受僱人在其從事範圍內，亦為被保險人，但下列行為則不屬承保範圍：

(1) 受僱職務時，對於被保險人或其他受僱人造成之傷亡。

(2) 提供專業醫療服務或其他專業服務所致傷亡。

(3) 對於本身、其他受僱人、被保險人或其合夥人之所有、使用、租賃或借貸之財物所造成之損害。

第五條～二十二條：說明保單之特別不保事項及一般不保事項，共 18 項，特別不保事項主要目的在排除與其他保險單重覆（Overlap）之內容，使承保範圍明確、費率合理化。

第二十三條～四十一條：說明保單之理賠事項及一般事項。

問題集

目前依法應投保公共意外責任險的行業或公共場所包括哪些？這些業者投保情況如何？

答 一、依公共大廈管理條例第十七條明訂餐飲、瓦斯、電焊及其他危險營業或存放有爆炸性或易燃性物品者，應投保公共意外責任險。

最低保額：

（一）每人身體傷亡：300 萬元。

（二）每次意外事故傷亡：1,500 萬元。

（三）每次意外事故財損：200 萬元。

（四）保險期間累計賠償金額：3,400 萬元。

二、此外台北市及高雄市為保障市民生命、身體、財產，確保公共場所之安全，亦訂定「供公共使用營利場所強制投保公共意外責任險實施辦法」。強制旅館、電影院、舞廳、酒家、三溫暖、歌廳、保齡球館、遊樂場、撞球場、理髮理容業、百貨業等應投保公共意外責任險。

台北市規定業者應投保公共意外責任險最低保險金額為：

（一）每人身體傷亡：300 萬元

（二）每次意外事故傷亡：1,500 萬元

（三）每次意外事故財損：200 萬元

（四）保險期間累計賠償金額：3,400 萬元。

高雄市政府規定之最低保險金額為：

（一）每人身體傷亡：300 萬元。

（二）每次意外事故傷亡：1,500 萬元。

（三）每次意外事故財損：200 萬元。

（四）保險期間累計賠償金額：4,800 萬元。

三、大致上多數業者會配合規定，但仍有部分業者未投保，視各地區政府單位執行落實與否。台北市政府執行非常嚴格，未投保公共意外責任險之業者，除依規定辦理外，亦造冊至公會。

僱主意外責任保險（Employer s Liability Insurance）乃是承保被保險人之受僱人在保險期間內因執行職務發生意外事故遭受體傷或死亡，依法應由被保險人負責賠償而受賠償請求時，由保險公司對被保險人負賠償之責。不論英、美、我國對僱主責任之要求均順應社會變遷，逐漸改變，可知僱主意外責任保險之目的有二：

（一）填補意外事故發生時僱主對於受僱人在法律上應負之損害賠償責任。

（二）彌補勞工保險之不足－乃因

1. 投保薪資偏低。

2. 非定期之受僱人或僱用不滿五人之僱主無法加以承保。

茲就僱主意外責任保險之性質簡述於後：

（一）就保險標的言

為僱主對受僱人之傷害在法律上之損害賠償責任（不含契約責任），成立要件有三：

    1. 須屬「民事責任」：受僱人執行職務意外傷亡屬民事責任。

    2. 須為「過失行為」：僱主須有過失，始須負責任。

    3. 須有「因果關係」：一般指「相當因果關係」。

（二）就保險事故言

即為僱主依法應負損害賠償責任而受賠償請求，成立要件有三：

    1. 須受僱人有傷亡。

    2. 須僱主依法應負賠償責任。

    3. 須僱主受賠償請求時。

（三）就保險利益言

以僱主依法承負責任為限所持之保險利益。

以下分析僱主意外責任險與勞工保險之異同點如下：

表 5-10　僱主意外責任險與勞工保險之區別

異同＼險種		僱主意外責任險	勞工保險
相異點	1. 被保險人	僱主	受僱人
	2. 承保事故	傷亡	死亡、老年
	3. 承保時段	執行職務（上下班時間）	在職期間
	4. 責任認定	採過失責任	採無過失補償制度
	5. 保費負擔	僱主負擔	僱主、政府、受僱人共同負擔
	6. 給付金額	保險金額為最高金額	依投保薪資，採「定額給付制」
	7. 險種歸屬	商業保險	社會保險
相同點		保障受僱人經濟安全	

我國僱主意外責任保險保單內容簡述如下：

（一）承保對象：分為四類

　　1. 甲類：金融、機關、學校、事務所、公私企業。

　　2. 乙類：醫院、餐廳、店舖、招待所、俱樂部。

　　3. 丙類：工廠、營造商、農礦場、娛樂場所。

　　4. 丁類：從事特殊危險工作者、如潛水、消防、危險品製造、現金押運等。

（二）承保範圍：見基本條款第一條，若受害之受僱人，同時有公保、勞保或軍保時，本保險僅賠償保險給付不足部份。

（三）保險金額：有最低保險金額之規定

　　1. 每一個人傷亡：新台幣 200 萬元。

　　2. 每一意外事故傷亡：新台幣 1,000 萬元。

　　3. 保險期間內最高賠償金額：新台幣 2,000 萬元。

　　保額可依被保險人所要求，按此組合比例提高至 5 倍。

（四）自負額：新台幣 2,500 元，保險人僅就超過自負額部份，負賠償之責。若受僱人已投保公保、勞保、軍保者免除之。若提高自負額另有 5% 以下至 30% 以下之優待（註一）。

（五）保險費率：如下表所示

保額費率對象	基本保額	提高為 1.5 倍	2 倍	2.5 倍	3 倍	4 倍	5 倍	更高
甲類	0.4%	0.58%	0.74%	0.88%	1%	1.22%	1.4%	由承保公司另訂並報公會備查（註二）
乙類	0.6%	0.87%	1.11%	1.32%	1.5%	1.83%	2.1%	
丙類	0.8%	1.16%	1.48%	1.76%	2%	2.44%	2.8%	
費率倍數	1	1.45	1.85	2.2	2.5	3.05	3.5	

丁類：由承保公司另訂並報公會備查。

（六）最低保費：每張保單之最低保費為新台幣 500 元。

（七）保險費之調整：

1. 有關提高自負額：如表 5-8，均按應收保費減收一定百分比。

2. 有關是否投保勞保、公保或軍人保險：凡被保險人之受僱人未投保勞保、公保或軍保者應按保費加收百分之五十，部份投保者，按投保與未投保受僱人之薪資分別計算之。

3. 實務上通常訂定最低保費預收，保單到期按實際薪津調整，多退少補，以達公平合理原則。

（八）不保事項：除一般不保事項外，僅列特別不保事項如下：

1. 受僱人之任何疾病或因疾病所致之死亡。

2. 受僱人之故意或非法行為所致本身體傷或死亡。

3. 受僱人因受酒類或藥劑之影響所發生之體傷或死亡。

4. 被保險人之承包人或轉包人及該承包人或轉包人之受僱人之體傷或死亡，但契約另有約定者不在此限。

5. 被保險人依「勞動基準法」規定之賠償責任，但保險契約另有約定者不在此限。

　　我國僱主意外責任保險單基本條款簡析：（見附錄一）

第一條～四條：說明保單之承保範圍、受僱人定義、較少金額之給付、訴訟抗辯及其費用補償。

第五條～十四條：不保項目共 12 項（第九條有三項目）。包括一般不保事項及特別不保事項。

第十五條～三十一條：為承保條款，即說明保單之理賠事項及一般事項。

問題集

一般上班族進公司或工廠可以享有哪些保險？

答 一、政府為照顧勞工基本生活保障及全民健康，立法推行勞工保險及全民健康保險之社會保險機制及政策。這些社會保險之保費由雇主及受僱人共同負擔。因此，受僱員工享有勞保及健保之權益。

二、此外，依據勞動基準法第五十九條，勞工因遭遇職業災害而致死亡、殘廢、傷害或疾病時，雇主應予以補償。因此，雇主責任意外保險係針對職業災害所設計的保險，提供雇主因職業災害所產生的補償責任，給予保險保障，減輕雇主之財務負擔。

三、對於團體傷害保險，屬雇主對員工的福利制度，可由雇主全額負擔保費，或由雇主與員工共同負擔保費，或者，由員工自行負擔保費。

問題集

什麼企業最需要僱主責任保險？保費如何來計算？

答 一、凡各種機關、企業、工廠、營造商、百貨公司、餐飲業、服務業等所有行業之事業雇主，均需投保僱主意外責任保險。

二、保險費計算

（一）保險費以受僱人全年受領薪資總額乘費率而得。

（二）費率考慮因素：

1. 保險金額

2. 自負額

3. 營業性質－依工作之危險程度分為三類，分別定有基本費率，並依甲、乙、丙類次第提高。

> (1) 甲類：政府基關、學校、金融業、公私企業、事務所、教堂、寺院。
>
> (2) 乙類：店鋪、診所、醫院、旅社、餐館、俱樂部、招待所。
>
> (3) 丙類：工廠、營造商、農場、礦場、遊藝及娛樂場所。
>
> (4) 此外，特殊危險工作如高空、地下、潛水、消防、爆破、危險品製造、現金押送等，其費率由保險公司逐案核訂。

產品責任保險（Product Liability Insurance）屬於公共責任保險之一種，一九一○年，有了第一張產品責任保險單，係承保被保人因製造、發售、處理、或分配其產品或貨物，在他人消費或使用時受到損害而應負之損害賠償責任。但以產品或貨物已離開原製造或發售處所為限。其承保對象可類分四種：（註三）

1. 成品或合成品之製造者。

2. 天然物之生產者。

3. 成品或合成品之銷售、供應者。

4. 其他參與產品之生產或上市銷售之人。

產品責任保險單之基本承保範圍，即為承保因被保險產品之缺陷引起意外事故而致第三人之傷亡或財損責任，其特別不保事項可歸納下列三項：

1. 被保險產品全部或部份缺陷而引起產品本身之毀損滅失。

2. 被保險產品之收回、檢查、修理、替換或不能使用而須負擔之損失。

3. 被保險人以契約方式承認履行之賠償責任。

茲將產品責任保險之特性（註四）簡述列表如下：

表 5-11	產品責任保險之特性
一般責任險共同特性	1. 均為被保險人由於過失或侵權行為依法對第三人所負之民事賠償責任。
	2. 因被保險人故意行為之賠償責任，不在承保之列。
	3. 契約責任，不在承保之列。
	4. 被保險人或其受僱人之體傷或財產不在承保之列。
產品責任險另具特性	5. 具國際性，多數產品責任險乃因應國外購買者要求而投保。
	6. 危險因果關係密切，與產品製造或加工過程各種因素均有關。
	7. 危險程度受使用地區之權利觀念及求償意識、法院對訴償案件之執行影響甚大。
	8. 同一原因極可能造成一連串之賠償事件，須審慎訂定責任限額。
	9. 費率釐訂較其他責任保險複雜。

簡言之，產品責任（簡稱 PL）乃指因產品缺陷，導致人身傷害或財物損失，製造商或銷售商在法律上應負之賠償責任。受害人一旦有損失，會向財力較雄厚之製造商或銷售商請求賠償，以期獲得較多賠款，此即所謂深口袋原則（Deep Pocket Rule），為作深入解析，今將產品缺陷之種類（圖 5-1）及企業產品責任流程圖（圖 5-2）圖示於後：

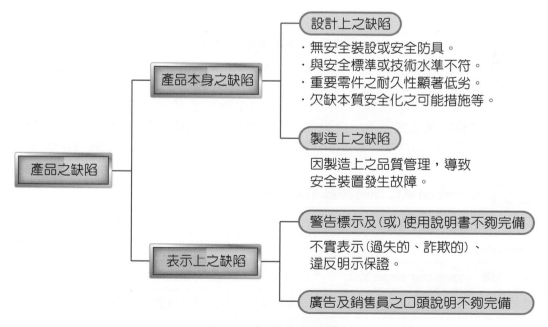

圖 5-1　產品缺陷之種類

資料來源：中華民國責任保險研究基金會，「責任保險研究通訊」，第卅六期，中華民國八十年一月卅日。

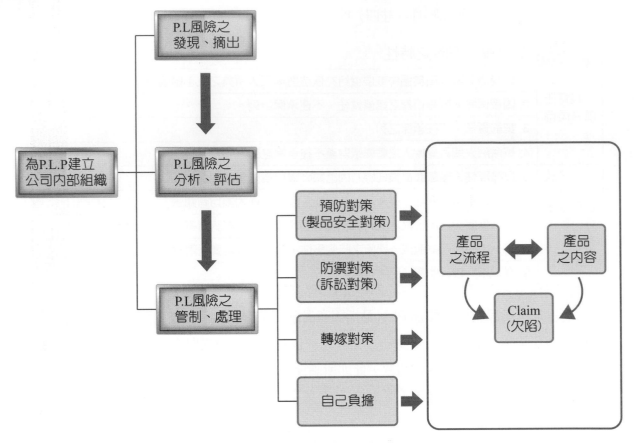

圖 5-2　企業產品責任流程圖

資料來源：參考中華民國責任保險研究基金會，「責任保險研究通訊」，第卅六期，中華民國八十年
一月卅日。

　　由於消費者保護法通過後，企業責任相對加重，新制產品責任保險正實施中，某產
險公司提供新制產品責任險成為重要的避險工具，茲與舊制保單比較主要差異如下：

表 5-12　新制產品責任保險與舊制產品責任保險主要差異表	
新制產品責任保險	舊制產品責任保險
1. 索賠基礎。	1. 事故發生基礎。
2. 單一限額（combined single limit）。	2. 分離式保額（split limit）。
3. 因被保險人過失所致懲罰性 賠償金納入承保範圍。	3. 不承保懲罰性賠償金。
4. 承保設計、製造與說明警告上之瑕疵。	4. 不承保。
5. 承保被保險人重大過失所致害。	5. 重大過失除外不保。

6. 基本自負額 2,500 元。	6. 基本自負額 1,000 元。
7. 訴訟費用及必要開支： (1) 納入保險金額內。 (2) 經本公司參與之抗辯或和解，於保險金額範圍內皆予給付。 (3) 未經過本公司參與之抗辯或和解，事先經本公司同意者，本公司於保險金額範圍內予以給付。	7. 訴訟費用及必要開支： (1) 另行給付。 (2) 事先經本公司同意者方予給付。

我國產品責任保險保單內容簡述如下：

（一）承保方式：緣起民國 67 年，彰化米糠油事件（多氯聯苯事件），於是自民國 68 年 5 月起，以特別保險單承保產品責任，其開辦目的乃為配合法令需要及達到生產者消費者雙贏的目的。

（二）承保對象：分兩類

　　1. 類：生產者、製造者、裝配者、加工廠商、進口商。

　　2. 類：批發商、經銷商、零售商。

　　承保產品種類包括有形產品（Tangible Products）及完工責任（Completed Operation）。

　　費率高低：甲類＞乙類。（甲類約 0.15 ‰ ～ 2.5 ‰、乙類約 0.12 ‰ ～ 2 ‰）。

（三）承保範圍：見基本條款第一條。承保被保險產品之缺陷在保險期間內或「追溯日」之後發生意外事故，致第三人遭受身體傷害或財物損失，依法應由被保險人負擔損害賠償責任且在保險期間內受賠償請求時，保險公司在保險金額範圍內對被保險人負賠償之責。

（四）保險金額：最低保額參酌公共意外責任保險之規定，其增加保額之保險費率倍數表與公共意外責任險略有不同，表列如下。目前為應被保險人要求，多將

　　1. 一個人傷害

　　2. 一個意外事故傷害

　　3. 一個意外事故財損

　　合併訂為一個總限額，稱為「合併單一總限額」，再加「保險期間內累計限窗」之限制。

意外保險學

表 5-13	產品責任險增加保額之保險費率倍數
增加保險倍數	費率倍數
1.5	1.4
2	1.7
2.5	1.95
3	2.15
4	2.35
5	2.5

（五）自負額：最低自負額為新台幣 2,500 元，似嫌偏低，可減收保費提高自負額至五萬元。

（六）保險費：以費率與銷售總金額計算保費，**實務處理上有下列四種性質保費：**

　　1. 預收保險費 （Deposit Premium）－ 即保單生效時按全年預計銷售總金額乘以費率計算之保費。

　　2. 實際保險費 （Actual Premium）－ 即保單滿期後，按實際銷售總金額乘以費率計算之保費。

　　3. 調整保險費 （Adjusted Premium）－ 即每張保單保險人向要保人收取之基本保險費。

　　4. 最低保費（Minimum Premium）－ 即每張保單保險人向要保人收取之基本保險費，一般為 2,000 元或預收保費 80%

（七）費率計算範例：

　　1. 公式：總費率＝基本保費 × 增加保額後之費率倍數 ×（1 －提高自負額減費）

　　2. 例子：有甲類的水果生產者，其基本保費為 0.15 元，以基本保額 2 倍投保產品責任險，自負額約定 20,000 元，則總費率之計算如下：（假設自負額減費 7.5%）

　　　　$0.15‰ \times 1.85 \times (1 - 7.5‰) = 0.2566875‰$

（八）預收保費計算範例：

1. 公式：預收保費＝保險期間內預計銷售總金額 × 短期基數 × 總費率

2. 短期基數計算表：如下

保險期間（月）	計算公式	短期基數
0～1	12/1×25%	3
1～3	12/3×25%	2
3～6	12/6 ×25%	1.5
6～12	12/12×25%	1

3. 例子：承上例，設保險期間三個月，其在保險期間內預計銷售總額 3,000,000 元，保額及自負額不變，則

預收保費＝ 3,000,000×0.2566875 ‰ ×2 ＝ 1,540 元

（九）保險期間：有效期間為一年，過去多為事故發生制（On Occurrence Basis），又稱溯及保險 （Back Coverage），即產品缺陷而致之傷害或財損，第三人在保單有效期間賠，保險人即須負賠償之責；現已採索賠制（Claim Made Basis）。

（十）不保事項：除一般不保事項外，僅將特別不保事項列舉如下：

1. 因產品未達預期功能或使用不當或提供錯誤產品所致。

2. 產品在被保險人處所內或控制中所致之賠償責任。

3. 產品收回、檢查及修理等費用。

4. 產品出售時已知有缺陷所發生之賠償責任。

5. 被保險人所有、管理或控制之財產損失。

6. 被保險產品本身之損失。

7. 僱主責任。

8. 在保單「地區限制」及「準據法限制」以外之賠償責任。

9. 保單採「索賠基礎」者；於保單「追溯日」（Retroactive Date）以前所發生之賠償責任不保。

問題集

為什麼要投保產品責任險？

答 一、轉移商品責任風險、減輕財物損失。

二、符合法律規定、履行法律義務。

　　目前品衛生管理法第 21 條明訂經中央主管機關公告指定一定種類、規模之食品業者應投保產品責任保險。

三、增加國際貿易商機。

四、提昇產品安全性、增進企業形象。

五、保障消費者之權益，實現企業社會責任。

問題集

產品責任險有什麼保障？

答 一、被保險人因被保險產品之缺陷在保險期間或追溯日之後發生意外事故致第三人遭受身體傷害或財物損失，依法應負賠償責任。

二、因發生本保險契約第一條之意外事故，致被保險人被起訴或受賠償請求時，保險公司得經被保險人同意協助抗辯或進行和解，其有關賠償請求之訴訟費用及必要開支，於保險金額範圍內另予以給付。但

（一）未經保險公司參與之抗辯或和解，其有關賠償請求之訴訟費用及必要開支，保險公司不負賠償責任，惟事前經保險公司同意者，於保險金額範圍內予以給付。

（二）被保險人因刑事責任被起訴時，其具保及因刑事訴訟所生之一切費用，由被保險人自行負擔，保險公司將不負償還之責。

問題集

既然標榜「產品」責任保險,是否所有的產品都可以投保?

答 保險公司所承保的產品種類分為一、有形產品,二、完工責任。

一、有形產品(Tangible Products):承保各類已交付社會大眾消費(含贈品)之有形產品均可承保。所謂「產品」係指由被保險人設計、生產、飼養、製造、裝配、改裝、分裝、加工、處理、採購、經銷、輸入的產品,包括該產品的包裝與容器。

二、完工責任(Completed Operation):承保被保險人及其代理人對其所銷售之被保險產品提供安裝、維修、保養等服務而於完成上述服務後因服務之缺陷造成第三人之體傷或財損之賠償請求。本項需以特別約定加批「完工責任保險(Completed Operation Liability Insurance)附加條款」始予承保。

問題集

小吃店、泡沫紅茶店之類是否能投保?

答 一、產品保險承保的對象,原則上分為甲、乙兩類:

(一)甲類:包括生產者、製造、分裝、裝配加工廠商及進口商。

(二)乙類:包括批發商、經銷商、零售商。

同一被保險產品已由甲類承保對象購買產品責任保險時,如有需求,可以加批附加條款方式將乙類承保對象列為附加被保險人,共享木保險權益。

二、有關小吃店、泡沫紅茶店之類所產生之產品責任風險屬食品中毒之情形,目前實務上亦在公共意外責任保險附加食物中毒險予以承保。

我國產品責任保險保單基本條款簡析：（見附錄一）

第一條～三條：說明保單之承保範圍。「被保險產品」包括該產品之包裝及容器。

第　四　條：不保事項十二項，可書面約定加保者有（1）各種罰金、懲罰性賠償金或
　　　　　　違約金（2）被保險產品交予買受人屆滿十年（3）第十二項第 9 款（計 11
　　　　　　種）之產品或其成份所致者。

第　五　條：一般事項第五條～十三條。第五條名詞定義計八項。「被保險產品之缺
　　　　　　陷」係指被保險產品未達合理之安全期待，具有瑕疵、缺點、或具有不可
　　　　　　預料之傷害或毒害性質，足以導致第三人身體傷害或財物損失者。

第　六　條：被保險人應遵守被保險產品產銷規定，防阻產品缺陷之費用由被保險人負
　　　　　　擔。

第　七　條：被保險人訂約時之據實說明義務。

第　八　條：保險費依保險期間內預計銷售金額計算預收，期滿三十日內，實際銷售書
　　　　　　面通知保險公司核算，多退少補，應收保費不得低於最低保險費。

第　九　條：保險人對於被保險產品產銷文件之追蹤管理，保險公司有必要得查閱之。

第　十　條：被保險人之書面通知規定。

第 十一 條：契約批改或權益轉讓，須經保險公司同意生效。

第 十二 條：保險當事人書面終止契約之保險費計算規定。被保險人不申報實際銷售金
　　　　　　額者，則以全年預收保險費乘以短期費率計算之。

第 十三 條：說明承保公司賠付金額，已達保單載明「保險期間內之累計保險金額」之
　　　　　　金額時，保單即告失效，被保險人應即書面通知實際銷售總金額，作為計
　　　　　　算實際保險費之依據。實際保險費超過預收保險費時，其差額應由被保險
　　　　　　人補繳之；但預收保險費超過實際保險費時，其差額不予退還。

第 十四 條：理賠事項第十四條～十八條。第十四條為出險立即通知及其他應辦理事
　　　　　　項。

第 十五 條：被保險人應遵守之理賠約定（如不得拋棄對第三人之追償權）。

第 十六 條：其他保險或重複承保之比例賠償規定。

第 十七 條：指明被保險人不止一人時，賠償仍以保單訂明之保額為限。

第 十八 條：保險人經被保險人同意協助抗辯或進行和解之必要費用由保險人另予給付。但未經保險人參與或刑事訴訟則由被保險人自行負擔。

第 十九 條：未約定事項悉依保險法及有關法令規定辦理。

第 二十 條：契約涉訟管轄法院之規定。

問題集

消費者買生髮液可是生不出頭髮、買增高機仍長不高，這樣產品責任險會理賠嗎？

答 此案件屬於產品未達預期功能或療效，並不在產品責任保險理賠範圍。

　　電梯意外責任保險（Lift Liability Insurance）乃承保被保險人因所有、使用或管理被保險電梯發生意外事故，致乘坐或出入被保電梯之人體傷、死亡或其隨帶之財物受有損害，依法應負賠償責任，而受賠償請求時，本公司對被保險負賠償之責。但前項所稱乘坐或出入被保險電梯之人，不包括被保險人或駕駛人在內。

　　茲將我國電梯意外責任保險保單內容簡述如後：

（一）承保對象：依使用性質分三大類

　　　甲類：住宅、公寓、宿舍。

　　　乙類：行號、站鋪、辦公處所。

　　　丙類：旅館、醫院、學校、餐廳、百貨公司、超級市場、工廠、電影院、理髮院、育樂遊藝場所及其他公共場所。

（二）承保範圍：承保被保險人所有、使用或管理之電梯發生意外事故；致乘坐或出入電梯之人傷亡或財損，依法應負賠償責任。

（三）保險金額：有基本保額規定，同表 5-6。

（四）自負額：2,500 元

（五）保險費：每部電梯依承保對象分別收費（基本保費）如下

　　　甲類：3,000 元

　　　乙類：4,500 元

　　　丙類：7,500 元

倘使用性質含兩種以上分類，其費率按較高分類計算之。

（六）保費之調整：

    1. 增加保險金額之保險費率倍數，同表 5-7。

    2. 提高自負額減費標準，同表 5-8。

    3. 加費規定：

        (1) 樓房超過十層，每增加五層按應收保費加收 5%，不及五層按五層計算。

        (2) 電梯載客超過 10 人，按應收保費加收 10%。

    4. 短期費率：同表 5-9。

（七）保險期間：一年。

（八）不保事項：共 11 項，除一般不保事項外，尚有下列二項：

    1. 被保險電梯因裝載重量或乘坐人數超過保單載明該電梯之負荷量所發生之賠償責任。

    2. 被保險電梯發生損壞或故障未經修復或經主管機關命令停止使用，而繼續使用發生之賠償責任。

（九）最低保費：每一張保險單之最低保險費不得少於新台幣伍佰元正。

    另電扶梯比照電梯辦理，分架計算保費，無層數加費，其人數加費比照加費規定辦理。要保人對於要保之電梯應提供原廠證明。

問題集

電梯每個百貨公司都有，過去也發生民眾受傷甚至死亡的事，為什麼公共意外險不保？

答 目前電梯事故另有電梯責任保險予以承保，基於保險不重疊原則故予以除外。不過保險業者為考量被保險人的需求，可另行約定於公共意外責任保險加貼電梯責任保險條款，將電梯事故擴大承保在內。

　　營繕承包人意外責任保險（Constructor′s Liability Insurance）承保被保險人或其受僱人於保險期間內在本保險單載明之施工處所內，因執行承包之營繕工程發生意外事故，致第三人體傷、死亡或第三人財物損害，依法應由被保險人負賠償責任而受賠償請求時，保險公司對被保險人負賠償之責。

　　茲將我國營繕承包人意外責任保險單內容簡述如後：

（一）承保對象：指承包各種營繕工程而領有營業執照之承包人。

（二）承保範圍：承保被保險人（即承攬人或定作人）在保單載明之施工處所內因執行承包之營繕業務發生意外事故，致第三人傷亡或財損，依法應負之賠償責任。

（三）不保事項：見保單基本條款第五條～二十條，共 16 項。

　　　其特別不保事項如下：

　　　1. 被保險人、定作人及與承保工程有關廠商或同一施工處所內其他廠商，或上述人員之代理人、受僱人及其居住工地之家屬之體傷、死亡或疾病所致或其所有、管理或使用之財物發生毀損或滅失之賠償責任。但受僱人非在施工處所執行職務且與工程之設計、施工或營建管理無關者不在此限。

　　　2. 被保險人所承包之營繕工程於保險期間屆滿前經定作人啓用、接管或驗收後所發生之賠償責任。

　　　前項所稱驗收係指營繕工程之保固或養護期間開始前之驗收。

　　　3. 被保險人或其受僱人於執行職務時，因受酒類或藥劑之影響而發生之賠償責任。

　　　4. 因震動、土壤擾動、土壤支撐不足、地層移動或擋土失敗，損害土地、道路、建築物或其他財物所致之賠償責任。

　　　5. 因損害管線、管路、線路及其有關設施所致之賠償責任。但被保險人證明施工前已取得上述設施位置圖及有關資料，並於施工中已盡相當注意者。為修理或置換受損設施所需費用不在此限。

（四）保險金額：有基本保額規定，同表 5-6，但可提高至五倍。

（五）自負額：2,500 元。

（六）保險費：基本保費為新台幣 6,500 元。

（七）保費調整：

    1. 同表 5-7；表 5-8。

    2. 加費規定：

        (1) 建築物預定高度超過十層，按應收行費加收 10%。

        (2) 施工中使用爆炸物，按應收保費加收 20%。

        (3) 被保險人從事承包各項土木、建築、安裝或其他工程，或承包合約總價超過新台幣 5,000 萬元者，逐案加費，並報公會備查。

問題集

道路施工，瀝青灼傷路人，是由公共意外責任險抑或營繕承包人公共意外責任險理賠？

答 高速公路圓山路段道路施工，鋪設柏油路，工人不慎將瀝青灑出路橋，灼傷路人的意外事件，於意外事故發生於道路施工工程時，應屬「營繕承包人意外責任保險」承保賠償範圍，即承包商之受僱人於施工處內因執行承包之營繕工程發生意外事故，致第三人體傷或財損，依法應由承包商人負賠償責任時，由「營繕承包人意外責任保險」之保險人負賠償責任。而公共意外責任險所承保處所為「供公共使用之營利場所」或辦公場所處所。故前述道路施工瀝青灼傷路人的事件，不在公共意外責任險承保範圍。

高爾夫球員責任保險（Golfer s Liability Insurance）乃指因被保險人參加高爾夫球運動發生意外事故致第三人（包括球僮在內）受有體傷或死亡，依法應由被保險人負責賠償時，保險公司對被保險人負賠償之責；或因被保險人參加高爾夫球運動發生意外事故致第三人之財物（包括高爾夫球俱樂部及球童之財物在內）受有損害依法應由保險人負責賠償時，保險公司對被保險負賠償責任；或被保險人之衣李及高爾夫球具，在球場運動期間內置存於高爾夫球場所指定建築物內之保管處所，因火災、雷電、閃擊或竊盜所致之毀損與滅失，保險公司負賠償責任；或被保險人於參加高爾夫球運動時所使用之球桿發生破裂或斷折所致之損失，保險公司負賠償責任；或因發生本保險單第一條及第二條之意外責任，被保險人如被控訴或賠償請求時，保險公司得以被保險人之名義代為進行和解或抗辯。凡有關賠償請求之訴訟費用及必要開支事前經保險公司書面允諾者得另行給付之，但被保險人如受刑事控訴時，其具保及訴訟費用不在此限。

茲將我國高爾夫球員責任保險保單內容簡述如後：（註五）

（一）承保範圍：四大項

1. 意外責任險—被保險人因參加高爾夫球運動發生意外事故致第三人傷亡或第三人財損，依法應由被保險人負賠償之責，而受賠償請求時，承保公司對被保險人負賠償之責。（前項所稱第三人包括球僮及高爾夫球俱樂部）

   另保險單所載「參加高爾夫球運動發生意外事故」係指被保險人於練習指導或比賽高爾夫球時所發生之意外事故而言。

2. 附加衣李球具損失險—見保單基本條款第三、四條。

   包括衣李球具毀損及球桿斷裂修復費用。

3. 一桿進洞（Hole in One）特款—見保單條款。

4. 球僮特別費用特款—見保單條款。

5. 醫療費用特款—見保單條款。

（二）不保事項：

1. 適用於意外責任險者：見保單基本條款第七、八條。

2. 適用於附加損失險者：見保單基本條款第九條。

（三）保險金額及保險費：高爾夫球員保險保額及保費表如後。

表 5-14　高爾夫球員保險保額及保費表　　單位：新台幣元

	承保範圍	保險金額（NT$）	
		每一人傷亡	每一事故傷亡總額
1	第三人傷亡責任	300,000.00	600,000.00
2	第三人財損責任	150,000.00	
3	被保險人之衣李球具損失	20,000.00	
4	被保險人球桿破裂折斷	10,000.00	
5	一桿進洞	20,000.00	
6	醫療費用	5,000.00	
7	球童特別費用	500.00	
	保險費	975.00	

註：醫療費用：被保險人參加高爾夫球運動發生意外事故而受體傷時，本公司就其醫療費用負賠償之責，但最高以新台幣伍仟元為限。

被保險人衣李球具之限額如欲提高時，每提高新台幣壹萬元，加繳保費新台幣玖拾伍元，但最高不得超過新台幣陸萬元整。

（四）最低保險費：每張保單不得少於新台幣 500 元。

（五）短期費率：如下。

保險期間	按全年保費計收百分比
0 +～3	50%
3 +～6	75%
6 +～12	100%

（六）保險期間：一年為限。

（七）經紀人佣金：保險費之百分之十。

（八）特約條款：

　1. 一桿進洞特款

　　被保險人在本保險單規定之球場參加高爾夫球運動，因「一桿進洞」（Hole in one）而支付任何費用時，被保險人得提供本公司認為必須之證件向本公司申請額外償付，但以不超過新台幣貳萬元為限。

　2. 球僮特別費用特款

　　球僮為被保險人服務時，因意外事故受有體傷而支付醫藥費用，被保險人得提供本公司認為必要之證件向本公司申請額外補償，但每次以不超過新台幣伍佰元為限。

　3. 醫療費用特款

　　被保險人參加高爾夫球運動發生意外事故而受有體傷時，本公司就其醫療費用負賠償之責，但最高以新台幣伍仟元為限。

　　其他尚有專門職業責任保險（Professional Liability Insurance）乃是承保被保險人因執行其專門職業時，由於疏忽（Negligent Act）、錯誤（Errors）判斷或疏漏（Omissions），以致於未能提供適當的專業服務而致其顧客遭受損害時，依法應負的損害賠償責任，由保險人代為賠償。目前我國市場上已開辦的險種有（一）醫師業務責任保險（二）會計師責任保險（三）律師責任保險。基本內容分述如下：

（一）醫師業務責任保險－係承保執業醫師因過失、錯誤、或疏漏直接引致病人傷亡依法應負之賠償責任。

  1. 承保對象：

限於領有醫師證書，經主管機關發給執業執照或服務執照應加入所在地醫師公會執業或服務於公私立醫院、診所、衛生所執行醫療業務之醫師，及在中央衛生主管機關認可之實習醫院醫師指導下實習之醫科學生。並分下列三類：

甲類：內科。

乙類：耳鼻喉科、眼科、皮膚科、泌尿科、神經科（不施開刀手續，否則按丙類收費）。

丙類：婦產科、外科、整型科、精神科、小兒科、牙科、性病科、骨科，凡執業執照准行兩科或以上者，按較高費率收費。

  2. 基本保險金額：

每一意外事故體傷或死亡之保險金額為新臺幣 1,000,000 元。

保險期限內體傷或死亡之保險金額為新臺幣 2,000,000 元。

  3. 基本保險費：

甲類：新臺幣 7,600 元。

乙類：新臺幣 11,400 元。

丙類：新臺幣 19,000 元。

  4. 保險金額之增加：

保險金額按基本保險金額提高一倍時，其保險費按基本保險費加收百分之九十。

保險金額按基本保險金額提高二倍時，其保險費按基本保險費加收百分之一百七十。

  5. 保險期限：本保險契約之訂立，以一年為限。

  6. 短期費率：

凡保險期限不足一年或被保險人中途要求退保時，應按後列短期費率計收保險費。

5-41

　　一個月或以下者，按照全年保險費百分之十五。

　　一個月以上至二個月者，按照全年保險費百分之二十五。

　　二個月以上至三個月者，按照全年保險費百分之三十五。

　　三個月以上至四個月者，按照全年保險費百分之四十五。

　　四個月以上至五個月者，按照全年保險費百分之五十五。

　　五個月以上至六個月者，按照全年保險費百分之六十五。

　　六個月以上至七個月者，按照全年保險費百分之七十五。

　　七個月以上至八個月者，按照全年保險費百分之八十。

　　八個月以上至九個月者，按照全年保險費百分之八十五。

　　九個月以上至十個月者，按照全年保險費百分之九十。

　　十個月以上至十一個月者，按照全年保險費百分之九十五。

　　十一個月以上者，按照全年保險費百分之百。

7. 最低保險費：

　　每張保險單之保險費最低不得少於新臺幣貳佰元。

8. 經紀人佣金：

　　本保險業務經紀人佣金定為保險費之百分之十。

（二）會計師責任保險－係承保執業會計師因過失、錯誤、或疏漏致第三人（委託人）遭受財務損失依法應負之賠償責任。

1. 目的：為配合政府政策，適應社會需要，保障執業會計師財務安全，特舉辦本保險。

2. 承保對象：以依法登錄開業之會計師為承保對象。

3. 承保範圍：對被保險人於執行會計師業務時，因過失、錯誤或疏漏而違反其業務上應盡之責任及義務，致第三人（委託人及其他利害關係人）蒙受「財務損失」（Financial Loss），依法應由被保險人負賠償責任，並由該第三人於保險單有效期間內提出賠償請求時，由本公司對被保險人負賠償之責。

4. 基本保險金額：每一次事故賠款之保險金額新臺幣壹佰萬元整。保險期間內之累計保險金額新臺幣貳佰萬元整。

5. 被保險人自負額：每一次事故賠款被保險人自負額新臺幣壹萬元整。

6. 基本保險費率：

依據本承保辦法第四條基本保險金額及第五條被保險人自負額所訂定之基本保險費率公式如下：（單位：新臺幣元）

費率公式：

全年保險費＝基數 2,000 ＋（執業會計師每人 3,500× 人數）＋（助理人員及高級職員每人 1,500× 人數）＋（其他員工每人 500× 人數）

所謂「助理人員及高級職員」係指除打字員、信差及工友以外之職員，而「其他員工」包括打字員、信差及工友。

7. 增加保險金額後之保險費率表：

保險金額 （單位：新台幣百萬元）	每一次事故賠款之保險金額	1	2	3	4	5	10
	保險期間內之累計保險金額	2	4	6	8	10	20
費率倍數		1.00	1.55	2.00	2.40	2.75	4.00

8. 保險費率之增減：

加保第三人證據文件損失責任險加費：按全年應收保險費加收 15%。

提高自負額減費：

自負額提高為新臺幣貳萬元者，按全年保險費減收 5%。

自負額提高為新臺幣伍萬元者，按全年保險費減收 15%。

自負額提高為新臺幣壹拾萬元者，按全年保險費減收 30%。

9. 短期費率：同醫師業務責任保險。

10. 最低保險費：每張保險單之保險費最低不得少於新臺幣五千元。

（三）律師責任保險：係承保執業律師因過失、錯誤或疏漏致第三人（委託人）遭受財務損失依法應負之賠償責任。

1. 目的：為配合政府政策，適應社會需要，保障執業律師財務安全，特舉辦本保險。

2. 承保對象：以依法登錄開業之律師為承保對象。

3. 承保範圍：對被保險人於執行律師業務時，因過失、錯誤或疏漏而違反其業務上應盡之責任及義務，致第三人（委託人及其他利害關係人）蒙受「財務損失」（Financial Loss），依法應由被保險人負賠償責任，並由該第三人於保險單有效期間內提出賠償請求時，由本公司對被保險人負賠償之責。

4. 基本保險金額：

每一次事故賠款之保險金額新臺幣壹佰萬元整。

保險期間內之累計保險金額新臺幣貳佰萬元整。

5. 被保險人自負額：

每一次事故賠款被保險人自負額新臺幣壹萬元整。

6. 基本保險費率：

依據承保辦法第四條基本保險金額及第五條被保險人自負額所訂之基本保險費率公式如下：（單位：新臺幣元）

費率公式：

全年保險費＝基數 2,000 ＋（執業律師每人 3,000× 人數）＋（助理人員及高級職員每人 1,500× 人數）＋（其他員工每人 500× 人數）

所謂「助理人員及高級職員」係指除打字員、信差及工友以外之職員，而「其他員工」則包括打字、信差及工友。

7. 增加保險金額後之保險費率表：同會計師責任保險。

8. 保險費率之增減：同會計師責任保險。

9. 短期費率：同會計師責任保險。

10. 最低保險費：每張保險單之保險費最低不得少於新臺幣五千元。

註釋

註一：同公共意外責任保險之「提高自負額減費標準」，表 5-8。

註二：參閱財團法人保險事業發展中心編印「意外保險訓練教材」第一輯，P216，一般自行訂定費率應考慮因素有：

    (1) 保額高低。

    (2) 工作種類、性質。

    (3) 工作地點、季節。

    (4) 受僱人數及每年薪資總額。

    (5) 受僱人是否已投保勞保或公保。

註三： 同註二。

註四： 參閱胡宜仁主編「保險實務」P534 ～ P535。

註五： 同註二，P238 ～ P242。

自我評量

一、解釋名詞

1. Liability Insurance（責任保險）

2. Indemnity（補償）

3. Occurrence Basis（事故發生基礎）

4. Claim Made Basis（索賠基礎）

5. Combined Single Limit（合併單一總限額）

6. Umbrella Liability Insurance（傘護式責任保險）

7. Overlap（保險重覆）

8. Business Liability Insurance

9. Personal Liability Insurance

10. Professional Liability Insurance

11. Employer's Liability Insurance

12. Product Liability Insurance

13. Deep Pocket Rule

14. Deposit Premium

15. Retroactive Date

16. Lift Liability Insurance

17. Constructor′s Liability Insurance

18. Golfer′s Liability Insurance

19. Hole in One

20. Professional Liability Insurance

二、問答題

1. 試述責任保險之法律依據及其一般之共同特性。

2. 試述責任保險之種類並申述其發展之將來性。

3. 何謂「公共意外責任保險」？試舉二例說明。

4. 試說明強制投保公共意外責任險之最低保額及費率規定？

5. 僱主意外責任保險之最低保額及其特別不保事項？

6. 我國產品責任保險之開辦目的？承保範圍？產品承保種類為何？

7. 試說明「產品責任保險」之獨具特性？並歸納其不保事項？

8. 「僱主意外責任保險」之目的為何？又其與勞工保險有何異同？

9. 試述下列各險之承保範圍：

    (1) 電梯意外責任保險

    (2) 營繕承包人意外責任保險

    (3) 高爾夫球員責任保險

    (4) 醫師業務責任保險

10. 在不考慮提高自負額及各種加費規定時，某一建築師事務所要求以每一體傷 200 萬元，每一事故傷亡 800 萬元，每一事故財損 200 萬元保險期限內最高賠償金額 4,000 萬元為投保公共意外責任險金額，問應繳保費若干？又考慮前述規定時，保費如何調整？

11. 試就「事故發生基礎」及「索賠基礎」說明責任保險承保之基礎？

The Principles and Practice of Casualty Insurance

Chapter **6**

工程保險

意外保險學

6-1 工程保險概述

工程保險（Engineering Insurance）係承保鍋爐、發動機、發電機及其他機器設備等因意外事故所致之毀損滅失，換言之，乃以製造機械等工程及設備為業務的許多保險的總稱，就此險種意義而言，在於收取合理的保險費，提供被保險人適當的保障，間接促進國家社會的建設和經濟工業的繁榮；是故工程保險之作用有二：（一）直接作用：支付少許保險費以換取將來不可預料之損害賠償。（二）間接作用：確保經濟建設之成果。工程保險之範疇甚廣，就主要者歸納分類如下：

一、工程建設類

（一）營造綜合保險（Contractors' All Risks Insurance；CAR）

（二）安裝工程綜合保險（Erection All Risks Insurance；EAR）

（三）完工土木工程保險（Civil Engineering Completed Risks Insurance; CECR）

（四）海上工程保險（Offshore Engineering Insurance）

二、機械設備類

（一）營建機具綜合保險（Contractors' Plant & Machinery Insurance; CPM）

（二）鍋爐保險（Boiler & Pressure Vessel Insurance; BPV）

（三）機械保險（Machinery Insurance; MI）

（四）電子設備保險（Electronic Equipment Insurance; EEI）

（五）貯槽保險（Storage Tank Insurance）

（六）核能保險（Nuclear Risks Insurance）

三、附帶損失類

（一）機械故障利益損失險（Loss of Profit Following Machinery Breakdown Insurance；MLOP）

（二）冷藏庫內物品腐壞保險（Deterioration of stock in Cold Storage Insurance；DOS）

以上列舉之工程保險共有 12 種，目前國內開辦業務依最近三年滿期保費總額之大小（註一）有 CAR、EAR、EEI、CPM、BPV、MI、CECR 等 7 種，工程保險乃起源於英

6-2

國之工業革命，其中以鍋爐保險的發展最早，迄今近 150 年之歷史，營造綜合保險及安裝工程綜合保險則發展於二次世界大戰之後，我國之工程保險係由西德慕尼黑再保險公司引進，保險單條款及特約條款皆以慕尼黑再保險公司為藍本，再參酌英、日保單之長處，配合國情及實際需要制定，民國 53 年首先開辦 CAR，由於經驗缺乏且鑒於工程保險的技術性乃於民國 55 年成立「營造綜合保險聯合小組（Committee of Contractors All Risks Underwriters in Taiwan）；COCARUIT），協助保險公司推展業務，釐訂費率，並辦理再保安排及理賠的工作，民國 61 年開辦 EAR，以後於民國 65 年、66 年、69 年、71 年、96 年陸續開辦 BPV、MI、CPM、EEI 及 CECR，目前公司發包之工程，大部份皆於工程合約上規定投保 CAR 或 EAR，這兩種業務幾占全部工程保險的 85%，但由於危險性高 （註二），損失率不易穩定，經營相當不易，再者專業之工程師不多，對客戶技術上回饋有限亦使工程保險之發展較緩慢，茲將工程保險出險之主要原因列舉如下：

（一）自然災害：乃自然界的四大要素「地、水、火、風」未能調和所致，其中以水的威脅最大；如颱風、洪水、地震、雷電等。

（二）爆炸及火災。

（三）機械和電器之故障。

（四）人為的疏忽。

（五）第三者意外責任。

　　（一）～（四）為工程損失險；（五）為第三人意外責任險，除一般損害賠償責任外，尚包括交互責任（Cross Liability）－即將所有參加保險之一方均視為個別被保險人（業主、承包商、次承包商），視受傷害一方為第三者予以賠償損失，且對於行為人，保險人不加以代位求償。

　　CAR 及 EAR 為綜合性保險，「綜合」之意有三：（1）同一張保單可單獨承保工程損失險，亦可同時承保工程損失險及第三人意外責任險，（2）所承保危險，除列舉不保項目外，餘皆綜合承保在內，（3）可加保各種附加險，使其內容更具「綜合性」。BPV 開始最早，至今仍有發展餘地，CPM 可單獨承保，亦可併入 CAR 或 EAR 承保，MI 為續保性業務，保費收入較穩定，損失率較易控制，EEI 開辦最晚，但由於電子設備在資料處理及生產運用日益普遍，目前成為第三或第四大險種，且仍具潛力。工程保險是偏重技術性的保險，茲說明其特性如後：（註三）

（一）保險期間長

EEI，CPM，BPV，MI，其保險期間以一年爲原則，CAR 及 EAR 則視施工期間而定，其種類有限期完工天（Completion Date）、日曆天（Calendar Days）、工作天（Working Days），另可加保固期間，合計保險期間長達數年，例如明潭抽蓄發電廠工程保險期間即長達 8 年半。

（二）保險金額大

營建機具以碼頭貨櫃起重機保額較高，電子設備又較高，鍋爐及其他機械保額以發電廠所使用者更高，較龐大的工程建設之保額又高，保額高保費相對提高，至目前爲止，最多筆保費即台中火力發電廠安裝工程保險，保費達 2 億 9 千 3 百多萬元。

（三）無固定費率

除 CPM 及 BPV 外，新的機器、新的工程、新產品的製造，危險評估不易，CAR 及 EAR 保險期間長，自然災害難以觀察，縱有 20 年以上之統計資料可爲初步計算基礎，又因承包商的經驗，核保人的主觀判斷，或再保人的接受意願有所差異，故目前無一套適用的費率計算公式。

（四）危險性較高

工程保險爲綜合性保險，火災及自然災害皆可能造成重大損失，尤其水利工程及海事工程，天災的危險性非常的高，危險性之高低可以 PML（可能最大損失）的大小判斷。

（五）核保專業術

工程保險承保範圍較廣，核保人員除須具備豐富之工程知識外，尚須多年實際從事承保及理賠工作經驗，除靜態資料外，實地查勘是最好的方式。

工程保險性質較特殊，如與一般火災保險相比較，則有如下之不同點，表列於後：

表 6-1　工程保險與一般火災保險之比較表

項目險種	費率	保險費	續保	自負額	保額及受損金額
一般火險	固定	以一年為單位計算	可	無	不變
工程保險	沒有固定	以施工期間一次計算	完工後即結束	有	開工後直線增加

根據世界性之統計，工程保險保費的收入平均佔產物保險總保費之 5% 左右，由於發展工程保險已成為保險界世界性之趨勢，以下之承保原則應予重視：（註四）

（一）各類工程保險要平均發展

若僅注重 CAR 及 EAR，則有兩種缺失（1）因保費只收一次，每年總保費起落較大，無法平均發展（2）遭受自然災害，危險易集中，比較理想之分配是：

1. CAR － 25%
2. EAR － 20%
3. MI － 40%
4. Others － 15%

（二）大小工程均承保

小工程之保費收入有補貼作用，不宜僅承保大工程。

（三）危險分散

自留額不宜太高，尤其危險性較大之工程。

（四）避免惡性競爭

工程保險無固定費率公式，惡性削價競爭易形成混亂，一旦降低費率，損失率大時要提高費率就很困難。

（五）開價要有根據

有關資料愈詳細，費率訂定亦較準確，不宜遷就客戶任意開價。

（六）賠款應合規定

理賠應依保單之規定，有特殊原因之賠款，如優惠賠款（Gratis Payments）保險公司應予聲明不能視為慣例。

（七）隨時注意損失率

$$一般損失率之計算公式 = \frac{已付賠款＋年末未決賠款－年初夫決賠款}{簽單保費－年末未滿期保費＋年初未滿期保費}$$

賠款支出太多，損失率提高，可調整費率並應設法改善賠款增加之原因；若採用歷年制（Calendar Year）可瞭解當年盈虧，若採用保單年度制（Policy Year）則可瞭解核保水準。

（八）拒保逆選擇（Antiselection）性之工程。

（九）應規定最低保費。規定最低保費乃為了足夠支付最低的行政費用。

（十）賠款後保險金額應恢復原額

承保公司給付被保險人受損金額後，保額相對減低，為保持保單之十足保障，應恢復原保額並以該損失金額依照原訂費率按日數比例計算，加收自損失發生日起未滿期間之保險費。

（十一）保險費之調整

保險金額因物價或工資變動有所增減，保費可在保單到期前加以調整。

（十二）爭議之仲裁（Arbitration）

承保公司與被保險人之間如對保單條款或賠償責任有爭議時應交付仲裁。

工程保險之承保事宜，由會員公司託「財團法人工程保險協進會」（Engineering Insurance Association；EIA）辦理，其前身即 COCARUIT，EIA 由國內 10 餘家產險公司和中央再保險公司、西德慕尼黑再保險公司、美國美亞保險公司和海外保險公司，及主管機關共同捐助基金組成，其業務範圍有：

1. 資料蒐集、調查、研究與提供。

2. 核保理賠技術之研究、改進、訓練、協助與提供。

3. 再保險之聯繫與安排之協助。

4. 新種保險之研究與發展。

5. 會員委託辦理共保業務及其他有關事項之處理。

目前辦理之共保項目有：（註五）

1. 工程保險：業務成功後，由簽單公司自留某一百分比，其餘部份由其餘各家共保會員公司按同比例某一百分比共保。

2. 工程保證保險：共保會員工與工程保險相同，每一營造廠商最高共保限額為新台幣 3,000 萬元，原則上 61% 由會員公司按比例承受，39% 再保。

3. 營造及安裝綜合險附加僱主意外責任險：最高共保限額每人 100 萬元，每一事故 500 萬元，累積限額 1,000 萬元，80% 由會員公司按比例承受，20% 再保。

工程保險經由共保方式可達到（1）危險分散（2）擴大承保能力（3）節省費用（4）交換經驗（5）大數法則運用（6）安定市場等目的，以下列舉工程保險之核保及理賠技術於後：（註六）

（一）核保技術

1. 工程合約：為核保及理賠依據。

2. 圖說：至少要求提供（1）工地佈置圖（Layout Plan）及（2）斷面圖（Cross-Sectional Plan）。

3. 機械清單：為求得精確之保險費率，所有金額應為重置價格。

4. 工地水文、地質、環境：（1）水的災害威脅最大，查明工地水文可採取防措施（2）從地質資料可知工程危險性之大小（3）工地環境可能造成第三人之意外責任，應查明以策安全。

5. 施工時間表：有三種表示方法（1）BC（Bar Chart，條狀圖）（2）CPM（Critical Path Method，要徑法）（3）PERT（Program Evaluation &Review Technical，計劃評核術）。

6. 危險因素：注意出險原因及特殊之危險；出險原因如前所述，特殊危險包括財務上的危險、政治危險、環境危險等。

7. 工地視察：特別注意（1）工地及四週環境（2）可能遭受的危險。

8. 可能最大損失：承保某項工程前應加以考慮 PML 以決定（1）自留額（2）分保或再保金額（3）費率（4）被保險人自負額。

9. 保險費率及自負額之決定：一般有最低保費和自負額之規定，以支付起碼的行政費用。

（二）理賠技術

1. 核對索賠項目：可修理和需置換之項目最好分列。

2. 索賠項目單價之核對：應與工程合約內所載單價分析相同，遇有差異者應予調整。

3. 是否有不足額保險：與合約內所載合約總價核對即知。

4. 折舊：折舊率通常以一年為單位計算，各種機械設備之折舊率均不同，同類項目用於不同工廠或工地，其折舊率亦異。

5. 損失分擔條款（Average Clauses）：各種機械設備，其保額應為重置價格，若被保險人以實際價值投保舊項目，出險後承保公司將依實際價值與重置價值之比例計算賠付。

問題集

工程合約有關保險之規定應考慮那些問題？

答 一、任何行業，包括營造業必然有風險之威脅，尤以營造業為甚，舉凡物價變動、天候影響、人為疏失、地質狀況、法定或契約責任以及其他風險：如戰爭、罷工等都會影響到工程之能否順利完成。而營建制度之當事人包括業主（甲方）、承包商（乙方）及顧問公司（丙方）其所面臨之風險各有不同，這些風險需由相關當事人合理來分擔，惟一般鑒於買方優勢，於訂立契約時，業主易傾向於儘可能將危險交由承包商去負擔，如此將造成承包商為吸收這些風險勢必提高標價，甚至根本無法承擔，以致於危險發生時無力依約完成所承攬之工程，此並非業主所欲見。因此，業主倘希望工程順利且經濟的完成，就應於訂定工程合約時，考慮將各風險公平合理分配予當事人各方分擔之。而分配之主要原則應為承擔危險者必須是其中最能控制風險者，並能及時以最經濟方法處置者。

二、對於營造風險之處置，並非只有保險一途，首先應考慮設法避免，而無法避免之風險也應設法做好安全措施以減少或緩和損失，祇有發生機率較高或損失嚴重性較高之風險，才考慮以保險的方式轉嫁予保險公司承擔。反之，對於發生機率低或損失較輕微之風險，在自身資金財力許可的範圍內，宜妥善考慮自保，並非所有風險均需轉嫁。

三、工程合約中對於業主（定作人）與承包商之責任、權利、義務，例如，工程安全與發生毀損之修復責任等，應有明確詳細之規定，對於保險之要求與規定亦應配合危險之分擔予以規定清楚，以供雙方遵循。

四、工程合約中有關保險之規定是否恰當，首先應徹底了解工程合約之內容，以確認承包商承擔之契約責任，再了解那些部份係屬營造或安裝工程保險之除外不保事項而未能獲得保險之保障，該除外風險所致之損失一般由業主支付其費用，不該因已規定承包商投保營造或安裝工程保險，而誤以為可將一切天災人禍之責任全歸承包商負擔，以免失去契約之公平性與合理性。

五、工程合約中常規定之保險包括工程本體損失險、第三人意外責任險、加保第三人建築物龜裂、倒塌責任險及僱主意外責任險。另視實際需要可要求投保營建機具設備保險及設計錯誤或定作人財物等附加保險。

六、工程業主對於承包商應檢查其所投保之保險是否已涵蓋所有應投保之危險及保險期間、保險金額是否按合約規定、自負額是否過於偏高、保險費是否已繳交等，以確認承包商已購買適當之保險以轉嫁危險。營造或安裝工程保險之設計雖其主要功能係保障承包商之利益，實際上也間接保障業主之利益。

七、業主於工程設計時即應考慮保費預算，承包商也需於投標時酌予估列，以便於得標後能購買符合規定之保險單。

6-2 工程保險保單內容簡述

如前所述，目前開辦之業務爲營造綜合保險（CAR）、安裝工程綜合保險（EAR）、電子設備保險（EEI）、營建機具綜合保險（CPM）、鍋爐保險（BPV）、機械保險（MI）等，以下就其內容簡述於後：

一、營造綜合保險（CAR）

我國最早推行 CAR（民國 53 年），當時保險業爲突破重重困難，舉辦數次講習會並邀請國外專家詳加介紹，同時參考國外保單譯成中文，經過十大建設之實踐階段及十二項建設之黃金時代，今日之營造商面臨比以前更多複雜的問題，所以營造商需要一種保障，而定作人（Principal or Owner）、投資者，建築師和顧問工程師亦然，CAR 於焉產生。

（一）承保對象

以領有營業執照之營造商（承包商，Contractors）或定作人（業主）爲承保對象，即以營造商或定作人爲要保人、被保險人或兩者並列爲共同被保險人。

（二）保險標的物

1. 營造工程及其臨時工程：營造工程指各種建築土木工程，建築工程如住宅、娛樂場、倉庫等，土木工程如防洪，機場、道路等；臨時工程指爲營建工程本體所需之臨時性工程如臨時擋排水、便橋、鷹架等工程。

2. 施工機具設備：爲營建所需之機械、設備、器具、工具。

3. 拆除清理費用（Clearance of Debris）：爲發生承保事故後（1）拆除或破壞不能修復毀損標的物費用（2）清理土石泥沙、雜物、廢棄物之費用（3）搬運至丟棄地點之費用。

4. 第三人責任（TPL）。

（三）承保範圍：見基本條款第一、二條。

1. 營造工程財物損失險：採概括承保方式，凡保險標的物在施工處所，於保險期間內，因突發而不可預料之意外事故所致之毀損或滅失，需予修理重置時，除保險單載明爲不保事項外，皆爲承保範圍。主要承保事故如下：

   (1) 火災、電擊、閃電、爆炸、航空器墜落。

   (2) 淹水、洪水泛濫、雨水、颱風、颶風。

   (3) 地震、海嘯、地陷、山崩、落石。

   (4) 竊盜、第三人惡意行爲。

   (5) 施工缺陷及機具缺陷所致之意外事故。

2. 營造工程第三人意外責任險：在施工處所內或毗鄰地區，發生意外事故，致第三人死亡或體傷或財物受有損害，依法應負之賠償責任。

（四）保險責任之開始與終止：見基本條款第三條。

一般是以工程合約所訂之起迄期間或預定之施工期間爲保險期間，但承保公司責任開始於保險標的物卸置於施工處所後，而終止於工程啓用、接管、驗收或保期屆滿之日，並以先屆期者爲準。

（五）保險金額：見基本條款第四條。

1. 營造工程及其臨時工程：應為完工之總工程費，包括定作人提供之材料費。

2. 施工機具設備：應為重置價格，包括出廠價格、運費、關稅、安裝費用及其他必要費用。

3. 拆除清理費用：為約定之賠償限額。

4. 第三人責任險：依需要訂明每一個人或每一事故體傷死亡，每一事故財物損害及保險期間累積之最高賠償金額。

營造工程財物損失險保險金額之訂定方法大致可有（1）契約價格（Contract Price）（2）發生成本（Incurred Cost）（3）全部價值（Full Value）（4）重置價值（Replacement Value）（5）實損賠償基礎（First Loss Basis）。

（六）自負額：見基本條款第六條。

天災自負額較高，其他危險所致損失則較低，營造工程綜合損失險因閃電、火災、爆炸除另有約定外，被保險人不負擔自負額；第三人意外責任險則財損部份有自負額，傷亡部份無自負額。

（七）不保事項：見基本條款七、八、九條。

1. 共同不保事項有七：見基本條款第七條。

2. 財物損失險不保事項有十：見基本條款第八條。

3. 第三人意外責任不保事項有七：見基本條款第九條。

歸納主要不保事項有如下：

1. 工程之一部份或全部連續停頓三十日曆天所致之損失。

2. 因工程規劃、設計或施工規範之錯誤或遺漏所致之損失。

3. 直接因材料材質瑕庇、使用不合規定材料、施工不良所需之置換、修理及改良費用。

4. 清點或1盤存時所發現任何標的物之失落或短少。

（八）保險事故通知與應履行義務：第一項有七款，詳見基本條款第十條。包括

1. 立即通知並於7日內書面知通損失情形。

2. 採取措施，降低損失。

3. 保留受損財物，接受勘查。

4. 控供資料及文書証件。

5. 竊盜損失通知治安機關。

6. 非經同意，不得擅自承諾賠償。

7. 繳交受賠償請求之文件影本。

（九）賠償限額之決定：見基本條款第十一條、第十二條。

1. 可修復者：修復費用扣除殘餘物價格。

2. 不能修復：重置價格扣除折舊後再扣除殘餘物價格。

3. 第三人責外責任之賠償限額以契約所載之保險金額為最高限額。

其他理賠事項條款見基本條款第十三～十六條，一般事項之名詞定義見第十七條，其餘見基本條款十八～二十三條。

（十）各種附加險：

1. 加保加班、趕工及加急運費（不包括空運費）。

2. 加保陸上運輸保險。

3. 加保鄰屋倒塌、龜裂責任險。

4. 加保已接受部份之鄰近財產。

5. 加保保固責任。

6. 加保 SRCC。

（十一）費率因素：

1. 工程類別。

2. 工程設計。

3. 施工方法。

4. 施工地點。

5. PML 之高低。

6. 承包商之經驗。

7. 施工季節。

8. 保險期間之長短。

9. 承保範圍之大小。

10.自負額的高低。

11.損失率。

12.再保費率之水準。

（十二）最低保費：新台幣 2,000 元。

【工程保險協進會研究之營造綜合保險基本條款請讀者自行參閱附錄】

二、安裝工程綜合保險（EAR）

安裝工程綜合險最近三年（承保年度制）滿期保費收入，約佔工程保險保費收入百分之二十，大部份業務仍以公家機關指定投保或有銀行貸款部份。

（一）承保對象：一般以機器設備之製造廠商或供應商或買主（定作人）為承保對象，可併列為共同被保險人。

（二）保險標的主要如下：

1. 安裝工程：工程承攬契約或工程計劃所施作之永久性結構物、工作物、工作或臨時工程。

2. 施工機具設備。

3. 拆除清理費用。

4. 第三人責任。

（三）承保範圍：分為安裝工程財物損失險及安裝工程第三人意外責任險，見基本條款第一、二條。

1. 安裝工程財物損失險：承保安裝工程在施工處所，於保險期間內，因突發而不可預料之意外事故所致之毀損或滅失，需予修復或重置時，除約定不保事項外，由保險人對被保險人負賠償之責。

2. 安裝工程第三人意外責任險：承保被保險人在施工處所或毗鄰地區，於保險期間內，因安裝本保險契約承保工程發生意外事故，致第三人體傷、死亡或財物受有損害，被保險人依法應負賠償責任而受賠償請求時，除約定不保事項外，由保險人對被保險人負賠償之責。

意外保險學

3. 名詞定義：見基本條款第三條。

4. 保險責任之開始與終止：見基本條款第四條。自承保工程開工或工程材料卸置在施工處所後開始，至啓用、接管或驗收或第一次試車或負荷試驗完畢或保險期間屆滿之日終止，並以其先屆至者爲準。試車（Test Run）或負荷試驗概以三十天爲限，之前被保險人須書面通知保公司。

5. 保險金額：見基本條款第五條，為完成該工程所須需之總工程費，包括工程材料、組件、施工費用、運費、稅捐及管理費等，並應包括臨時工程之工程費及定作人提供之工程材料費。

6. 部份損失之賠償方式：見基本條款第六條，除另有約定外，以保險金額扣除已賠償金額之餘額爲限。但被保險人得加繳保費恢復原保險金額。

7. 自負額：見基本條款第七條。發生連續七十二小時內之地震或四十八小時內之颱風，不論次數多寡，均視為一次事故辦理。

（四）不保事項：見基本條款第八、九、十條。

（五）理賠事項：見基本條款第十一～十七條，包括保險事故通知（七日書面通知）。

（六）一般事項：見基本條款第十八～ 廿三條，包括損害防阻義務、保險標的之查勘權、危險變更之通知（十日書面通知）、保險契約之終止、被保險人之告知義務、法令之適用。

（七）各種附加險：

1. 加保「製造者危險」（Manufacturer's Risk）：

承保因設計錯誤（Faulty Design）、材料瑕庛或鑄造缺陷（Defective Material or Casting）、工作不良（Bad Workmanship）導致其他保險標的物之毀損或滅失。

2. 加保施工機具設備（Construction Machinery and Equipment）。

3. 加保鄰近財產（Surrounding Property）。

（八）費率因素：除 CAR 所列舉外，影響安裝工程費率之因素尚有

（1）生產流程　　（2）試車期間之長短。

問題集

營造工程或安裝工程綜合保險費率結構與釐訂之因素？

答 一、保險費率結構：保險費係保險人承擔保險契約上約定責任之合理報酬，亦即危險保障之對價，保險費內容包括純保費、營業費用及預期利潤三部份。純保費專供支應賠款之用，係根據以往損失經驗統計及觀察未來之趨勢而決定；營業費用包括佣金、人事、行政、管理費用及稅捐，係依據業者以往實際支用情形詳加分析，再決定合理水準；預期利潤則須視業務量及市場一般投資利潤率之實際狀況，比較分析後決定之。是以，合理的保險費，不僅須足夠支付賠款及費用，而又不偏高，更要對不同危險間做到費率的公平。

二、保險費率釐訂一般考慮之因素為：

1. 營造或安裝廠商、設計者、顧問工程師及次承包商過去之信譽及經驗。對於信譽不佳或經驗不足者，應酌予提高費率。

2. 工地暴露之危險，如颱風、洪水、地震、山崩等天災發生之可能性及發生頻率之大小。如因工程性質致發生頻率較高，且對損失影響較大者，應課以較高之費率。

3. 設計特色、建築材料及施工方法。倘屬未曾使用過之新型設計、建築材料及施工方法，因無實際經驗，其可能潛在之危險較高，應酌予提高費率。

4. 施工處所地質及地下水情況。對於地質不佳及多地下水者，應酌予提高費率。

5. 工地安全防範措施之情形。安全防範措施優者，得酌予降低費率。

6. 施工季節。施工期間在不同季節裏，其危險性不同，例如，施工期間在颱風季或雨季裏，則其危險性較高，應以較高費率承保。

7. 保險期間之長短。保險期間跨越一個年度以上者，其所面臨之危險自然較多，其費率自應提高，而在颱風季與雨季前可完工之工程，一般費率會較低。

8. 承保範圍是否擴大。要保人如要求擴大基本承保範圍時，應視保險人因而增加之賠償責任負擔，合理增加保險費率。

有關 EAR 及 CAR 之承保範圍和不保事項大致相同，其相異之處如後：（註六）

承保範圍和不保事項	E.A.R.	C.A.R
1. 對機器設備之試車或負荷損失險。	三十天為限	---
2. 直接或間接因地震或火山爆發之損失。	須特約承保	承保在內
3. 材料瑕庛及工作不良所致其他保險標的物之損失。	須加費承保	承保在內
4. 因土地下陷、震動或地層軟弱所致第三人土地房屋龜裂倒塌。	承保在內	須加費承保

註：試車指測試機器設備性能運轉或生產能力是否達設計要求之操作過程，一般以三十天為限。

問題集

招標營造或安裝工程綜合保險時，除費率因素外，尚需考慮那些重要事項做為最有利標之參考？

答 一、保險內容是否充分適當？由於工程之種類繁多，各類工程可能遭遇之風險不同，包括地質狀況、施工期間、施工材料和方法以及工地四周環境等危險因素均應做合理之評估並安排充分適當之保險保障，避免因保險範圍太小，造成有些損失無法獲得保險公司之補償，而使工程無法順利完成。

二、自負額是否偏高？雖然一般工程保險均訂定有自負額，惟自負額若偏高，於遇有保險範圍內之損失時，被保險人可能因負擔過高之自負額而無力依約繼續完成所承攬之工程。

三、保險公司之信譽、清償能力是否良好？以免發生保險賠款時，無法立即從保險公司獲得保險之補償。

四、保險公司之服務是否專業？品質是否良好？包括提供專業之現場查勘及損害防阻之建議，以及迅速之理賠服務。

五、再保險之安排。保險公司為分散本身之風險，對於自己承保之工程，亦需藉由再保險來分散危險，尤其是金額龐大，風險較高之工程更需要安排財務健全，且聲譽卓著之再保公司接受再保以充分分散危險，並保障被保險人及業主之權益。

三、電子設備綜合保險（EEI）

EEI 之目前情形有（1）標的物包羅萬象，價值高昂，刺激保險需求（2）電子對環境之選擇較嚴格，已發展綜合性保單（3）損失率低助長保險公司之惡性競爭（4）僅次於 CAR，EAR 之險種。

（一）保險標的物

1. 電腦或電子資料處設備。

2. 醫療所、實驗使用之各種電氣或放射設備。

3. 通訊系統：電話交換機、導航系統、傳送系統、傳真接受設備等。

4. 各種電子設備：攝影錄影設備、印刷排版設備、辦公室自動化設備。

（二）承保範圍：見基本條款一、二、三條。

1. 電子設備損失險（Material Damage）：凡在保單所載處所，於保險期間內，因突發而不可預料之意外事故所致損失，除不保事項外，保險公司對被保險人負賠償之責。

   主要承保之危險事故有：

   (1) 火災、爆炸、雷閃。

   (2) 碰撞、傾覆、航空器墜落。

   (3) 管線、線路破裂造成災害。

   (4) 設計錯誤、材質缺陷。

   (5) 製造、配或安裝缺陷。

   (6) 操作錯誤。

   (7) 機械性或電氣性損壞、故障。

   (8) 天災如地震、颱風、洪水等。

   (9) 竊盜。

   其中天災及竊盜為不保事項，但可約定承保。

2. 電腦外在資料儲存體損失險（External Data Media）：保險事故發生之一年內，保險人賠償材料置換和資料複製費用。

3. 電腦額外費用險（Increased Cost）：承保保險事故發生後，保險人賠償被保險人為繼續原有作業所增加之費用，包括租借替代電子設備之租金、人事費用、運費。

（三）保險金額：見保單基本條款第四條，表列於後。

承保範圍	保險金額
1. 電子設備損失險。	新品之重置價格，包括購價、運費、關稅、安裝費用。
2. 電腦外在資料儲存體損失險。	儲存體重置費及資料重製費用。
3. 電腦額外費用險。	替代設備 12 個月內所增加之費用，包括租金、人事費、文件及外在資料儲存體之運費。

（四）不保事項：見基本條款八～十一條。

特別不保事有四如下：

1. 直接或間接因氣體、水電供應之中斷或不正常所致之損失。

2. 機器功能衰退或缺失之修理、矯正。

3. 維護保養合約所必須提供之清潔、潤滑、調整及更換零組件。

4. 外在資料儲存體因程式設計錯誤、磁場干擾所致資料之損失。

（五）保險期間：一般以一年為原則，但為配合租賃合約，保險公司亦有承保長期業務，惟須注意廠牌及維護制度。

（六）費率因素：除考慮一般機械安全因素外，應特別注意：

1. 天災、火災、竊盜的危險性。

2. 空氣調節設備。

3. 維護保養合約。

理賠事項（7 日書面理賠通知）見保單基本條款十二～二十條，一般事項二十一～二十九條。

四、營建機具保險（CPM）

民國 69 年開辦後，初期頗受歡迎，目前業務因核保從嚴而減少，究其原因有（1）逆選擇業務多（2）監理單位無妥善之管理措施（3）偷竊損失嚴重。

（一）保險標的物：工程上所用之機械、設備、工具等，至若使用於工廠、倉庫、碼頭等處所，亦得為 CPM 之標的物。

（二）承保範圍：見保單基本條款一、二條。

    1. 機具綜合損失險：承保營建機具，因意外事故遭受毀損或滅失，主要承保之危險事故有：

        (1)　火災、爆炸、雷閃。

        (2)　碰撞、傾覆、航空器墜落。

        (3)　颱風、旋風、颶風、洪水。

        (4)　地震、火山爆發、海嘯、地陷、土崩。

        (5)　竊盜、第三人惡意行為。

    2. 第三人意外責任險：承保因所有、使用、維護及保管之營建機具發生意外事故，致第三人傷亡或財損，依法應負之賠償責任。

（三）保險金額：見保單基本條款第三條，表列於下。

承保範圍	保險金額
1. 機具綜合損失險	重置價格，包括購價、運費、關稅、安裝費用。
2. 第三人意外責任險	依需要訂明每一個人或每一事故傷亡，每一事故財損及保險期間累積之最高賠償金額。

註：有關施工機具保額之訂定方式可參見「保險資訊」98 期。

（四）不保事項：見保單基本條款第五、六、七條。

    特別不保事項如下：（第六條，一、二、三、六、九款）

    1. 機具本身之機械性或電氣性故障。

    2. 可替換之零配件損失。

    3. 燃料、冷卻劑、潤滑油料之損失。

    4. 運輸途中所發生之損失，但可約定加保。

    5. 使用於地面下或載浮於水上所發生之損失，但可約定加保。

（五）保險期間：以一年為原則。

（六）費率因素：主要視機具使用人、廠牌、年份、型式、使用處所、工作性質、投保
　　金額而定。

　　理賠事項（7 日書面理賠通知）見基本條款八～十六條，一般事項見十七～二十五
條。

五、鍋爐保險（BPV）

　　鍋爐為高溫高壓裝置，通常裝置於工廠、醫院、學校、旅館等地方，僅承保爆炸與
壓潰（Collapse），在國外多以承保範圍較廣之機械保險承保，我國鍋爐保險則由中國產
物保險公司參考歐洲英文保單加以設計，一般投保比率低於 1/100 之原因包括：

1. 廠商抵押之銀行未要求投保 BPV（僅投保火災保險）

2. 保險公司缺乏專業人才行銷。

3. 保險公司無法提供技術回顧。

4. 商業競爭，利潤佣金低。

（一）保險標的物：

1. 鍋爐（Boiler）：分為煙管式鍋爐、水管式鍋爐及特種鍋爐三類。

2. 壓力容器（Vessel）：具蒸汽或氣體壓力之密閉容器。

3. 鄰近財物（Surrounding Property）：如鍋爐房、水處理設備或工廠生產設備等。

（二）承保範圍：見保單基本條款第一、二條。

1. 鍋爐損失險：承保爆炸與壓潰。（基本條款第一條）

2. 第三人意外責任險：見基本條款第二條。

有關（1）鍋爐（2）容器（3）爆炸（4）壓潰之定義則見保單基本條款第三條。

可加保 SP、SRCC。

（三）不保項目：見保單基本條款第四、五、六條。

特別不保事項如下：（第五條三、四、五款）

1. 因工作停止所致損失。

2. 未經檢查單位檢查合格或試驗壓力超過准許上限所致損失。

3. 直接或間接因天災、火災、墜落物、竊盜所致損失。

（四）保險金額：

　　鍋爐及壓力容器之保險金額為重置價格，包括運費、關稅及安裝費用，鄰近財物則為約定賠償限額。

（五）保險期間：以一年爲原則。

（六）費率因素：依其種類、使用壓力、蒸發量、使用性質、製造年份、燃料種類、操作經驗及保險金額而定，鍋爐費率約在 0.003 ～ 0.005，容器費率約在 0.002 ～ 0.003。

（七）最低保費：新台幣 1,000 元。

（八）災害防阻：

　　1. 政府定期工礦檢查。

　　2. 避免人爲忽、過熱、鑄造不良引起爆炸。

　　3. 注意維護保養及操作人員之訓練管理。

　　4. 消防、救護設備之安裝。

　　5. 保險公司定期派人現場視察。

　　一般事項見基本條款第七 ～ 二十條，並有特約條款四項（重置價格特約條款、自負額特約條款、鍋爐檢查特約條款、鄰近財物特約條款）於後。

六、機械保險（MI）

　　機械保險乃爲保障機械正常運作，係承保機械設備在保單期間於處所內，因意外事故遭受之毀損滅失，自民國 66 年開辦以來，至今仍停滯不前，最主要因素，乃被保險人未能預期從保險中獲得技術性之回饋服務使然。

（一）保險標的物：

　　各種原動機械設備，生產製造設備或工具機械設備及其附屬機械設備等，但均限已完工試車或負荷試驗合格並經正式操作者。

（二）承保範圍：見保單基本條款第一條。

主要承保之危險事故有：

1. 設計不當。

2. 材料、材質或尺度之缺陷。

3. 製造、裝配或安裝之缺陷。

4. 操作不良，忽或怠工。

5. 蒸氣發生設備缺水。

6. 物理性爆炸、電氣短路、電弧或因離心作用所造成之撕裂。

（三）不保事項：見基本條款第五條。

特別不保事項如下：（第五條第一、二、六、款）

1. 直接因閃電、雷擊，直接或間接火災、撲滅火災所致損失。

2. 天災所致損失。

3. 可替換之工具或各種工作媒質（如潤滑油、燃料）等之損失。

4. 機械供應商或製造廠商應負責賠償之損失。

（四）保險金額：採機械之重置價格（見基本條款第四條），此重置保險（Replacement Insurance）作法源自 1920 年德國採之，其理由如下：

1. 可修復時以新品零件支付費用，工資則依市價。

2. 不可修復且原機械已不再生產。

3. 如以折舊後金額賠償，可能無法迅速恢復生產能力，恐將被市場淘汰。

4. 充分補償能符合被保險人的需求。

（五）保險期間：以一年爲原則。

（六）費率因素：一般採表定費率再予以增減，實際上則依機械廠牌、製造年份、運轉速度、操作溫度和壓力、從事工業種類、人員素質、維護管理情形及保險金額而定。

（七）第三人責任險：得以第三人責任險批單加保之。

問題集

為何保險採購案以最有利標方式處理最為適當？

答 保險商品是對未來給付的一種承諾，同時具有所謂的無形性、複雜性及信用性，且須有一定的對價，其價格係依據保險標的風險的高低，經由精算的過程來訂定的，若保費長期偏低，一定危及保險公司的經營與賠償基礎，使被保險人得不到應有的保障，所以價格對買保險言絕非唯一考量因素，採購機關應重視的是保險公司的履約能力及售後服務的品質，採用最有利標可提供採購機關做全方位的評選，包括保險公司的財務結構、專業能力、服務品質、再保安排及過去的承保經驗等，以選擇最適當的保險公司，並保障其應有的保險權益。

問題集

保險採最有利標應注意那些項目，以避免困擾？

答 採最有利標能夠確保採購品質，惟在作業上應注意以下事項：

1. 採購單位之相關人員應有共識，且須爭取上級機關及主管機關的支持與核准。

2. 成立評選委員會時應注意委員的遴選與利害關係的迴避，且專家學者人數應佔 1/3。

3. 評審項目應切合實際的需要，且評審標準應得當明確。

4. 評選委員會之會議紀錄，除涉及個別廠商之商業機密外，應同意投標廠商申請查閱。

5. 對於不合於招標文件規定之廠商，應通知其原因，對於合於招標文件規定但未得標之廠商，應通知其評比結果。

問題集

保險採用最有利標，有何好處？

答 招標方式之決定權在採購單位，採購法提供各種不同之招標、決標方式供採購
單位選擇；採用最低價決標，容易導致惡性殺價競標，最重要的採購品質相對
被忽視；如以最有利標決標，服務水準、專業能力、過去履約績效及與採購之
功能或效益相關之事項皆可納入評選，以確保採購的品質。

註釋

註一： 參閱中華民國各年度意外保險及其他財產保險業務統計年報。

註二： 參閱胡宜仁主編「保險實務」，P491。

註三： 同註二，P493 ～ P495。

註四： 參閱陳代眾著「工程保險」，P83。

註五： 參閱閱中華民國七十六年，財團法人保險事業發展中心編印「保險業務概況」，
P52。

註六： 同註二，P500。

一、解釋名詞

1. Engineering Insurance

2. CAR

3. EAR

4. Cross Liability

5. Gratis Payments

6. Average Clauses

7. Clearance of Debris

8. Test Run

9. Manufacturer's Risk

10. Collapse

二、問答題

1. 工程保險出險之主要原因？

2. 試列舉工程保險之特性及現行開辦類別？

3. 試述工程保險之承保原則？

4. 施工期間之表示方式為何？

5. 試比較工程保險與一般火災保險差異？

6. 試述 CAR 有關（1）保險標的物（2）承保範圍（3）保險金額之規定？

7. 試就下列各險之承保範圍，說明保險金額之規定？

   （1）EAR　　（2）EEI　　（3）CPM　　（4）BPV　　（5）MI

8. 我國工程保險協進會研究之營造綜合保險基本條款（新），試說明其（1）保險責任之開始與終止（2）共同不保事項（3）自負額規定？

9. 試說明我國新制安裝工程綜合保險基本條款（1）保險責任之開始與終止（2）保險金額（3）保險事故通知與應履行義務之規定？

10. 營造工程財物損失險保險金額之訂定方法有那些？

11. 營建機具保險特別不保事項為何？

12. 一般鍋爐保險投保比率低於 1/100 之原因為何？

13. 鍋爐保險特別不保事項為何？

14. 鍋爐保險之特約條款項目為何？

15. 機械保險之保險金額採機械重量價格之理由為何？

16 機械保險特別不保事項為何？

NOTE

The Principles and Practice of Casualty Insurance

Chapter 7

保證保險

意外保險學

7-1　保證保險概述

保證保險（Bonding Insurance）乃保險公司所經營之保證業務，意指保險人（保證人）向被保險人（權利人）保證被保證人（Principal）如有不誠實行為或未履行義務者，由保險人負賠償之責。保證（Bonds）是否為保險之一種，學者間頗多不同主張，惟一般保險書籍，無不有論述，且歐美各國意外保險公司，頗多設置保證部，專理其事。

確實保證與保險之不同，大致有下列幾點：

1. 保險契約為兩造契約，而保證契約之當事人有三方面，即
    (1) 保證的一方，保證人（Surety）。
    (2) 被保證的一方，稱權利人（Obliged）。
    (3) 對受保證一方，稱被保證人（Principal）。
2. 保證對被保證人所負義務之履行，有拘束效力；保險對被保險人有適當保障並無任何拘束。
3. 確實保證無預想損失，保費為手續費；保險有預想損失，且為保費計算依據。
4. 被保證人對保證人給付權利人之補償，有償還義務；保險之被保險人，並無任何返還責任。

此外保證的被保證人，可以故意造成損失；而保險之損失必不是被保險人所故意造成的。

保證保險分別有二：

1. 為誠實保證（Fidelity bonds）
2. 為確實保證（Surety bonds）

誠實保證乃對僱主保證其所雇員工因不誠實行為致遭受損失時，由保證之公司代為賠償，亦稱信用保證保險。其應繳保費，或由僱主負擔，或由員工負擔；前者多屬集體保證，由權利人支付保費並獲得保障，性質與一般保險無異，又稱不誠實保險（Dishonesty insurance）。後者屬指名保證之個人保證，保費由被保證員工支付。（註一）

美國誠實保證承保：

1. 竊盜（Larceny）

2. 侵佔（Embezzlement）

3. 偽造（Forgery）

4. 私用（Misappropriation）

5. 非法挪用（Wrongful abstraction）

6. 故意誤用（Willful misapplication），歸納言之，祇有詐欺與不誠實二種。

誠實保證大致可分成三類：

1. 指名保證（Name bonds）：承保特定個人之保證，又分

   (1) 個人保證（Individual bonds）。

   (2) 表定保證（Schedule bonds）。

2. 職位保證（Position bonds）：承保特定職位之保證，又分

   (1) 單一職位保證（Single position bonds）。

   (2) 職位表定保證（Position schedule bonds）。

3. 總括保證（Blanket bonds）：承保一般企業（僱主）之所有正式員工之保證，又分

   (1) 商業總括保證（Primary commercial blanket bond）。

   (2) 職位總括保證（Blanket position bond）。

其優點有三：

1. 投保便利：不須決定何職位或何人需保證而煩惱。

2. 自動承保：自動承保新進員工，當年內不加保費。

3. 理賠迅速：祇要確認損失爲不誠實員工所造成，即可獲得賠償。

此外尚有特別總括保證（Special blanket bonds）、偽造保險（Forgery Insurance）、三 D 保單等，因與金融業之經營有關容後於第八章討論。

誠實保證之特點有八：（註二）

1. 承保範圍有廣狹之別。

2. 保單有個別保證與集體保證之分。

3. 集體保證對新進員工可自動承保。

4. 承保財產可展延至所質押、受託、代理者。

5. 有發現時間之規定，有短至六十日，長至三年者。

6. 新保證契約可附「接替保證條款」（Superseded Surety ship rider）享有前一保證發生損失之補償。

7. 契約繼續有效下對每一員工之責任限額具不變性。

8. 追償金（Salvage）之處理，扣除訴訟費用，被保險人與保險人之間，一般依僱主尚未收回的損失金額與保險公司支付的賠償金額比例分配。（註三）

確實保證，乃指被保證人義務之不履行而使權利人遭受損失時，保證人負補償責任。其種類甚多，以下分四類說明：

1. 契約保證（Contract bonds）：保證被保證人能履行他與權利人簽訂之契約，又分

    (1) 建築保證（Construction bond），其中又可分

       A. 投標保證（bid bond）

       B. 履約保證（performance bond）

    (2) 供應保證（Supply bond）

    (3) 維持保證（Maintenance bond）

2. 司法保證（Judicial bonds）：即因法律程序而引起之保證，通常分

    (1) 訴訟保證（Litigation bond），其中又可分

       A. 保釋保證（bail bond）

       B. 扣押保證（attachment bond）

       C. 禁令保證（injunction bond）

       D. 上訴保證（appeal bond）

    (2) 受託保證（Fiduciary bond）

3. 特許保證（License and permit bonds）：從事某一活動或經營某一行業申請各級政府發給執照或許可證時，需提供此種保證，其中最常見的又有兩種

   (1) 保證領照人如違法或行為瑕疵致生損害於政府或大眾時，應負賠償之責。

   (2) 保證領照人完納加工或販賣產品之租稅。

4. 公務員保證（Public - official bonds）：指保證公務員因行為不誠實或未忠實執行其職務，致政府遭受損失，負補償責任。依其意義大致可分為

   (1) 誠實總括保證（Honesty blanket form）

   (2) 忠實執行職務保證（Faithful performance form）。

我國之誠實保證最主要者為員工誠實保證保險（內容後敘述）。確實保證最主要者以民國七十五年推出之「工程履約保證保險」（Performance bond）需求最大、簽單最多；其業務經營應注意事項如下：（註四）

1. 原係銀行業務，目前多以降低擔保品成數爭取客戶，承擔風險大。

2. 僅酌收手續費，所有損失由擔保品足額攤回；擔保品一般有現金、銀行定存單、政府公債、股票、公司債及不動產等。

3. 核保須從嚴，選擇要保人注意「3C 原則－ Character（品格）、Capacity（承受力）、Capital（財力）」。

4. 注意擔保品之可靠性，除現金外以銀行之定期存單較佳。

5. 須依主管機關核准之保單格式經營。不得更改格式或刪除及變更保單條款。

6. 理賠與追償，極耗人力，預防工作為首要。（註五）

問題集

某工程原工程契約總金額為 **NT1,000 萬元**，履約保證金額 **20%**，承攬人於工程完成 **40%** 並已領取工程費 **NT400 萬元**後不履約，被保險人（即定作人）就 **60%** 未完成部份重新發包，最低總金額為 **NT750 萬元**，問理賠金額若干？

答 claim ＝ 750 萬－（1,000 萬－ 400 萬）＝ 150 萬＜ 200 萬

故理賠金額為 NT150 萬。

意外保險學

> ## 問題集
>
> 承上，若發包最低總金額為 **NT820** 萬元，餘條件未變，則結果如何？
>
> 答 claim = 820 萬－（1,000 萬－ 400 萬）= 220 萬
>
> 履約保證金額 = 1,000 萬 ×20% = 200 萬
>
> 故理賠金額為 NT200 萬。

誠實保證與確實保證之內容已概述如前，兩者之不同點如下：

1. 誠實保證涉及僱主與員工之關係，確實保證則否。
2. 誠實保證承保限於員工之不誠實，確實保證承保乃為被保證人履行一定義務之能力或意願，與不誠實無多關係。
3. 誠實保證如由權利人支付保費，已具保險性質，確實保證必由被保證人自己支付保費，為擔保性質與保險之區別至為顯著。

今綜合前述，歸納保證類列如後：

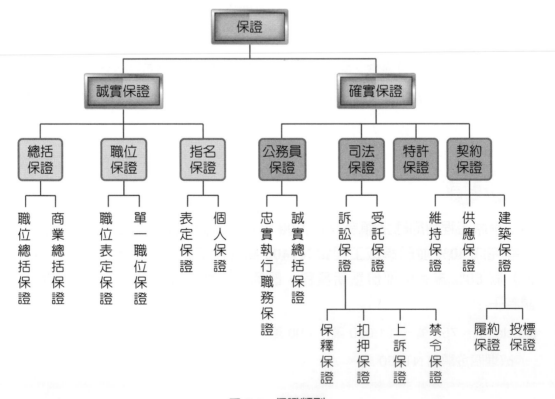

圖 7-1　保證類別

保證保險經修法已列爲保險分類之一，既取得法律地位，茲將開辦保證保險之理由說明如下：

1. 履約保證避免投保人繳存巨額保證金致資金無法有效運用及誠實保證替代人事保證之人保、舖保制度。

2. 保險人對被保證人之危險選擇，可獲得信用或品德良好之投保人或受僱人。

3. 損失調查及求償措施可防止債務人爲不正行爲或過怠行爲。

4. 保險人對債權人（被保險人）之業務監視，可防止其內部人員爲收賄等不正行爲。

7-2 員工誠實保證保險保單內容簡述

員工誠實保證保險開辦目的乃爲配合政府經濟建設計劃，以建立現代人事制度，確保業主權益，特舉辦本保險。旨在取代舊有之人保及舖保制度，並能保障企業減輕員工不誠實行爲所致鉅額財物損失。誠實保證之類別前已述及，本節僅就國內適用者加以介紹。

（一）承保對象：以公私金融企業機構或政府機構或人民團體爲對象，被保證員工應以正式接受聘僱，並受有人事管理從事規則性工作，並領受正式薪資者爲限。（見基本條款第一條第二款）

（二）承保範圍：承保對於被保險人所有依法應負責任或以任何名義保管之財產爲任一被保證員工在其被保證期內因單獨或共謀之不誠實行爲（指強盜、搶奪、竊盜、詐欺、侵佔或其他不法行爲），所致之直接損失負賠償之責。（見基本條款第一條）

（三）保險標的：被保險人所有依法應負責任或以任何名義保管之財產爲標的。前項所稱「財產」，包括貨幣、票據、有價證券及有形財物在內。

（四）承保方式：

1. 列名方式（Name Schedule Bond）：於保單附貼明細表載明被保證員工之姓名、職位、個別保額。

2. 列職方式（Position Schedule Bond）：於保單附貼明細表載明被保證員工之職位、在職人數及每人之保額。

3. 混合方式（Mixed Schedule Bond）：被保險人之全部員工，除經營財物人員依列名或列職方式辦理，其餘人員按其總人數統保之，每人之保額均相同，且全部須投保。

（五）保險金額：見基本條款第二條、第五條第一款規定。

　　有最低保額之規定

1. 金融業每一員工：NT100,000 元。

2. 其他：NT50,000 元。

（六）不保事項：見基本條款第三條。

1. 被保險人之故意行為。

2. 被保證員工之疏忽或過失。

3. 被保證員工向被保險人所借貸或使用財產所致損失。

4. 點查財產不符損失。

5. 附帶損失。

（七）理賠事項：見基本條款第四～十三條。

（八）保險期間：自生效日起訂為一年，續保以批單延長或另簽單續保且註明其連續性。

　　綜上所述，員工誠實保證保險之特點有三：

1. 連續契約（Continuous Contract）：契約非經註銷繼續有效，在保險期間內具連續性。

2. 非累積責任（Non-Accumulation of Liability）：

(1) 指整個連續期間祗有一個保額。

(2) 保證責任以不誠實行為發生，契約所載該員工之保額為限；但不誠實行為係連續發生，以最後一次發生時，契約所載該員工之保額為限。（見保單基本條款第二條第二款）

(3) 對任一被保證員工，其連續所發生之損失，僅能提出一次賠償請求。（見基本條款第五條第一款）

3. 損失發現期間（Loss Discovery Period）：

   (1) 任何損失須在連續契約期間內，同時在一定期間發現，承保公司始負賠償之責。

   (2) 任何損失自發生日起二年內未被發現者不負賠償之責。（第五條第二款）金融業得因延長損失發現期間批單改為三年。

   (3) 契約全部終止或部份被保證員工終止保證責任，有效期間之損失自終止日起六個月（金融業延長為一年）發現，逾期不予負責。（見基本條款第六條）

（九）保險費率：月費率以萬分之一為單位，依行業分別為全部員工投保及部份員工投保，如下表 7-1。

表 7-1　員工誠實保證保險費率表

行業別	全部員工投保（萬分之一）	部份員工投保（萬分之一）	
1. 金融業： (1) 公營 (2) 民營	(1) 0.665 (2) 1.425	1. 直接與財務有關人員	2.375
2. 政府機關及公營企業機構	1.425	2. 間接與財務有關人員	0.425
3. 民營企業機構及人民團體	1.9	3. 其他人員	0.95

（十）保險費優待：

   1. 全年保費一次繳付：優待 5%。

   2. 投保人數 100 人以上：優待如下表。

表 7-2　投保人數超出優待表

投保人數（人）	100~299	300~499	500~999	1000~1999	2000~2999	3000 以上
優待折扣	3%	6%	10%	15%	22.5%	30%

問題集

○○公司投保員工誠實保證保險，全部投保人數為 **300** 人，每人保險金額新台幣伍萬元，月費率萬分之 **1.9**，全年保費一次繳付，問應繳保費若干？

答 應繳保費= 50,000×1.9/10000×12×300×（1 − 0.05 − 0.06）

　　　　　　= 30,438（元）。

（十一）附加險：

1. 疏忽短鈔保險

    (1) 承保對象：以金融業員工為限，其他機構員工由擬承保公司提請公會審查通過辦理。

    (2) 保險金額：以主契約保額百分之十為準，每一員工不得超過 NT200,000 元。

    (3) 自負額：每次損失之百分之十，最低為 NT5,000 元。

    (4) 保險費率：月費率萬分之 1.3。

    (5) 保險效力終止：每一被保證員工於保險期間內以賠償二次為限。

2. 超額保證保險

    (1) 承保對象：暫以銀行（庫、局）之員工投保主契約，並以全體員工加保為限，其他機構員工人數 100 人以上，由承保公司提請公會審查通過辦理。

    (2) 加保金額之限制：

        A. 每一員工加保金額須相同。

        B. 加保金額上限者 NT1,000 萬元。

        C. 主契約保額下限為：

            a. 直接與財物有關人員：NT50 萬元。

            b. 間接與財物有關人員：NT25 萬元。

            c. 其他人員：NT10 萬元。

    (3) 保險費率：年費率，每人萬分之 1.2。

(4) 優待費率：加保人數超過 500 人以上，按「梯級法」予以折扣優待，見表 7-3。

(5) 最低保費：每一批單為 NT10,000 元。

表 7-3	超額保證超出人數優待費率表
加保人數（人）	優待費率
501~1000	20%
1001~2000	40%
2001~4000	60%
4001~8000 以上	80%

問題集

○○股份有限公司投保員工誠實保證保險加保超額保證，加保人數 **3000 人**，保額為 **NT1,000 萬元**，年費率萬分之 **1.2**，求此批單年保險費若干？

答 年保險費 = 10,000,000×0.00012×[500 ＋ 500（1 － 20%）

＋ 1,000（1 － 40%）＋ 1,000（1 － 60%）] = 2,280,000 元。

問題集

幸福股份有限公司投保員工誠實保證保險加保超額保證，加保人數 **800 人**，保額為 **NT10 萬元**，年費率萬分之 **1.2**，求此批單年保險費若干？

答 年保險費 = 100,000×0.00012×[500 ＋ 300（1 － 20%）] = 8,880 元。

但因小於最低保費規定每一批單為 NT10,000 元，故應繳 NT10,000 元。

（十二）基本條款補充說明：

1. 第七條：請求賠償之損失抵償部份指應付未付該員工之款項及賠付前回收之任何財產。

2. 第八條：行使代位求償權，拋棄對人保、舖保請求權。

3. 第九條：損失比例乃指被保人未獲補償損失與保險公司已賠償損失之比例。

4. 第十條：有其他保險，負比例分攤之責。

5. 第十一條：非經保險公司書面同意之折衷妥協或自行了結不予賠償。

6. 第十二條：商務仲裁條列，50.1.20 施行，71.6.11 修正，仲裁賠付金額之爭議。

7. 第十三條：消滅時效－二年。

8. 第十四～二十條：一般事項。

9. 第二十一條：法令適用規定。

問題集

假設某要保人（即被保險人）於民國 90.1.1 投保員工誠實保證保險 91.1.1 加保新進出納員李君一名保額 60 萬元，李君於 94.1.1 離職退保，被保險人嗣後發現李君在職三年期間挪用公款 115 萬，計：91.6.1. 20 萬，91.10.20. 25 萬，92.3.7. 30 萬，93.7.1. 40 萬。

試問：

一、若該被保險人為電器公司，損失發現時間為 94.3.1，保險公司應賠償若干？

二、若該被保險人為銀行，且被保險人於 93.1.1. 起將李君之保額提高為 100 萬元，損失發現時間為 94.6.30，則保險公司賠償若干？

答 一、損失自發生日起二年內發現始予賠償，即 92.3.7. 及 93.7.1. 損失合計

= 30 萬＋ 40 萬＝ 70 ＞ 60 萬（保額）

故保險公司賠償 60 萬元。

二、金融業其損失自發生日起三年內發現予以賠償，即 91.10.20. 及

92.3.7. 及 93.7.1. 損失合計

= 25 萬＋ 30 萬＋ 40 萬＝ 95 萬＜ 100 萬（保額）

故保險公司賠償 95 萬元。

問題集

某大規模公司投保員工誠實保證保險，陳君保額 NT900 萬元，嗣後於保險期間發現陳君侵佔 NT1,500 萬元，事後經訴訟追回 NT1,200 萬元，訴訟費 NT15 萬元。

試問：

一、追償金如何分配？

二、實際被保險人損失若干？

答 一、依基本條款第九條辦理，被保險人與保險人之損失比例為

　　　600 萬元：900 萬＝ 2：3

　　　被保險人分配（1200 萬－ 15 萬）×2/5 ＝ 474 萬。

　　　保險人分配（1200 萬－ 15 萬）×3/5=711 萬。

二、實際被保險人之損失＝ 600 萬－ 474 萬＝ 126 萬。

（十三）各種批單及特約條款

　　　包括附加疏忽短鈔保險特約條款、附加疏忽短鈔保險批單、超額保證保險批單、列職承保方式批單、金融業延長損失發現期間批單。其中金融業延長損失發現期間批單內容為：

1. 本保險契約連續有效期間內，被保險人對任一被保證員工，不論被保證年度之多寡，其連續所發生之損失，僅能提出一次賠償請求，本公司之賠償責任，則以最後一次發生不誠實行為當時之保險契約所載該員工之保險金額為限。

2. 任何損失自發生之日起三年內未被發現者，本公司不負賠償責任。

3. 本保險契約有效期間內，所發生承保範圍內之損失，如在本保險契約全部終止，或期滿未續保，或對於任一員工終止保證責任，自終止或期滿日起一年內所發現者，被保險人亦得提出賠償請求，逾期本公司不負賠償之責，並仍受自損失發生之日起至發現之日止三年期間之限制。

 註釋

註一： 參閱湯俊湘「保險學」，三民書局印行，中華民國七十七年三月，P.383 誠實保
　　　 證之演進－個別保證→集體保證→指名保證→職位保證→總括保證

註二： 同註一，P385。

註三： 追償金（Salvage）乃指保證公司從被保證員工追償所得金額。

註四： 參閱胡宜仁主編「保險實務」，三民書局印行 P588 ～ P589。工程履約保證保險
　　　 （Performance Bond）乃指工程承攬人於保險期間，不履行保單所載工程契約，
　　　 致被保險人有損失，由保險公司負賠償之責。

註五： 理賠金額＝重新發包金額－（原工程契約總金額－實際已付承攬人之工程費）。

 自我評量

一、名詞解釋

1. Bonding Insurance

2. Fidelity Bond

3. Surety Bond

4. Construction Bond

5. Judicial Bond

6. License and Permit Bond

7. Public-Official Bond

8. Continuous Contract

9. Non-Accumulation of Liability

10. Loss Discovery Period

11. Performance Bond

12. Salvage

13. 金融業延長損失發現期間批單

二、問答題

1. 試列出確實保證與保險之不同點？

2. 保謂總括保證（Blanket bonds）？總括保證有何優點？

3. 誠實保證之特點有那些？

4. 誠實保證與確實保證之不同點有那些？

5. 開辦保證保險之理由為何？

6. 何謂員工誠實保證保險？其開辦目的為何？又其承保方式有那些？

7. Fidelity bond 之追償金如何處理？試舉乙例說明之。

8. Performance bond 業務經營應注意事項？又 Performance bond 之理賠金額如何決定？

9. 試述員工誠實保證保險之特點？

10. 誠實保證演進之過程為何？

NOTE

The Principles and Practice of Casualty Insurance

Chapter 8

傷害保險

8-1 傷害保險概述

一、傷害保險意涵

依台灣現行保險法 131 條規定：傷害保險人於被保險人遭受意外傷害及其所致殘廢或死亡時，負給付保險金額之責。 前項意外傷害，指非由疾病引起之外來突發事故所致者。故知傷害保險人之責任事故須滿足三條件：非由疾病引起、外來所致、突發事故。

就 Collins 字典得知英國之於傷害保險的意義爲：Insurance providing compensation for accidental injury or death；美國之於傷害保險的意義爲： Insurance against injury due to accident；通說傷害保險的意義爲：Accident insurance is insurance that provides compensation for accidental injury or death.

又傷害保險單示範條款第二條規定： 被保險人於本契約有效期間內，因遭受意外傷害事故，致其身體蒙受傷害而致殘廢或死亡時，本公司依照本契約的約定，給付保險金。所稱意外傷害事故，指非由疾病引起之外來突發事故。

個人傷害保險之目的乃指因意外體傷所致死亡或失能給予固定之補償（The purpose of personal accident insurance is to pay fixed compensation for death or disablement resulting from accidental bodily injury）。（註一）

個人傷害保險是導因單獨突發、意外、外來及可見之事件所致體傷、失能或死亡提供補償之一年期保單（Personal Accident insurance or PA insurance is an annual policy which provides compensation in the event of injuries, disability or death caused solely by violent, accidental, external and visible events），有別於人壽保險與健康醫療保險 （It is different from life insurance and medical & health insurance）。（註二）

二、傷害保險之特性

傷害保險於 2001 年 7 月台灣保險法修正，通過產險業得報經主管機關核准經營，其經營方式以主契約承保或附加方式均可，茲將傷害保險之主要特性列示如下：

（一）傷害事故須是意外：意外之特性爲外來、不可預期、獨立、偶發。

（二）承保事故爲被保險人身體蒙受傷害而致殘廢或死亡。

（三）低保費高保障：依照傷害保險契約的約定，給付保險金。

三、傷害保險之種類

（一）個人傷害保險：其意義如前傷害保險單示範條款第二條規定，保險金給付包括身故保險金或喪葬費用保險金的給付、殘廢保險金的給付。

（二）團體傷害保險：依團體傷害保險單示範條款，保險範圍仍指被保險人於本契約有效期間內，因遭受意外傷害事故，致其身體蒙受傷害而致殘廢或死亡時，本公司依照本契約的約定，給付保險金。保險金給付包括身故保險金的給付、殘廢保險金的給付。

（三）旅行傷害保險：依旅行平安保險單示範條款第二條，其意義如前傷害保險單示範條款第 2 條規定，保險金給付包括身故保險金或喪葬費用保險金的給付、殘廢保險金的給付。

（四）職業傷害保險：一般以附加條款於團體傷害保險，保險公司對於被保險人於附加條款有效期間內，因執行要保人交付之職務而遭受主保險契約第五條約定的意外傷害事故，致其身體蒙受傷害而致殘廢或死亡時，本公司依照本附加條款之約定給付保險金。

前項所稱執行職務之認定標準悉依行政院勞工委員會最新發佈施行之「勞工保險被保險人因執行職務而致傷病審查準則」中有關職業傷害規定辦理。

四、傷害保險契約之特質

依歐美實務所載之基本原理有五，如一般保險契約之原則，包括有（1）最大誠信（2）補償（3）分攤（4）代位求償（5）保險利益；本文茲依前述意涵，特將傷害保險契約之特質列明如下：（註三）

（一）人身保險契約：台灣保險法將傷害保險規範在人身保險範疇，目前主管機關核准產險業得兼營傷害保險。

（二）特定危險契約：傷害保險承保之事故僅限於外來意外傷害所致之殘廢或死亡。

（三）定額保險契約：傷害保險乃以被保險人之生命及身體為保險標的，並無財產保險有保險價額，故性質屬定額保險。

（四）短期保險契約：傷害保險之保險期間原則上為一年或少於一年（如旅行平安保險），性質屬於短期契約。

五、傷害保險與人壽保險之不同

台灣保險法 101 條規定人壽保險之意義，乃指人壽保險人於被保險人在契約規定年限內死亡，或屆契約規定年限而仍生存時，依照契約負給付保險金額之責。而傷害保險之意涵如前所述，茲將傷害保險與人壽保險之不同分析如下：

（一）危險估計不同：人壽保險係以性別、年齡及身體狀況為危險估計之主要依據，且有適用之生命表，傷害保險一律以職業為危險估計之唯一依據，故有職業或職務變更之通知義務規定。

（二）保險期間不同：傷害保險之保險期間以一年或短於一年（如旅行平安保險）為原則；人壽保險則以長期為原則，短期為例外，如團體一年定期人壽保險。

（三）承保事故不同：二者同屬人身保險，均以人之生命及身體為承保標的，但人壽保險除了保險法及保險單之除外規定外，於被保險人死亡時，即給付保險金；而傷害保險，其所承保為被保險人之意外死亡及傷殘為限，故又稱之為意外保險。

（四）契約生效日不同：傷害保險契約生效日，原則上自保單上所載期間的始日午夜十二時開始生效，但契約如另有約定，則從其約定；而人壽保險則自保險人同意承保而要保人交付第一期保險費時開始。

（五）給付內容不同：人壽保險之給付內容，除了存保險金之外，主要為死亡保險金及殘廢保險金（全殘廢）；傷害保險之給付內容則有死亡保險金，殘廢保險金（分 11 級 79 項）及醫療保險金（分實支實付、日額兩型）。

8-2 傷害保險保單條款簡析

本節扼要分析主管機關頒布之傷害保險單示範條款，包括個人傷害保險、團體傷害保險、旅行平安保險等如下：

一、傷害保險單示範條款

（金管會 104.06.24 金管保壽字第 10402049830 號函修正）

（一）個人傷害保險

第　一　條：保險契約的構成。

第 二 條：保險範圍—被保險人於本契約有效期間內，因遭受意外傷害事故，致其身體蒙受傷害而致殘廢或死亡時，本公司依照本契約的約定，給付保險金。前項所稱意外傷害事故，指非由疾病引起之外來突發事故。

第 三 條：保險期間的始日與終日以本契約保險單上所載日時爲準。

第 四 條：身故保險金或喪葬費用保險金的給付。自意外傷害事故發生之日起一百八十日以內死亡者，本公司按保險金額給付身故保險金。訂立本契約時，以未滿十五足歲之未成年人爲被保險人，其身故保險金之給付於被保險人滿十五足歲之日起發生效力。精神障礙或其他心智缺陷，致不能辨識其行爲或欠缺依其辨識而行爲之能力者爲被保險人，其身故保險金均變更爲喪葬費用保險金。且不得超過訂立本契約時遺產及贈與稅法第十七條有關遺產稅喪葬費扣除額之半數。

第 五 條：殘廢保險金的給付。明訂殘廢保險金的給付條件及標準，殘廢等級區分爲 11 級 79 項；自意外傷害事故發生之日起一百八十日以內致成附表所列殘廢程度之一者，保險公司給付殘廢保險金。

第 六 條：保險給付的限制。被保險人於本契約有效期間內因同一意外傷害事故致成殘廢後身故，並符合該契約第四條及第五條約定之申領條件時，保險公司之給付總金額合計最高以保險金額爲限。

第 七 條：除外責任（原因）。主要在排除故意行爲、犯罪行爲及非可預測之危險。

第 八 條：不保事項。主要在排除被保險人從事超乎尋常危險之競賽或表演。

第 九 條：契約的無效。

第 十 條：告知義務與本契約的解除。

第 十一 條；契約的終止。

第 十二 條：職業或職務變更的通知義務。

第 十三 條：保險事故的通知與保險金的申請時間。

第 十四 條：失蹤處理。失蹤之日起滿一年仍未尋獲，先行給付身故保險金或喪葬費用保險金，但日後發現被保險人生還時，受益人應將該筆已領之身故保險金或喪葬費用保險金歸還保險公司。

第 十五 條：身故保險金或喪葬費用保險金的申領。

第 十六 條：殘廢保險金的申領。

第 十七 條：受益人的指定及變更。但殘廢保險金的受益人，爲被保險人本人。

第 十八 條：受益人之受益權。受益人故意致被保險人於死或雖未致死者，喪失其受益權。如因該受益人喪失受益權，而致無受益人受領保險金額時，其保險金額作爲被保險人遺產。如有其他受益人者，喪失受益權之受益人原應得之部份，按其他受益人原約定比例分歸其他受益人。

第 十九 條：時效。由保險契約所生的權利，自得爲請求之日起，經過兩年不行使而消滅。

第 二十 條：批註。契約內容的變更，或記載事項的增刪，除第十七條另有規定外，由保險公司即予批註或發給批註書。

第二十一條：管轄法院。

除主契約之外，尚有傷害醫療保險給付附加條款，包括傷害醫療保險金的給付（實支實付型、日額型）、傷害醫療保險金的申領及傷害醫療保險金受益人之指定。

(二) 團體傷害保險

有鑑於團體與個人有別，主管機關另頒「團體傷害保險單示範條款」，其中「團體」之定義是指具有五人以上且非以購買保險而組織之下列之一團體：

1. 有一定雇主之員工團體。

2. 依法成立之合作社、協會、職業工會、聯合團體、或聯盟所組成之團體。

3. 債權、債務人團體。

4. 依規定得參加公教人員保險、勞工保險、軍人保險、農民健康保險或依勞動基準法、勞工退休金條例規定參加退休金計畫之團體。

5. 中央及地方民意代表所組成之團體。

6. 凡非屬以上所列而具有法人資格之團體。

茲將「團體傷害保險單示範條款」與「個人傷害保險單示範條款」之差異條文列示如下：

第　二　條：名詞定義。明訂要保人、被保險人及團體之定義。

第　四　條：保險證或保險手冊。

第　九　條：保險費的計算。保險費總額以平均保險費率乘保險金額總額計算，但在本契約有效期間內因保險金額的增減而致保險費總額有增減時，要保人與本公司應就其差額補交或返還。「平均保險費率」是按訂定保險契約或續保時，依要保人的危險程度及每一被保險人的職業、職務、保險金額所算出的保險費總和除以全體被保險人保險金額總和計算。

第　十　條：第二期以後保險費的交付、寬限期間及契約效力的停止。

第　十二　條：被保險人之異動。明訂被保險人加退保之保險效力。

第　十五　條：被保險人的更約權。被保險人得於該契約終止或喪失被保險人資格之日起三十日內不具任何健康證明文件，向保險公司投保不高於該契約內該被保險人之保險金額的個人傷害保險契約，本公司按該被保險人更約當時之職業等級承保。

第　十六　條：資料的提供。

第二十七條：經驗分紅。保險公司就契約產生之收益，按約定之百分比退還要保團體。

$$經驗分紅退費＝k×（T－E－C）－C*$$

其中

k：分紅率

T：當年度總保費收入

E：保險公司行政管理、稅捐及其他費用

C：當年度發生之理賠金額

C*：上年度累積虧損

（三）旅行平安保險

有鑑於旅行平安保險之特性—期間短、限額承保、快速核保及低保費高保障，主管機關另頒「旅行平安保險單示範條款」，茲將旅行平安保險單示範條款與個人傷害保險單示範條款之差異條文列示如下：

1. 第四條：增加「保險期間的延長」— 延遲抵達而非被保險人所能控制者，本保險單自動延長有效期限至被保險人終止乘客身分時為止，但延長之期限不得超過二十四小時。

2. 第八條：「除外責任（原因）」增加一款 — 非以乘客身分搭乘航空器具或搭乘非經當地政府登記許可之民用飛行客機者。但契約另有約定者，不在此限。

3. 刪除「職業或職務變更的通知義務」條文；旅行平安保險之危險評估不考慮被保險人的職業。

保險業參考主管機關所頒上述三種示範條款，依個別業務需要開辦各種傷害保險商品，大致歸納有以下七種：（1）一般意外傷害保險（2）特定意外傷害保險（3）特定職業傷害保險（4）信用卡持卡人傷害保險（5）職業災害保險（6）旅行平安保險（7）待記名傷害保險。（註四）

二、傷害保險的核保與理賠（註五）

依傷害保險之意涵與特性，不似一般人壽保險以被保險人之身體健康狀況為 核保重點，其核保重點乃是在避免道德危險之逆選擇。茲將個人傷害保險核保因素概述如下：

1. 職業：依「台灣地區傷害保險個人職業分類表」，區分為六類，其費率比分別為 1、1.25、1.5、2.25、3.5、4.5。

2. 年齡：市場投保年齡一般訂為 70 歲，續保得延長至 75 歲，高齡投保保額亦有限制。

3. 健康狀況：特別留意被保險人之既往症、現有病症或後遺症等因素。

4. 身分：慎重考慮具特殊身分且意外傷害危險性不同之被保險人，如未成年人、無業者、外籍勞工等。

5. 居住地區：留意城鄉差異、離島與本島不同。

6. 休閒活動：核保人員應考量被保險人是否從事激烈危險之休閒活動，如高空彈跳、滑行翼、拖曳傘等。

7. 財務狀況：留意被保險人之經濟狀況是否不佳，一般而言個人傷害保險保額以不超過其年收入之 10 倍為原則。

團體傷害保險之核保，通常對參加團體的員工總人數以不少於 5 人為原則、參加保險人數之最低比例為 75%；另對於高額保單核保作業尤應特別注意，諸如該投保人目前已投保或正在申請之保險、投保目的與動機、被保險人工作性質之潛在危險因素等。

傷害保險之理賠注意事項主要有五：

（一）申請文件之審查。

（二）事故發生現場及經過之調查。

（三）事故原因之認定：意外傷害或非由疾病引起之認定、排除除外事項。

（四）查證實際職業與工作內容：如必要則應按原收保險費與應收保險費的比例折算保險金給付。

（五）道德危險事故之調查。

依「財產保險業經營傷害保險及健康保險業務管理辦法」，財產保險業經營傷害保險，以保險期間在一年以下且不保證續保者為限。但符合下列資格條件者，得向主管機關申請經營保險期間在三年以下且不保證續保之傷害保險：

1. 經主管機關許可經營傷害保險及健康保險且實際經營三年以上。

2. 最近一年之自有資本與風險資本之比率超過百分之二百五十。

3. 最近一年內未有遭主管機關重大裁罰或罰鍰累計達新臺幣三百萬元以上者，或受前開處分而其違法情事已獲具體改善經主管機關認定者。

4. 最近一年內主管機關及其指定機構受理保戶申訴案件非理賠申訴率、理賠申訴率及處理天數之綜合評分值為財產保險業由低而高排名前百分之五十。但經財產保險業提出合理說明並經主管機關核准者，不在此限。

5. 最近三年內配合政府政策需要，協助研議並開辦新保險商品、推動新業務，或推動社會公益工作，績效卓越。

 意外保險學

 註釋

註一： 谷歌網站，Personal Accident Insurance - NIOS, 搜尋日期 2017.12.10, 取自 http://www.nios.ac.in/media/documents/VocInsServices/m4-4f.pdf

註二： 谷歌網站，insurance info 公司網站專業資訊，搜尋日期 2017.12.11, 取自 http://www.insuranceinfo.com.my/choose_your_cover/cover_personal_needs/personal_accident.php

註三： 中民國產物保險核保學會, 產物保險業核保理賠人員資格考試綱要及參考試題（專業科目篇），4-47, 中華民國九十二年十二月。

註四： 同註三，4-51。

註五： 同註三，4-52～4-54。

 自我評量

一、名詞解釋

1. Personal Accident Insurance

2. 意外傷害事故

3. 平均保險費率

4. 被保險人的更約權

5. 保險期間的延長

6. 經驗分紅

二、問答題

1. 試依據現行保險法 131 條說明傷害保險之意義？

2. 傷害保險人之責任事故須滿足哪三條件？

3. 傷害保險之主要特性有哪些？

4. 一般而言，傷害保險之種類為何？

5. 傷害險契約之特質爲何？

6. 傷害保險與人壽保險有何不同？

7. 試說明現行傷害保險之除外責任（原因）？

8. 試扼要說明傷害保險與旅行平安險之條文差異？

9. 試扼要說明個人傷害保險核保因素？

10. 試扼要說明傷害保險之理賠注意事項主要有哪些？

NOTE

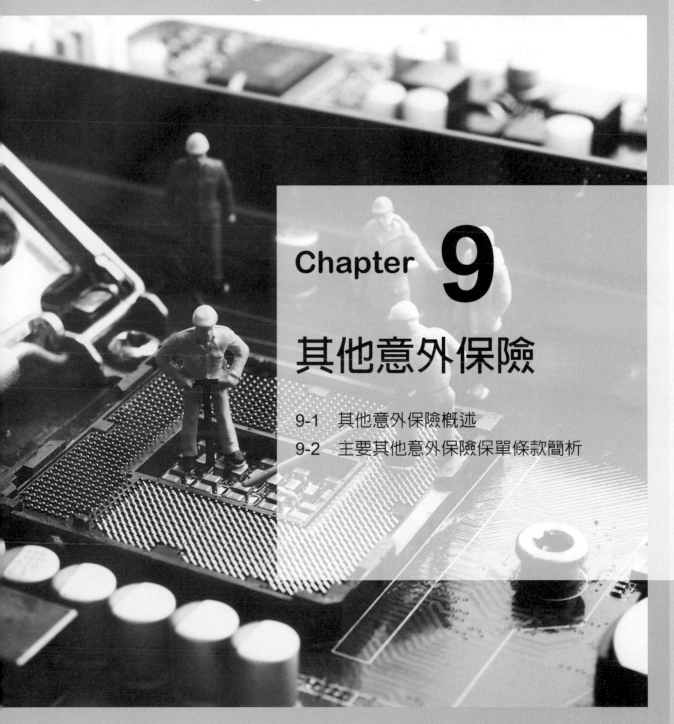

The Principles and Practice of Casualty Insurance

Chapter **9**

其他意外保險

9-1　其他意外保險概述

9-2　主要其他意外保險保單條款簡析

9-1 其他意外保險概述

本文所探討之意外保險，以國內核准簽單者爲限，依第二章第四節所述，目前開辦險種類分，汽車保險、航空保險、責任保險、工程保險及保證保險已專篇論述於前，間或提及業務經營實務之配合，由於新種保險將隨時代演變可能產生各種保險需求　綜合性保單、團體財產責任保險、儲蓄性保險，本章仍加以簡述業務經營　保單設計、行銷、核保與訂價、理賠、再保險，應注意之原則於後：

一、保單設計

1. 合法、不違反公序良俗、避免誘發道德危險及心理危險。
2. 合乎大衆所需，費率足夠、承保範圍適切費率不過高。
3. 使用文字、保單結構、投保手續均須簡明。

除此外尙應考慮同業競爭及商品互補原則。

二、行銷：行銷五力（註一）。

1. 從公司內部及外部環境提昇市場力。
2. 商品力之區格化及符合化。
3. 健全組織力。
4. 強化銷售力－ABC services 及行銷綜效（Synergy）。
5. 良好管理力。

三、核保訂價

1. 統計資料仍未健全，有賴經驗判斷，宜審愼之。
2. 避免逆選擇（Anti-Selection）。
3. 雖有規章費率，但對金額較高或性質特殊業務，自行核算報產險公會備查。
4. 爲分散危險，須安排再保險。

四、理賠

1. 避免不當理賠及理賠不當,且依規定儘速理賠。

2. 行使代位求償權及與其他保險比例分攤。

3. 須經訴訟判決才予賠償之險種(責任保險、員工誠實保證保險),應特別留意 IBNR(Incurred But Not Reported;未報未決)之賠款。

4. 依保單條款理賠程序檢視之。

五、再保險

1. 正視再保險之功能,妥善安排規劃。

2. 注意將加保及特別約定事項充皆告知再保險人。

3. 合理儘速攤回再保賠款。

9-2 主要其他意外保險保單條款簡析

　　本節特就目前開辦較普遍之銀行綜合保險(Bankers Blanket Bond)、現金保險(Money Insurance)、竊盜損失保險及藝術品綜合保險加以說明,餘請讀者參閱附錄之基本條款。第七章第一節曾提及特別總括保證(Special Blanket Bonds)乃特別指一般金融機構中職員之保證。偽造保險(Forgery insurance)即指保險人承保被保險人接受經偽造或竄改背書、簽名、受款人姓名、金額等損失之保險,今將有關之銀行綜合保險承保範圍簡述於後:

(一)銀行綜合保證保險(Bankers Blanket Bond;3 － B policy)

1. 承保範圍先前有五項:

(1) 員工誠實承保條款。

(2) 處所內承保條款。

(3) 運送中承保條款。

(4) 偽造變造承保條款。

(5) 有價證券承保條款。

2. 以單一責任限額適用各項承保範圍。

3. 英國銀行綜合保險－另增加承保「處所內辦公設備遭竊盜損失」，共六項。

4. 我國銀行業綜合保險－承保範圍共七項，見基本條款。

（二）綜合 3-D 保單（Three-D policy）

1. 即不誠實（Dishonest）、損毀（Destruction）及失蹤（Dis -appearance）之綜合保單，包括誠實保證及竊盜保險兩者在內，承保企業因員工不誠實、竊盜、偽造或竄改票據所受之各種損失。

2. 各項承保範圍保額獨立，不得流用。

3. 此種保單主要優點：（註二）

　(1) 責任明確：性質不明之危險，保險人不得藉故推諉補償責任。

　(2) 理賠保障：無到期日規定，不致因被保險人忽於保單之到期，而使損失發生後不能獲得補償。

　(3) 手續便利：手續簡便，一次投保承保範圍內皆有所保障。

（三）統括犯罪保險單（Blanket Crime Policy）

1. 保額爲單一責任限額適用各承保範圍。

2. 須全部投保不得選擇性投保。

　　以上綜合性保險其承保對象爲金融業，均包括目前臺灣開辦之員工誠實保證保險、竊盜保險及現金保險。

　　銀行業綜合保險指承保被保險人在保險有效期間內發現因承保範圍所列事故（如下所述）致遭受之財務損失爲限。茲將銀行業綜合保險保單內容簡述如後：

一、銀行業綜合保險保單內容簡述：（註三）

（一）開辦目的：為避免銀行保險發生遺漏、重複，節省人力財力、化繁為簡，以一張保險單獲得所需之一切必要保障，進而發揮銀行功能，促使業務發展，特舉辦本保險。

（二）承保對象：銀行（庫局）、郵政局、信託投資公司、票券公司、信用合作社、農漁會信用部及其他經營銀行業務之金融機構。

（三）承保範圍：見保單基本條款，第一章承保範圍，包括如下：

1. 員工之不忠實行為。

2. 營業處所之財產。

3. 運送中之財產。

4. 票據及有價證券之偽造或變造。

5. 偽造通貨。

6. 營業處所及設備之毀損。

7. 證券或契據之失誤。

以上 1 至 7 項被保險人得全部要保，亦得選擇一項或數項要保之。

（四）保單使用名詞之定義：見基本條款，第二章定義，其中「員工」指與被保險人有僱傭關係之人，包括職員與工友，「溯及日」指本公司同意承保自該日以後所發生之損失，損失在該日以前發生而在該日以後所發現者，保險公司不予賠償。

（五）不保項目：見基本條款第三章，共二十項。

特別不保項目如下：（十項）

1. 保單有效期間內未發現之損失。

2. 「溯及日」前發生之損失。

3. 董事詐欺或不誠實行為所致損失。

4. 出納員錯誤短少現金損失（可附加疏忽短鈔險批單）。

5. 董事或員工被綁架勒贖之損失。

6. 信用卡或記帳卡所致損失。

7. 對資訊系統為不法輸入、竄改、銷毀等所致損失。

8 .附帶損失（包括利息及股息之損失，但不以二者為限）。

9. 天災、戰爭或放射性污染所致損失。

10.火災所致營業處所損失。

（六）保險金額：見基本條款第四章第五條責任限額。

    1. 以每次損失為基礎，賠款後自動恢復保額，無須另付保費。（見承保辦法）

    2. 被保險人得依實際需要約定損失之總賠償限額或前述承保範圍各項之賠償限額。

（七）自負額：

    1. 有較高自負額以提高被保險人之管理要求並節省保費。

    2. 由被保險人所遭受之「最後淨額」內扣減之。

    3. 最後淨額指減除所有追償額及殘值後被保險人所受之實際淨損。

    4. 約為 NT20 萬元至 NT100 萬元間。

（八）保險期間：以一年為期。

（九）保單終止及出險之通知：保險公司終止保單及被保人出險之通知，均應以書面且於三十日內為之，六個月內提供損失清單。

（十）保險費率：無規章費率可循，逐案由首席再保人核定。決定因素如下：

    1. 銀行規模大小。

    2. 員工人數。

    3. 保險金額。

    4. 最大可能損失之金額。

    5. 自負額之高低。

    6. 承保項目多寡。

    7. 過去損失率。

    8. 防護、一般內部稽核及安全措施等。

（十一）附加保險：除附加疏忽、短鈔險批單外，保險公司得以批單　加費方式承保：

    1. 董事執行屬於一般員工範圍之職務，而非董事行為所致之損失。

    2. 偽造電報所致之損失。

（十二）最低保險費：NT5,000 元。

（十三）承保地區：以臺灣地區為限。

問題集

銀行業綜合保險種類為何？投保條件？可否分開單獨購買？公營行庫如何購買銀行業綜合保險？銀行業綜合保險採行何種投標方式最為有利？

答 銀行業綜合保險依其承保範圍，包含下述承保類別：

一、員工之不忠實行為：被保險人之員工意圖獲取不當得利，單獨或與他人串謀，以不忠實或詐欺行為所致於被保險人財產之損失。

二、營業處所之財產：置存於被保險人營業處所內之財產，因竊盜，搶劫，誤放，或其他原因之失蹤，或毀損所致之損失。顧客或其代表所持有之財物，於被保險人營業處所內，因前項危險事故所致之失損。但損失係由該顧客或其代表之行為所致者，不在此限。

三、運送之之財產：被保險人之財產於其員工或專責運送機構運送中所遭受之毀損滅失。

四、票據及有價證券之偽造或變造所致之損失。

五、偽造通貨：被保險人善意收受經過偽造或變造之中華民國政府發行流通之本位幣或輔幣而生之損失。

六、營業處所及設備之損毀，以此項營業處所或設備為被保險人所有或其對此項毀損滅失須負責者為限。

七、證券或契據之失誤：被保險人於正常營業過程中，善意就本保險單所規定之證券或契據為行為，而該項證券或契據曾經偽造、變造或遺失、竊盜所致之損失。

本保險旨在避免銀行保險發生遺漏、重複，簡化流程，以一張保單獲得一切必要保障，以發揮銀行功能，促進業務發展。惟金融本身亦可視實際需求依以上承保類別選擇投保之，但一般須投保 1~3 項中一項以上，始得加保其他選項。

銀行綜合保險係針對銀行，郵政局，信託投資公司，票券公司，信合社及農漁會…等金融機關為承保對象，承保被保險人於保險有效期間內發現因承保範圍所列事故致遭受之財務損失為限。

> 因公營金融行庫亦屬政府採購法規範對象，投保金融業相關保險時，若逾越採購法規定公告金額以上者，須以招標之方式進行。
>
> 銀行綜合保險涉及保承保範圍項目甚多，所需專業知識甚廣，如單純採取最低價方式決標，後續服務及品質堪憂。故宜採行「最有利標」方式，透過保險公司之評選與專業保險規劃之建議，擇一最符合實際需求之保險公司，以達到完整之保障。

二、現金保險保單內容簡述如後：

（一）開辦目的：爲保障現金之安全，特舉辦本保險。

　　　本保險所指「現金」係指國內現行通用之紙幣、硬幣及等值之外幣，或經書面約定加保之匯票、本票、支票、債券、印花稅票及其他有價證券。

（二）承保對象：政府機構、金融事業、學校、團體及公私企業等。不適用一般住家或家庭式雜貨店。

（三）承保範圍：見基本條款第一條。係承保被保險人所有或負責管理之現金於運送途中或置存於金庫或櫃台範圍內，在保險期間因保險事故所致之毀損滅失，由保險人負賠償之責。包括如下：

　　　1. 現金運送保險。（Cash-in-Transit）

　　　2. 庫存現金保險。（Cash-in-Safe）

　　　3. 櫃台現金保險。（Cash-on-Counter）

　　　主要承保危險事故有：

　　　(1) 竊盜　(2) 搶奪　(3) 強盜　(4) 火災　(5) 爆炸。

（四）自負額：見基本條款第二條。每次損失之百分之十，最高以 NT100 萬元為限，不得加費免除。

（五）不保事項：見基本條款第三條。

　　　1. 一般不保事項有八項。（第三條第一款）

　　　2. 適用現金運送險者有六項。（第三條第二款）

3. 適用庫存現金險者有二項。（第三條第三款）

　4. 適用櫃台現金險者有五項。（第三條第三款）

（六）理賠事項：見基本條款第四至十二條，舉其特別者如下：

　　1. 索賠程序見基本條款第四條，五日內書面通知索賠。

　　2. 被保險人須負損失舉証責任。（基本條款第五條）

　　3. 「保險期間內之保險金額」係指保單有效期間內賠款不只一次時，保險公司所負之累積賠款總額；賠款達此時，有關現金運送險即失效，不返還預收保費。（基本條款第六條）

（七）保險金額：依現金保險承保辦法第一條，應以一事故可能導致最大損失金額為之，即現金運送險以每月最大的一次運送額為保額；保險期間之保險金為每一意外事故保額之 2 倍，每月運送 5 次以上 10 次以下則為 3 倍，每月運送 10 次以上則為 5 倍。至於庫存及櫃台現金保險，則以每一保險櫃、金庫或櫃台分別設定之，如有損失，保額減為原保額扣除賠款金額之餘額，如被保人同意自損失發生日起至保單滿期日止，按日數比例加交保費，則恢復為原保額。（基本條款第七條）

（八）一般事項：見基本條款第十三至二十一條，舉其特別者如下：

　　1. 使用名詞之定義。（基本條款第十三條）

　　2. 危險變更通知義務，保險公司得依其程度調整保費。（基本條款第十五條）

（九）保險費：

　　1. 現金運送險採預收保費，期滿三十日內書面通知據以計算應收保費。多退少補，退費以預收保費三分之一為限。（基本條款第十七條）

　　2. 現金運送險之實際運送金額達運送總金額時，保單效力終止，預收保費不予退還，被保險人得加交保費恢復之。（基本條款第十八條）

　　3. 被保險人終止契約，未滿期保費，庫存及櫃台現金保險，依短期費率規定退還，現金運送險按保險期間內實際運送總額計之；保險人亦得以十五日為期之書面通知終止契約，未滿期保費，庫存及櫃台現金保險，依日數比例退還，現金運送險之保費則按保單有效期間內實際運送總金額計算之。（基本條款第十九條）

意外保險學

4. 決定因素（註四）：

   (1) 險種：三種承保範圍皆有不同之費率。

   (2) 地區：依院轄市或省轄市、縣轄市（其他地區）不同。

   (3) 海空運送費率：千分之 0.24。

   (4) 防盜措施減費：除司機外另有二人以上運送（一人為武裝警衛）減費 5%，使用運鈔車並將現金置存保險櫃減費 10%。

   (5) 有否賠款：賠款加費依「賠款次數」及「累計賠款金額佔全年總保費之百分比」加費 5% ～ 45%，無賠款減費，滿一年減 5%，滿二年減 10%，滿三年減 15%。

   (6) 大額保險費減費：依各險種之保費計收，超過新台幣 10 萬、20 萬、50 萬、100 萬、200 萬、400 萬，其超過部份保費分別減收 5%、10%、15%、20%、30%、40%。

   (7) 最低保費：新台幣 200 元。

（十）保險期間：一年為原則。

（十一）附加保險：見基本條款第三條第一項三、四款及要保書。

1. 加保 S.R.C.C（加收原有保費 5%）。

2. 加保天災（加收原有保費 10%）。

3. 加保支票、匯票、印花稅票及其他有價證券之損失（以現金費率計收）。

（十二）金融業特約條款：（見第一條）

1. 全程以徒步或自行車運送：距離一公里為限，每次賠償限額為 NT200 萬元。

2. 以機車運送：每次賠償限額為 NT100 萬元。

3. 以專用運鈔車外之各種汽車運送：每次賠償限額為 NT2,000 萬元。

三、竊盜損失保險（Burglary and Robbery Insurance）保單內容簡述

（一）開辦目的：為保障處所財產免遭竊盜所致之損失，特舉辦本保險。

本保險單所稱之「竊盜」係指除被保險人或其家屬或其受雇人或與其同住之人以外之任何人企圖獲取不法利益，毀越門窗，牆垣，或其他安全設備，並侵入置存保險標的物之處所，而從事竊取或奪取之行為。

本保險單所稱之「處所」係指置存保險標的物之房屋，包括可以全部關閉之車庫以及其他附屬建築物，但不包括庭院。

本保險單所稱之「損失」係指因竊盜直接所致之毀損或滅失。

（二）承保對象：住宅、辦公室、官署、學校、教堂等。

（三）承保範圍：

1. 保險標的物因竊盜所致之損失。

2. 置存保險標的物之房屋因遭受竊盜所致之毀損，但以被保險人所自有者為限。

（四）承保標的物：

1. 普通物品—凡住宅之傢俱、衣李、日常用品。

2. 特定物品—採列舉方式，以明細表訂明保險標的物之名稱、型式、廠牌、製造年份及保險金額者。金器、銀器、首飾、珠寶、項鍊、鐘錶及皮貨等貴重物品以承保特定物品為限。其每件之保險金額不得超過新台幣壹萬元整。

3. 房屋及裝修。

4. 現金。

（五）不保物品：

保險單第二章不保項目第十條所列舉之車輛、勳章、古董、雕刻品、手稿、珍本、圖案、商品、樣品、模型、字畫、契據、股票、有價證券、硬幣、鈔票、印花、郵票、帳簿、權利證書、牲畜、家禽及食用品等不予承保。

（六）保險金額：

普通物品—以估計金額為準。

特定物品—以標的物投保時之實際價值為準。

　　無論投保普通物品或特定物品，每張保單之總保險金額不得低於新台幣壹拾萬元整。

（七）最高賠償金額：

1. 普通物品—每件物品以保險金額百分之二或新台幣貳仟元整為限，但以兩者間較少之金額為準。

2. 特定物品—以損失發生時，標的物之實際現值為準，並不得超過保險金額。

3. 房屋及裝修因遭受竊盜所致之損失，以總保險金額之百分之十或新台幣伍萬元為限，但以兩者較少之金額為準。

4. 現金：每一事故最高賠償金額以新台幣伍仟元整為限，保險期間內累計最高賠償金額為新台幣三萬元整。

（八）保險期限：

　　本保險契約之訂立以一年為限。

（九）保險費率（年費率）：

1. 基本費率

　　(1) 住宅。

　　　　普通物品—千分之九・五

　　　　特定物品—千分之十四・二五

　　(2) 官署、學校、教堂、辦公處所。

　　　　普通物品—千分之九・五

　　　　特定物品—千分之十九

　　(3) 現金：新台幣伍佰元整。（不予防盜減費）

（十）特約條款：

1. 本公司對被保險人或其同居之家屬因本保險單所載保險事故致遭受身體傷害負責賠償醫療費用，但每事故最高賠償限額為新台幣壹萬元整。保險期間內最高賠償限額為新台幣壹萬元整。

2. 普通物品的最高賠償金額，每件以保險金額百分之二或新台幣壹萬元整為限，但以兩者較少之金額為準。

3. 置存保險標的物之房屋及裝修，因遭受竊盜所致之毀損，最高賠償金額以總保險金額之百分之十或新台幣伍萬元整為限，但以兩者較少之金額為準。

4. 本保險單於保險事故發生被保險人向本公司報案日起一個月後，若失竊之標的物無法尋回時，本公司始予賠付。

（十一）投保手續：

1. 填寫要保書及明細表。

2. 提供有關資料，切實查勘房屋周圍狀況、保險物品及評估保險金額後送有關承保單位出單。

（十二）申請賠償手續：

萬一發生損失時，應立即報告警察機關說明被竊情形，填具損失清單，並於廿四小時內通知保險公司，並提供理賠必須之資料，俾能儘速獲得賠償。

四、藝術品綜合保險（Arts Comprehensive Insurance）保單內容簡述

（一）開辦目的：為配合社會各類藝文活動之推展，保障各展出單位、藝術家及收藏家之作品於展覽、存放與運送中之安全，特舉辦本保險。

（二）被保險人：展出單位、藝術家或收藏家。

（三）承保範圍：

1. 館藏品：係指被保險人所有之藝術品。

2. 參展品：係指接受被保險人邀請參加展覽之藝術品。

3. 運送品：係指運送中之接受被保險人邀請參加展覽之藝術品。

因救護保險標的物，致保險標的物發生損失者，視同本保險契約所承保危險事故所致之損失。

（四）不保事項：

1. 同時適用於承保範圍 1、2 及 3 者：

(1) 保險標的之自然耗損、腐蝕、變質、固有瑕疵、銹垢或氧化；

(2) 蟲咬；

(3) 因整修、復舊、重新裝框或類似工作過程所致；

(4) 機械性或電氣性損壞或失靈；

(5) 藝術品本身脆弱或易碎性質之破損，除非該破損係由竊盜或火災所致者；

(6) 由於氣候或大氣狀況或溫度之極端變化所致之毀損或滅失，除非該項毀損或滅失在一般火災保險單中所承保；

(7) 畫框玻璃或裝潢之破損，但因破損之玻璃、裝潢所引起保險標的本身之損害者，不在此限；

(8) 由於飛機或其他航空器以音速或超音速飛行所引起之震波；

(9) 核子反應，核子輻射或放射性污染；

(10) 爆炸性核子裝配或核子組件之具有放射性、毒性、爆炸性或其他危險性之物品。

2. 適用於承保範圍 1 者：

(1) 館藏品赴館外展覽時所生之毀損滅失。

3. 適用於承保範圍 3 者：

(1) 因運送工具無人看守而遭竊所致之毀損或滅失；

(2) 因未依保險標的之性質及運送情況而為適當之包裝所致之毀損或滅失。

（五）保險金額：

本保險之保險金額係採雙方約定之金額區分為易碎品及非易碎品，被保險人於投保前應提供展出作品之清單，詳列作品編號、作品名稱、尺寸及單價。

（六）保險期間：

1. 館藏品：以一年度為基準。

2. 參展品：以展覽所需時間為限（可包含在館存放期間）。

3. 運送品：展覽期間加上運送所需時間。

（七）保險費率：

本保險之保險費率按展出作品之類別、期間、地點及運送性質與次數等因素訂定。

（八）最低保險費：每一保險單之保險費不得低於新台幣參仟元。

 **註釋**

註一： 參考新光保險公司，高級主管之保險行銷專題演講。

ABC Service 之 A 指 After，B 指 Before，C 指 Current。

註二： 參閱袁宗蔚著「保險學」，增訂二十九版，P623。

註三： 參閱「銀行業綜合保險承保辦法」。

註四： 參閱胡宜仁主編「保險實務」及「現金保險承保辦法」。

「大額保險費減費」乃指依現金保險計費，保費區分 6 級（10 萬～ 400 萬），對超出某程度保費部份予以折扣。

 **自我評量**

一、解釋名詞

1. ABC Services

2. Synergy

3. IBNR

4. Special Blanket Bonds

5. Forgery Insurance

6. 3-B Policy

7. Three-D Policy

8. Blanket Crime Policy

9. 溯及日

10. 最後淨額

11. 大額保險費減費

12. 疏忽短鈔險批單

意外保險學

二、問答題

1. 保單設計之原則有那些？

2. 保險行銷有之五力所指爲何？

3. 保險業務經營中，核保訂價注意事項爲何？

4. 保險業務經營中，理賠注意事項爲何？

5. 保險業務經營中，再保險注意事項爲何？

6. 試比較「銀行業綜合保險」與「現金保險」之費率決定因素？

7. 試列舉以下險種之承保範圍與附加保險？

    (1) 銀行業綜合保險

    (2) 現金保險

8. 試說明「現金保險」保險金額之決定？

9. 試列舉「銀行業綜合保險」特別不保項目 10 種？

10. 解釋名詞

    (1) Special blanket bonds

    (2) Forgery insurance

    (3) Three-D policy

11. 試述竊盜損失保險

    (1) 承保標的物

    (2) 保險金額

    (3) 特約條款之規定

12. 試說明藝術品綜合保險之

    (1) 承保範圍

    (2) 保險期間爲何

The Principles and Practice of Casualty Insurance

附錄 A

意外保險主要保單基本條款

意外保險學

汽車保險附加險

颱風、地震、海嘯、冰雹、洪水或因雨積水險

第一條　茲經雙方同意，在投保汽車車體損失保險（以下簡稱主保險契約）後，加繳保險費，加保本附加條款，本公司同意對被保險汽車因颱風、地震、海嘯、冰雹、洪水、或因雨積水所致之毀損滅失，亦負賠償之責。

第二條　本附加條款之保險金額與主保險契約相同，其保險費按保險金額百分之 0.9 計算。

第三條　本附加條款無自負額。

第四條　本附加條款應與主保險契約同時起保或退保，如在中途加保者，應按主保險契約所載期限計收保費，如在中途單獨退保或主保險契約發生全損理賠者，不予退費。

第五條　本附加條款所記載事項如與主保險契約牴觸時，依本附加條款規定辦理，其他事項均適用主保險契約之規定。

罷工、暴動、民眾騷擾險

第一條　茲經雙方同意，在投保汽車車體損失保險（以下簡稱主保險契約）後，加繳保險費，加保本附加條款，本公司同意對被保險汽車因罷工、暴動、民眾騷擾所致之毀損滅失，亦負賠償之責。

第二條　被保險汽車經被保險人同意，被使用參與罷工、暴動及民眾騷擾之活動，所致之毀損滅失，本公司不負賠償責任。

第三條　本附加條款之保險金額與主保險契約相同，其保險費按保險金額百分之 0.2 計算。

第四條　本附加條款無自負額。

第五條　主保險契約發生全損理賠者，本附加條款之未滿期保險費不予退費。

第六條　本附加條款所記載事項如與主保險契約牴觸時，依本附加條款規定辦理，其他事項均適用主保險契約之規定。

供教練開車汽車車體損失險

第一條　本保險對於被保險汽車，因供教練開車發生之毀損滅失，負賠償之責。

第二條　本保險於要保汽車車體損失險後始得加保。

第三條　本保險之保險金額及自負額與汽車車體損失險相同。

第四條　本保險之保費應按汽車車體損失險基本保費加收百分之二十。

汽車經銷商汽車車體損失險

第一條　本保險對於汽車經銷商或其受僱人，自儲放處所駕駛被保險汽車至待售或出售地點或往返途中，因意外事故所致之毀損滅失，負賠償之責。

第二條　本保險之自負額適用汽車車體損失險之規定，其保險費按照大小車型適用汽車車體損失險自用大貨車或自用小貨車基本保費百分之二計算。

第三條　本保險保費每月結算一次，最低不得少於規定之最低保險費。

零件、配件被竊損失險

第一條　茲經雙方同意，在投保汽車竊盜損失保險（以下簡稱主保險契約）後，加繳保險費，加保本附加條款，本公司同意對被保險汽車因主保險契約第二條第二項第一款所稱之零件、配件非與被保險汽車同時被竊所致之損失，亦負賠償之責。

第二條　本附加條款之被保險汽車限於自用汽車。

第三條　本附加條款所稱零件及配件，除特別載明者外，概以被保險汽車原廠裝置之型式為準。

第四條　本附加條款無自負額。

第五條　本附加條款於保險期間內累計賠償金額最高以實收保險費六倍為限。

第六條　本附加條款之保險費，國產汽車按保險金額百分之計算，最低不得低於 1,000 元；進口汽車按保險金額百分之 0.25 計算，最低不得低於 2,000 元。

第七條　主保險契約發生全損理賠者，本附加條款之未滿期保險費，不予退費。

第八條　本附加條款所記載事項如與主保險契約牴觸時，依本附加條款規定辦理，其他事項均適用主保險契約之規定。

供教練開車汽車竊盜損失險

第一條　本保險對於被保險汽車，因供教練開車發生偷竊、搶奪、強盜所致之毀損滅失，
　　　　負賠償之責。

第二條　本保險於要保汽車竊盜損失險後始得加保。

第三條　本保險之保險金額及自負額與汽車竊盜損失險相同。

第四條　本保險之保費應按汽車竊盜損失險基本保費加收百分之二十。

汽車經銷商汽車竊盜損失險

第一條　本保險對於汽車經銷商或其受僱人，自儲放處所駕駛被保險汽車至待售或出售
　　　　地點或往返途中，因偷竊盜、搶奪、強盜所致之毀損滅失，負賠償之責。

第二條　本保險之自負額適用汽車竊盜損失險之規定，其保險費按照大小車型適用汽車
　　　　竊盜損失險自用大貨車或自用小貨車基本保費百分之二‧五計算。

第三條　本險費每月結算一次，最低不得少於規定之最低保險費。

汽車運送損失險

第一條　本保險對於被保險汽車被運輸工具運送或裝卸時所發生之毀損滅失，以車輛全
　　　　損者為限，負賠償之責。

第二條　本保險於要保汽車車體損失險或汽車竊盜損失險後始得加保。

第三條　本險之保險金額及自負額與汽車竊盜損失險相同，其保險費按下列方式計算：

　　　　(1)　以航（行）程計算者，每一航（行）程為保險金額之百分之○‧一五。

　　　　(2)　以期間計算者，全年為保險金額之百分之一‧五。

汽車經銷商汽車第三人責任險

第一條　本保險對汽車經銷商或其受僱人，自儲放處所駕駛被保險汽車至待售或出售地
　　　　點或往返途中，發生意外事故，致第三人死亡或受有體傷或第三人財物受有損
　　　　失，依法應由被保險負賠償責任而受賠償請求時，負賠償之責。

第二條　本保險之基本保險金額，按第二章第四條規定辦理，其保險費分別按照大小車
　　　　型，適用汽車第三人責任險自用大貨車或自用小貨車基本保費百分之五計算。

第三條　保險費每月結算一次，最低不得少於規定之最低保險費。

第四條　本保險之自負額按照大小車型適用汽車第三責任險自用大貨車或自用小貨車之規定。

汽車製造業汽車第三人責任險

第一條　本保險對汽車製造業或其受僱人，因駕駛新製造之汽車，從事試驗效能、測驗速度或駕駛至新車儲放處所，發生意外事故，致第三人死亡或受有體傷或第三人財物受有損失，依法應由被保險負賠償責任而受賠償請求時，負賠償之責。

第二條　本保險之基本保險金額，按第二章第四條規定辦理，其保險費以每一試車牌照，按汽車第三人責任險自用大貨車保險費計算，並依每一駕駛人加收百分之十計算。

第三條　本保險之自負額按照大小車型適用汽車第三責任險自用大貨車之規定。

汽車修理業汽車第三人責任險

第一條　本保險對汽車製造業或受僱人，因駕駛代客修理或管理之汽車，從事試驗效能、測驗速度或駕駛至新車儲放處所，發生意外事故，致第三人死亡或受有體傷或第三人財物受有損失，依法應由被保險人負賠償責任而受賠償請求時，負賠償之責。

第二條　本保險之基本保險金額，按第二章第四條規定辦理，其保險費以每一駕駛人按汽車第三人責任險自用大貨車保險費加收百分之五十計算。

第三條　本保險之自負額適用汽車第三責任險自用大貨車之規定。

供教練開車汽車第三人責任險

第一條　本保險對於被保險汽車，因供教練開車發生意外事故，致第三人死亡或受有體傷或第三人財物受有損失，依法應由被保險負賠償責任而受賠償請求時，負賠償之責。

第二條　本保險於要保汽車第三人責任險後，始得加保。

第三條　本保險之保險費用應按原承保車輛汽車第三責任險之保險費加收百分之十七。

第四條　本保險之自負額與汽車第三責任險相同。

酗酒駕車汽車第三人責任險（目前停賣）

第一條　本保險對於受酒類或藥物影響之人駕駛被保險汽車，致第三人死亡或受有體傷或第三人財物受有損失，依法應由被保險負賠償責任而受賠償請求時，負賠償之責。

第二條　本保險限自用汽車於要保汽車第三人責任險後，始得加保。

第三條　本保險之保險費按汽車第三責任險之保險費加收百分之十三。

第四條　本保險之自負額與汽車第三責任險相同。

醫藥費用

第一條　本保險對被保險人或任何乘坐或上下被保險汽車之人，因被保險汽車發生意外事故，所致直接並即時受有體傷時，其必須支出之醫藥費用，負賠償之責。

第二條　本保險限機器腳踏車及自用汽車於要保汽車第三人責任險後始得加保。

第三條　本保險之承保人數以行車執照所記載之人數為限。

第四條　本保險對於每一個人之保險金額為十萬元。

第五條　本保險無自負額，其保險費如下：

  (1)　自用小車按保險金額百分之〇．四五計算。

  (2)　自用大車、機器腳踏車按保險金額百分之〇．九計算。

汽車乘客責任險

第一條　本保險對被保險人因所有、使用或管理被保險汽車發生意外事故，致駕駛人及乘坐或上下被保險汽車之人死亡或受有體傷時，負賠償之責。

第二條　本保險之承保人數，以行車執照所記載之人數為限。

第三條　本保險之保險金額及其費率如下：

  保險金額：

  (1)　每一個人體傷新台幣四萬元。

  (2)　每一個人死亡新台幣二十萬元。

  保險費：

  (1)　自用小客車（九位以下）按每一個人保險費新台幣 190 元整。

(2)　自用大客車（十位以上）按每一個人保險費新台幣 228 元整。

    (3)　營業小客車（九位以下）按每一個人保險費新台幣 332 元整。

    (4)　營業大客車（十位以上）按每一個人保險費新台幣 273 元整。

保險金額增加之保險費：

保險金額	每一個人體傷	2	4	6	8	10	12
	每一個人死亡	10	20	30	40	50	60
計算率 %		100	190	270	320	350	413

第四條　本保險無自負額。

汽車僱主責任險

第一條　本保險對被保險人僱用之駕駛員及隨車服務人員，因被保險汽車發生意外事故，受有體傷或死亡，依法應由被保險人負賠償責任而受賠償請求時，負賠償之責。

第二條　本保險於要保汽車車體損失險或汽車竊盜損失險或汽車第三人責任險後始得加保。

第三條　本保險對於每一個人之保險金額為體傷新台幣二萬元，死亡新台幣十萬元。

第四條　本保險無自負額，其每一個人保險費如下：

自用小客車為 113 元正。

自用大客車為 173 元正。

營業小貨車、自用大貨車、營業大客車為 285 元正。

營業大貨車、曳引車為 525 元正。

特種車比照自用貨車辦理。

第五條　保險金額提高之保險費計算方式，比照汽車乘客責任險之規定辦理。

汽車貨物運送人責任險

第一條　本保險承保被保險人因使用被保險汽車運送他人之合法貨櫃於運送途中或裝卸時發生意外事故，致託運之貨物或貨櫃受有損失，依法應由被保險負賠償責任而受賠償請求時，負賠償之責。

第二條　保險金額與保險費計算方式如下：

(1) 以貨櫃運送之貨物（貨櫃須連同貨物一併投保，不得單獨承保貨櫃）。

(2) 非以貨櫃運送之貨物，其保險費按前項「貨物」部份之保險費加收百分之二十。

(3) 短期費率比照汽車險短期費率計算。

(4) 保險期間內累計最高賠償金額為每一意外事故最高賠償金額之三倍。

貨物	每次意外事故最高賠償金額	100 萬	150 萬	200 萬	250 萬
	保險費	6,750 元	8,755 元	10,125 元	11,138 元
貨櫃	每次意外事故最高賠償金額	30 萬			
	保險費	1,620 元			

第三條　自負額：

每一次意外事故被保險人自負額為新台幣一萬元。

◆ 限定駕駛人特約保險減費 10%。

飛機機體保險條款

承保範圍

一、甲：飛行中「Flight」，滑行中「Taxiing」，在地面停留停泊中「On the Ground or Moored」對本項承保範圍內之飛機機體所發生之直接毀損或滅失負賠償責任，包括飛機開始飛行後失蹤已達六十日者，惟賠償金額，應以每次所發生之損失金額減除本保險單所載明之自負額為限。

二、乙：滑行中「Taxiing」，在地面停留停泊中「On the Ground or Moored」對本項承保範圍之飛機以不在飛行中所發生之直接毀損或滅失負賠償責任，惟賠償金額應以每次損失金額減除本保險單所載明之自負額為限。

三、丙：在地面上停留或停泊中「On the Ground or Moored」對本項承保範圍之飛機以不在飛行或滑行中所發生之直接毀損或滅失負賠償責任，惟賠償金額以每次損失金額減除本保險所載明之自負金額為限。

四、本保險單所承保範圍內之飛機機體所發生之直接毀損或滅失所應負之責任，以事故發生於本保險單有效期間內及該被保險飛機使用之性質，符合載明於本保險單為限。

五、本保險單所承保之飛機如超過二架以上者，本保險所載明之一切條件，應以對一承保之機體為準。

除外責任

一、本保險單對於承保飛機因使用之毀損、折舊、破損或因屬於磨損、破碎、冰凍、機器上、結構上、電力供應系統上、供水系統上、氣體循環系統上，任何損壞不負賠償之責，惟因（一）上述各種原因所之其他毀損或滅火，而為本保險單所承保者，或因本保險單所承保之其他損失直接導致上述各種損壞之損失，本保險單仍負賠償之責。

二、本保險單對所承保之飛機因（一）任何政府當局、地方當局或機關、運事機構、或侵略力量不論在和平時期或戰事時間，不論以合法手段或不合法手段掠奪、沒收、逮捕、限制、拘禁所致之毀損或滅失或因（二）戰爭、侵略、內戰、革命、叛亂、暴動或類似戰爭行為「不論宣戰與否」所致之毀損或滅失或因（三）罷工、暴動、民眾騷擾等所致之毀損或滅失，不負賠償責任。

三、本保險單對於所承保之飛機因錯誤之變更，被盜用或因由於有合法地位之人士與被
保險人間以書面、口頭或暗示達成協議之秘密使用、租賃、抵押、有條件之出讓所
致之毀損或滅失不負賠償責任。

四、本保險單對於所承保之飛機在適航證書有效期間外之飛行所致之毀損或滅失不負賠
償責任。

五、本保險單對於所承保之飛機，因使用於不法之目的，或其使用超過飛機適航證書有
關之規定，或超過航空飛行手冊「Airplane Flight Manual」或其他與飛機適航證書
有關文件核定之飛行限制，或於本保險單第五項所載明之駕駛員以外之人員駕駛，
「此點不包括領有駕駛執照之駕駛員及技工所為之滑行在內」或由規定之駕駛員駕
駛，惟違反有關當局所核發駕駛員執照及健康證書有關之規定所致之毀損或滅失，
不負賠償責任。

六、本保險單對於所承保之飛機，如在發生任何毀損或滅失時，其載運搭客人數，超過
本保險單第三項所載明之最高搭客人數者，不負賠償責任。

七、本保險單對於所承保之飛機，由於被保險人"被保險人為公司或合夥組織時，其公
司負責人或合夥人"之承諾，在違反民用航空管理規則，用於表演飛行、試驗飛
行、修理、保養、檢查、變更或夜間飛行所致之毀損或滅失，不負賠償責任。

八、本保險單對於所承保之飛機之使用，超過本保險單所載明之範圍時，所致之毀損或
滅失，不負賠償責任。

九、本保險單對所承保飛機之使用於比賽、速度及耐久試驗，企圖打破速度紀錄、飛
行表演、收穫、噴射、下種、施肥、狩獵、牧畜等，或與上述各項之使用有關除
非為本保險單載明者，或用於必須經由交通部民用航空管理局「Civil Aeronautics
Authority」或其他有關當局以書面特准之任何飛行，不論其是否業經核准，其所致
之毀損或滅失，不負賠償責任。

十、本保險單對所承保之飛機之款式，較之本保險單所載有所變更時，不負任何賠償責
任。

十一、本保險單對所承保飛機權益之轉移，或因留置權抵押行為，或其他糾紛，未經聲
明並由公司批註者，不負任何賠償責任。

定義

飛機：本保險單中所稱飛機，指飛機之骨架，動力機，推進器，直升機之螺旋器，或在本保險單開始生效時，即已構成飛機機體中一部份之器材包括附件，惟不包括類似修理之零件。

在飛行中：本保險單所稱在飛行中，指飛機向前移動準備昇空時及在空中時或降落時之滑行，至於直昇機，則指其螺旋器旋轉時。

在滑行中：本保險單所稱在滑行中，指除在飛行中外，依其本身之動力移動之謂，至於水上飛機，則指除飛行中或停泊中外之水面浮行。

在停泊中：本保險單所稱停泊中，指飛機被曳入及停留於停泊處所時。

民航管理機構：本保險單所稱民航管理機構，指我國交通部民用航空局及經我政府承認之外國政府之民航管理機構。

 意外保險學

飛機責任保險

承保範圍

一、承保範圍：

甲：**體傷責任保險（不包括乘客在內）**

本保險單對所承保之飛機因所有權關係：維護或在使用中發生任何事故，致任何人（不包括承客在內）體傷、疾病或因而導致之死亡，依法應由被保險人賠償而受賠償請求時，負賠償之責。

乙：**財損責任保險**

本保險單對所承保之飛機，因所有權關係、維護或在使用中發生任何事故，導致財產損壞、毀滅，依法應由被保險人賠償而受賠償請求時負賠償之責。

丙：**乘客體傷責任保險**

本保險單對所承保之飛機因所有權關係、維護或在使用中，發生任何事故致乘客受體傷、疾病或因而導致之死亡，依法應由被保險人賠償而受賠償請求時，負賠償之責。

丁：**體傷（包括乘客）及財損責任保險**

本保險單對所承保之飛機由所有權關係、維護或在使用中，發生任何事故致任何人之體傷、疾病或因而導致之死亡或財產之損壞、毀滅。依法應由被保險人賠償而受賠償請求時，負賠償之責。

戊：**體傷（不包括乘客）及財損責任保險**

本保險單對所承保之飛機因所有權關係、維護或在使用中，發生任何事故致任何人之體傷（不包括乘客在內）、疾病或因而導致之死亡或財產損壞、毀滅，依法應由被保險人賠償而受賠償請求時，負賠償之責。

己：**醫藥給付**

本保險單對所承保之飛機，因被保險人之使用，或任何人經其許可使用，發生任何意外事故，致任何人（不包括駕駛員或隨機人員）於乘坐或上下飛機時，遭受體傷、疾病或因而導致而死亡，從事故發生之的一年內所需之醫藥、外科手續、救護車、醫院、職業護士、喪葬等各項費用，負給付之責。

本保險單對承保項目第四、五兩項保險，縱使事故發生時，另有其他有效並可取賠償之醫藥給付保險存在時，仍應負賠償之責。

二、適用於承保範圍甲、乙、丙、及丁

1. 本公司依本保險單條款之規定，對於向被保險人提出任何因體傷、疾病或財物損毀賠償要求或法律訴訟者。不論是否屬於詐欺行為，均應以被保險人名義代為提出抗辯，惟本公司如認為必要或更為合適時得進行調查，協商或逕行和解。

2. 被保險人被提控訴須向法院繳交保證金時，如該項保證金不超過本保險單責任額者，其信用保證保險所需之保費，由本公司負擔之，惟本公司並無責任代被保險人向法院提供保證金。

3. 在進行訴訟時，被保險人應付之費用及利息，由本公司負擔之，惟以不超過本保險應負之責任額為限。

4. 事故發生時，被保險人必須負責支付之緊急醫療及外科救治之費用，由本公司負擔之。

5. 凡因調查整理及抗辯之費用，由本公司負擔之，被保險人因本公司之要求所發生之合理費用，除營利損失外，本公司亦予償還。

上項各種費用，除理賠及解決訴訟之費用外，其餘各項均不包括於本公司應負責任額之內。

三、本保險單所稱指名被保險人（The Named Insured）謂以載明於本保險單者為限。

本保險單承保範圍甲、乙、丙、丁及戊五項中所稱被保險人謂包括指名被保險人及經指名被保險人許可使用飛機之人或經指名被保險人以書面允諾合法負責使用之人或機構。雖本保險單承保責任範圍不限於指名被保險人；但對下列各項不負賠償責任：

1. 關於指名被保險人不論其為個人或機構之受體傷、疾病或因而導致死亡者。

2. 對於被保險人雇用之員工在雇用期中，因維護或因營業上對於承保飛機之使用發生任何事故所致之體傷、疾病或因而導致之死亡。

3. 對任何個人或任何機構或任何代理人及其雇用人員之從事於飛機或引擎或零件之製造者，或從事於飛機修護工廠、飛機場、飛機庫、飛機銷售代理人、飛行學校、飛行俱樂部之工作者，因上述所從事之製造或工作所引致之任何事故。

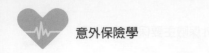

　　4.　對任何人不論其爲個人或兩人同時稟承指示或對租用之駕駛人員之雇用者，除非業經在本保險單載明者。

　　5.　對任何人當發生損失時，另有其他有效並可取得賠償之保險契約存在者。

四、本保險單對於所指名被保險人所有之飛機因其損壞、修理、保養、毀損等原因，而臨時以同類型、馬力相等，座位相同而不屬於被保險人所有飛機代替使用時，所發生之責任仍負賠償之責，惟對該替飛機原主及其代理人或其代理人或雇用人員，則不負任何責任。

五、（一）保險單對於指名被保險人，因獲得本保險單第四項中載明所使用飛機之同一類、馬力相等，座位相同之新飛機，並於其收到該新飛機卅日內通知保險人時，則本保險單對該新飛機自其收到之日起同樣有效。

　　　　1.　如該該飛機，係用以代替本保險單中所載明之飛機時，則其責任應以對原承保飛機之責任爲限。

　　　　2.　如係新增加之飛機，而指名被被保險人所有之飛機，均由本公司承保時，則本保險單對此新增加之飛機，應負之責任以對原承保各飛機之責任爲限。

　　（二）1.　本保險單對所承保責任發生損失時，如指名被保險人另有其他有效並可取得賠償保險存在時，本保險單不負任何賠償責任。

　　　　2.　如新增加飛機收到之日期在本保險單生效日期以前者，財本保險單應負之責任，以本保險單生效之日爲準。

　　指名被保險人應加繳對新增飛機所需之保費。

　　本保險單對新增替用飛機之有效日期，應於被替用飛機收回之日停止。

六、本保險單所承保之飛機如超過二架以上者，則本險單所載明之一切條件，以對每一承保飛機爲限。

除外責任

一、本保險單對被保險人自認應行賠償之責任，不負賠償之責，除非該項責任，在無任何保險契約存在下，仍須由被保險人賠付時，始負賠償責任。

二、本保險單對於所承保之飛機在適航證書有效期間以外之飛行所導致任何責任不負賠償之責。

三、本保險單對所承保之飛機，因使用於不法之目的，或其使用超過飛機適航證書有關之規定，或超過航空飛行手冊，或其與飛機適航證書有關文件核定之飛行限制，或由本保險單第五項中所載明之駕駛員以外人員駕駛（此點不包括領有駕駛執照之駕駛員及技工所為之滑行在內），或由規定之駕駛員駕駛，惟違反有關當局所核發駕駛員執照及健康證書有關之規定所致任何責任，不負賠償之責。

四、本保險單對於所承保之飛機在發生事故時，其載運搭客人數超過本保險單明最高搭客人數者，不負賠償責任。

五、本保險單對於所承保之飛機，由於被保險人"被保險人如為公司或合夥組織時其公司負責人或合夥人"之允諾，在違反民用航空管理規則（Civil Air Regulations）用於表演飛行試驗飛行、修理、保養、檢查、變更或夜間飛行因而導致任何責任，不負賠償之責。

六、本保險單對於所承保之飛機之使用，超過本保險單中所載明之範圍；因導致任何責任時不負賠償之責。

七、本保險單對所承保之飛機，使用於比賽、速度及耐久試驗，企圖打破紀錄、飛行表演、收穫、噴射下種、施肥、狩獵、牧畜等；或與上述之使用有關，除非業經明於本保險單中者，或用於必須經由交通部民用航用局（Civil Aeronautics Authority）或其他有關當局以書面核准之任何飛行，不論是否業經核准，因而導致任何責任，不負賠償之責。

八、本保險單對被保險人雇用員工，在其雇用期間，因事故所致之體傷、疾病或因而導致之死亡，除本保險單另有規定外，不負任何賠償之責。

九、本保險單對於被保險人所有、租用、使用、保管、管理之財產，或由被保險人運送之財產，不負任何賠償之責。

十、本保險單對所承保之飛機，不論直接間接因軍事、海軍、侵略力，在和平及戰事期間，在合法或不合法手段、戰事、侵略、內戰、革命、叛亂、暴動或類似戰爭行為（不論宣戰與否）所致之毀損、滅失或任何責任，不負賠償責任。

定義

　　在飛行中（In Flight）：在保險單所稱在飛行中指飛機向前移動準備昇空時，及在空中時，及降落時之滑行，至於直升機則指螺旋器轉動時。

乘客（Passenger）：本保險單所稱乘客因乘坐飛機飛行而登機或以飛行完畢後由飛機下落之人。

民航管理機構（Civil Aeronautics Authority）：本保險單所稱民航管理機構，指我國交通部民用航空局，及經我政府承認之外國政府民航管理機構。

事故（Occurrence）：本保險單所稱事故，謂係意外事件在本保單有效期間內符合條款之規定下的一連串或重複發生的原因；導致傷害的結果，在同一情況下所發生之損害，視為同一事故。

條款

一、當意外事故發生時，依照本保險單之規定，應由本公司負責賠償時，被保險人應儘速以書面通知本公司之代理人，該項書面通知。應儘可能包括事故發生之時間，地點，事件發生情形，及受傷害人之姓名地址及證人等。

二、被保險人收到申請賠償之要求，或被控訴時應將該項要求，通知或傳票，儘速轉交本公司或本公司之代理人。

三、受傷害人或其代表人，應儘速將申請賠償書面註明，送交本公司或本公司之代表人，並於本公司要求時，協助本公司取得醫治報告或醫治紀錄之抄本，如經本公司之要求，受傷害人應由本公司選定之醫師予以檢查。本公司得以金錢付予受傷害人或任何人任何機構以為其服務之代價，該項金錢給付應於本保險單，對受傷害人應負責任額內予以減除。本條文除適用於保險單承保範圍丙項外，不得作為被保險人或本公司在其他承保範圍項下，允諾履行其責任之支付。

四、被保險人應儘量與本公司合作並予協助，本公司於必要時得請求被保險人協助處理賠案，提供有關證件及法律訴訟時，到場聽審或作證等，被保險人不得拒絕，被保險人除因對受傷害人之緊急救治或外科費用外，不得主動允諾，以其本身以外之費用作為履行責任之賠付，本條文不適用於承保範圍丙項。

五、責任範圍：

　　1.　本保單中載明對承保範圍第一條甲、丙兩項「每一個人」之責任額，為本公司在每一事故中，對每一個人因體傷、疾病或因而導致之死亡所應負的責任額，至本公司對每一「事故」之責任額，即基於上述對每一個人之責任額，如在事故發生時，受傷害之人數超過兩人時，本公司應負對每一個人責任額之總和。

2. 本保險單中載明對承保範圍第一條乙項之責任額，即本公司對任何事故發生所致所有損失應負之責任額。

3. 本保險單中載明對承保範圍第一條丁與戊項之責任額，即本公司對任何事故發生所致所有損失應負之責任額。

4. 本保險單中載明對於己項「每一個人」之責任額，為本公司在任何事故發生時對「每一個人」因體傷、疾病或因而導致之死亡，所應負一切費用之責任額，至本公司對每事故之責任額，即基於上述對「每一個人」之責任額，如在事故發生時受傷害之人數超過兩人時，本公司應負對每一個人責任之總和。

不論本保險單載明被保險人之人數超過一人或以其他方式加批於本保險單時，本公司在每一承保範圍內，對任何或所有被保險人所應負之責任額，以不得超過本保險單中載明者為限。

六、本保險單承保範圍第一條甲、乙、丙、丁、戊五項，必須遵照有關法令之規定；或其他關於飛機之有關法令；或在本保險單有效期間，因所有權關係，修護或使用所發生之責任關係辦理，惟對於不在本保險單承保範圍或超過本保險單責任範圍時不在此限。被保險人同意對本公司不屬於本保險單責任範圍內，而因本條文關係之任何賠付予以償還。

七、本保險單所承保之危險發生時，如被保險人另有其他公司保險存在者，則本保險單對該項損失所應負之責任，以不超過本保險單保金額對總保險金額間之比例為限，惟如在承保範圍第四及第五兩條下，被保險人所使用之替用飛機，或新增購之飛機另有其他有效並可取得賠償之保險單在在時，則本公司仍負賠償之責。但由於要保人或被保險人故意或意圖不當得利而複保險者，本保險契約無效。

八、本保險單除非由本公司批註作為本保險單之一部份外，任何由被保險人對任何代理人有關變更之通知，或任何代理人或其他人士悉之任何變更，均不能更改本保險單任何部份之規定，或認為本公司對本保險單內任何權益之放棄或影響本公司在本保險單內任何權利之主張。

九、本保險單之權利非經本公司同意，並經批註於本保險單外，不論全部或部份均不得轉讓，惟如被保險人於本保險單有效期間內死亡或經法院裁定破產，並經於卅日內以書面通知本公司，則本保險單之權益，除保險契約註銷外，歸於 A 被保險人之法定代理人，或歸於 B 在承保範圍第一條甲、乙、丙、丁、戊五項，或承保範圍第三條規定之暫時保管範圍第一條甲、乙、丙、丁、戊五項，或承保範圍第三條規定之

暫時保管範圍第一條甲、乙、丙、丁、戊五項，或承保範圍第三條規定之暫時保管
飛機之任何人，或在承保範圍第一條己項歸於使用飛機之人，直至被保險人之法定
代理人產生時爲止，惟該項時間，以自被保險人死亡或被宣告破產日起，不超過卅
日為限。

十、保險單得由被保險人以書面通知郵寄或送達本公司註銷之或由本公司於十日前以書
面通知郵寄或送達保險單上列明之被保險人地址註之，該項書面通知上開明之註銷
日期即註銷生效日期。本保險單如因被保險人之請求註銷時，本公司當按短期費率
計算保費，如由本公司註銷時則按日比例計算之，多餘保費由本公司或其代理人以
支票郵寄或交被保險人退還之。

十一、被保險人未能遵守本保險單條款之規定，或事故發生後，被保險人應負賠付之金
額未經法院裁定，或未經被保險人，申請賠償人及本公司共同以書面協議前，不
得向本公司提起法律訴訟，任何個人或機構或其法定代表人，取得法院之裁定或
賠款協議前，不得向本公司提起法律訴訟，任何個人或機構其法定代表人，取得
法院之裁定或賠款協議書者，得以其名義取得本保險單賠償之權利，惟賠款金
額，以不得超過保險金額爲限。

十二、被保險人未能遵守本保險單條款之規定或向本公司申請賠款未及卅日者，不得向
本公司提起法律訴訟，本條文僅適用於承保範圍第一條己項。

十三、被保險人在要保書中申述之詳實，爲本保險單成立之依據。

十四、被保險人對於重要事項之有意隱匿或虛僞申述，不論是否載明於聲明事項中者，
或以詐欺方法以圖謀本保險單內之利益，不論損失發生與否，一經發覺本保險單
即告失效。

飛機場責任保險

第一章　承保範圍

一、本保險單對於被保險人因下列意外事故所致之賠償責任依法應由被保險人負責賠償而受賠償之請求時，本公司對被保險人負賠償責任。

    1.　第三人意外責任險：被保險人或其受僱人在本保險單載明之飛機場內因經營業務之疏忽或過失，或因設置，保養或管理欠缺所發生意外事故，或因供應物品致第三人死亡或受有體傷或第三人財物受有損害，被保險人依法應負之賠償責任。

    2.　代人保管或管理之飛機或航空器材損失責任險：被保險人在保險單載明之飛機場內代人保管或管理之飛機或航空器材因意外事故所致之毀損滅失，被保險人依法應負之賠償責任。

二、本保險單遇有任何一次賠償時，被保險人須先行負擔自負額新臺幣○元正，本公司僅對超過自負額部份之損失負額償之責。

三、依照本保險單之規定，應由本公司負賠償責任時，悉以本保險單所載保險金額各項規定之保險金額為限。其能以較少金額解決者，應依該較少金額賠償之。

四、被保險人因經營業務發生本保險單第一條之意外事故，致被控訴或受賠償請求時，本公司得以被保險人之名義，代為抗辯或進行和解，凡有關賠償請求之訴訟費用及必要開支，事前經由本公司書面允諾者，另行給付之。但被保險人如受刑事控訴時，其具保及訴訟費用概由被保險人自行負擔。

第二章　不保項目

五、適用於一般性者：

    1.　被保險人或其受僱人因體傷或死亡所發生之賠償責任。

    2.　被保險人或其受僱人自用，借用或租用之財物因損害所發生之賠償責任。

    3.　在保險單所載飛機場以外地區所發生之賠償責任。

    4.　因戰爭，類似戰爭（不論宣戰與否）敵人侵略，外敵行為，叛亂，內戰，強力霸佔或被徵用，無論直接或間接所致之賠償責任。

5. 因罷工、暴動、民眾騷擾，不論直接或間接所致之賠償責任。

6. 因颱風、地震、洪水，不論直接或間接所致之賠償責任。

7. 因核子分裂或輻射作用，無論直接或間接所致之賠償責任。

8. 因被保險人或其受僱人執行未經主管機關許可之業務或其他非法行為所發生之賠償責任。

9. 因被保險人或其受僱人之故意或主唆行為所發生之賠償責任。

10. 因被保險人或其受僱人對於任何第三人允諾或要約遇有意外事故所發生之賠償責任。

11. 被保險人或其受僱人於執行業務時，因受酒類或藥劑之影響而發生之賠償責任。

12. 被保險人因經營或兼營非本保險單所載明之業務種類而發生之賠償責任。

六、適用於第一條第 1. 項者：

1. 被保險人或其受僱人代人保管或管理之財物因損害所發生之賠償責任。

2. 被保險人或其受僱人所使用或經其許可之任何人，所使用之動力推進車輛所發生之賠償責任。

3. 被保險人自用，借用或租用之任何船舶或航空器所發生之賠償責任。

4. 因空中集合，空中競賽，空中展覽或表演所發生之賠償責任。

5. 被保險人或其工程承包人因對建築物跑道之興建，拆毀，改建或裝置所發生之賠償責任。

6. 因被保險人或其受僱人製造、改造、修理、買賣或供應之物品所發生之賠償責任，但在飛機場內供應之食品與飲料不在此限。

七、適用第一條第 2. 項者：

1. 衣李、貨物、或商品之毀損或滅失所發生之賠償責任。

2. 被保險人所借用或租用之飛機或航空器材之毀損或滅失所發生之賠償責任。

3. 在飛行中之飛機之毀損或滅失所發生之賠償責任。

第三章　保險單條款

八、本保險單所載「意外事故」係指每一意外事故或在同一項內發生之數個意外事故而言。

九、本保險單所載「每一個人」之保險金額，係指在任何一次意外事故內，對一個體傷或死亡之所負之個別責任而言。如在同一次意外事故內體傷或死亡不只一人時，本公司之保險金額，僅以本保險單所載「每一意外事故之體傷或死亡」之保險金額為限。

十、本保險單所載「每一意外事故財物損害」之保險金額，係指在任何一意外事故內，對所有受損財物所負之責任而言，並包括因而不能使用之損失在內。

十一、本保險單所載「飛行中」係指自飛機從出發地飛機場起飛滑行之時起，及在空中飛行，以至飛抵目的地飛機場降落滑行之時為止。

十二、被保險人對受僱之選任，應盡相當之注意，對營業處之建築物、通道、機器或其他工作物，應定期檢查，隨時注意修護，並對意外事故之發生，應盡一切可能予以防止。

十三、被保險人或其代理人於要保時，如有任何實質上之誤報、漏報或隱匿重要事項時，本公不負賠償責任。

十四、凡有關保單之一切通知，被保險人均應以書面送達本公司。

被保險人繳付保險費時，應以本公司所簽發之正式收據為憑。

本保險單之批改非經本公司簽署不生效力。

十五、本保險單所載被保險有關事項，遇有任何變更，被保險人應於事前通知本公司。

凡未得書面同意前，自上述任何變更發生時起，本公司不負賠償責任。

十六、被保險人發現本保險單規定應負賠償責任之情事發生時，應於四十八小時內以書面通知本公司。

十七、被保險人於知悉有被控訴或請求賠償時應將收到之賠償請求書，法院令文，傳票或訴狀等立即送交公司。

十八、被保險人對於本保險單承保範圍之賠償責任，除必須之急救費用外，非經本公司同意，不得擅自承諾或給付賠款，但被保險人自願負擔者，不在此限。

十九、被保險人對於本保險單承保範圍內之賠償責任，在未取得和解書或法院判決書以前，非經本公司同意，被保險人不得向本公司要求任何賠償。

二十、被保險人或其代理人，對於本保險單請求賠償，如有任何詐欺行為，或提供虛偽報告，或設施詭計情事時，本保險單之效力即告喪失。

二十一、凡本公司依照本保險單之規定應負賠償責任時，如對同一賠償責任訂有其他保險契約，倘重複保險而非出於故意者，本公司對該項賠償責任僅負比例分攤之

責。

但由於要保人或被保險人故意或意圖不當為利而為複保險者，本契約無效。

二十二、本保險單之被保險人不只一人時，本公司對第三人所負最高賠償責任，仍以本保險單所載明之保險金額為限。

二十三、被保險人之任何賠償請求經本公書面拒絕後，倘於二十四個月內不提訴訟，則該賠償請求權即被視為放棄。

二十四、本保險單得隨時由被保險人書面通知取銷之，其未滿期間之保險費，本公司當依短期費率之規定退還，本公司亦得以十五日為期之書面通知，送達被保險人最後所留之住所取銷之，其未滿期間之保險費，本公司依照全年保險費按日數比例退還。

二十五、對於保險單之賠償金額發生爭議時，應交付仲裁，由雙方選定仲裁人一人仲裁之，如雙方不能同意仲裁人一人時，則雙方各以書面選定仲裁人一人共同決定之，該兩仲裁人應於仲裁程序未開始前，預先以書面定第三仲裁人一人，如該兩仲裁人不能同意時，則交付該第三仲裁人決定之，在未得仲裁書前，不得向本公司主張賠償或提出任何權利要求或訴訟。

二十六、被保險人履行或遵守國際法，本國政府之一切有關法令，本保單所載及簽批之條款及任何約定，以及被保險人所繳存要保書中申述之翔實，均為本公司負責賠償之先決要件。

公共意外責任保險基本條款

責任保險共同基本條款

一般事項

一、本保險單共同基本條款、基本條款及附加之特約條款、批單或批註以及本保險契約有關之要保書,均係本保險契約之構成部份。

二、要保人、被保險人或其代理人於要保時,如有任何實質上之誤報、漏報或隱匿重要事項,足以變更或減少本公司對於危險之估計者,本公司得解除保險契約,其危險發生後亦同。

三、被保險人對受僱人之選任,應盡善良管理人之注意。對營業處或施工處所之建築物、通道、設施、機器、電梯或其他工作物,應定期檢查,注意修護,對意外事故之發生,予以防免。

四、要保人應於本保險契約訂立時,向本公司所在地或指定地點交付保險費。交付保險費時應以本公司所掣發之收據爲憑。

五、有關本保險契約之通知事項,除另有特別約定外,被保險人應以書面爲之。本保險契約所記載事項遇有變更,被保險人應於事前通知本公司。上述變更,須經本公司簽批後始生效力。

六、本保險契約得隨時由被保險人以書面通知本公司終止之,其未滿期間之保險費,本公司當依照短期費率之規定返還被保險人。本公司亦得以十五日爲期之書面通知,送達被保險人最後所留之通訊處終止,其未滿期間之保險費,本公司依照全年保險費按日數比例返還被保險人。

七、本保險契約所載「每一個人身體傷亡之保險金額」,係指在任何一次意外事故內對每一個人傷亡個別所負之最高賠償金額而言。如在同一次意外事故內傷亡人數超過一人時,本公司之賠償責任,僅以本保險單所載「每一意外事故傷亡」之保險金額爲限,並仍受「每一個人身體傷亡保險金額」之限制。

八、本保險契約所載「每一意外事故之財物損失之保險金額」,係指在任何一次意外事故內對所有受損之財物所負之最高賠償責任而言。

九、在本保險契約有效期間內賠償請求次數超過一次時,本公司所負之累積最高賠償責任,仍以「保險期間內之最高賠償金額」爲限。

十、依據本保險單之規定，應由本公司對被保險人負賠償責任時，悉以本保險單「保險金額」欄所載之保險金額爲限，若被保險人能以較少金額解決者，本公司以該較少金額賠償之。

十一、被保險人於提出賠償請求時須先行負擔所約定之自負額。本公司僅對超過自負額部份之損失，負賠償之責。

十二、本保險契約之被保險人人數超過一人時，本公司對於第三人所負賠償責任，仍以本保險契約所訂明之保險金額爲限。

一般不保事項

十三、對於下列事故所致之賠償責任，不在本保險單承保範圍之內，本公司不予賠償：

1. 因戰爭、類似戰爭（不論宣戰與否）、敵人侵略、外敵行爲、叛亂、內亂、強力霸佔或被征用所致者。

2. 因核子分裂或輻射作用所致者。

3. 因罷工、暴動、民衆騷擾所致者。

4. 因颱風、地震、洪水及其他天然災變所致者。

5. 因被保險人之故意行爲所致者。

6. 因被保險人經營或兼營非本保險單所載明之業務或執行未經主管機關許可之業務或從事非法行爲所致者。

7. 各種形態之污染所致者。

8. 被保險人因所有或使用或管理飛機、船舶及領有牌照之車輛所致者。

十四、對於下列賠償責任，不在本保險單承保範圍之內，本公司不予賠償：

1. 被保險人以契約或協議所承受之賠償責任。但縱無該項契約或協議存在時仍應由被保險人負賠償責任時，不在此限。

2. 被保險人向人租借、代人保管、管理或控制之財物，受有損失之賠償責任。

3. 被保險人或其受僱人因執行醫師、律師、會計師、建築師或其他專門職業所發生之賠償責任。

4. 於中華民國臺閩地區以外所發生之賠償責任。

理賠事項

十五、因發生本保險契約約定承保之賠償責任時，被保險人應按下列規定辦理：

1. 應於知悉後立即以電話、電報或書面通知本公司。

2. 立即採取必要合理措施以減少損失。

3. 於知悉有被控訴或被請求賠償時，應將收到之賠償請求書、法院令文、傳票或訴狀等影本送交本公司。

4. 本公司認為必要時得要求被保險人提供有關資料及文書證件。

十六、被保險人對於本保險契約約定承保範圍內之賠償責任，應遵守下列約定：

1. 除必須之急救費用外，被保險人就其責任所為之承認、和解或賠償，須經本公司參與或事先同意。但被保險人自願負擔者不在此限。

2. 被保險人於取得和解書或法院確定判決書及有關單據後，得向本公司請求賠償。本公司得經被保險人通知，直接對第三人為賠償金額之給付。

3. 被保險人或其代理人，對於本保險契約請求賠償，如有任何詐欺行為或提供虛偽報告，或設計詭計情事時，本保險契約之效力即告喪失。

4. 對意外事故之發生若另有依法應負賠償責任之第三人時，被保險人不得對該第三人免除責任或拋棄追償權。本公司於賠付後依法行使代位求償權控訴該第三人，被保險人應提供一切資料協助本公司辦理。

十七、被保險人因發生保險契約承保之意外事故，致被控訴或賠償請求時：

1. 本公司得經被保險人之委託，就民事部份以被保險人名義，代為抗辯或進行和解，所生費用由本公司負擔，但應賠償之金額超過保險金額者，由本公司及被保險人依保險金額與超過金額之比例分攤之；被保險人經本公司之要求，仍有到法院應訊並協助覓取有關證據及見證人之義務；被保險人之民事責任與刑事責任有牽連關係或民事賠償責任超過本保險單所載之保險金額者，本公司非經被保險人書面同意，不得捨棄、認諾、撤回或和解。

2. 被保險人因處理民事賠償請求所生之費用及因民事訴訟所生之費用，事前經本公司同意者，由本公司償還之。但應賠償之金額超過保險金額者，其費用由本公司及被保險人依保險金額與超過金額之比例分攤之。

3. 被保險人因刑事責任被控訴時，其具保及因刑事訴訟所生一切費用，由被保險人自行負擔，本公司不負償還之責。

十八、本保險契約承保範圍內之賠償責任，如另有其他保險契約重複承保時，本公司對於該項賠償責任以本保險契約所定保險金額對於全部保險金額之比例爲限。

十九、被保險人履行或遵守本保險契約所載及簽批之條款及任何約定，以及要保人所填交要保書申述契約之詳實，均爲本公司負責賠償之先決條件。

法令之適用

二十、本保險未約定之事項，悉依照中華民國保險法及有關法令規定辦理。

第一章　承保範圍

一、被保險人因在保險期間內發生下列意外事故所致第三人體傷、死亡或第三人財物損害，依法應負賠償責任，而受賠償請求時，本公司對被保險人負賠償之責：

1. 被保險人或受僱人因經營業務之行為在本保單載明之營業處所內發生之意外事故。

2. 被保險人營業處所之建築物、通道、機器或其他工作物所發生之意外事故。

第二章　特別不保事項

二、本公司對下列事項不負賠償之責：

1. 被保險人或其受僱人或其代理人因售出或供應之商品或貨物所發生之賠償責任。

2. 被保險人在經營業務時，因工作而發生之震動或支撐設施薄弱或移動，致第三人之建築物土地或其他財物遭受毀損滅失之賠償責任。

3. 被保襝人之家屬或在執行職務之受僱人發生體傷、死亡或其財物受有損害之賠償責任。

4. 被保險人因所有、使用或管理電梯（包括電扶梯、升降機）所致第三人體傷、死亡或第三人財物毀損滅失之賠償責任。

5. 被保險人為住宅大樓管理單位時，於住戶或承租戶住、居所室內發生意外事故所致體傷、死亡或財物受有損失。

產品責任保險基本條款

第一章　承保範圍

第一條　（承保範圍）

本公司對於被保險人因被保險產品之缺陷在保險期間內或「追溯日」之後發生意外事故，致第三人遭受身體傷害或財物損失，依法應由被保險人負損害賠償責任且在保險期間內受賠償請求時，本公司在保險金額範圍內對被保險人負賠償之責。但本公司對「追溯日」以前已發生之意外事故或被保險人非在保險期間內所受之賠償請求不負賠償責任。

第二條　（自負額）

被保險人對於每一意外事故賠款須先行負擔本保險契約所訂明之自負額，本公司僅對於超過該自負額部份之賠款負賠償之責。

第三條　（賠償金額之限制）

依據本保險契約之規定，應由本公司負賠償責任時，悉以本保險契約「保險金額」欄所載各項約定之保險金額為限。如被保險人能以較少金額解決者，本公司以該較少金額賠償之。

第二章　不保事項

第四條　（除外責任）

本公司對於下列事項不負賠償責任：

一、被保險人以契約或協議所承受之賠償責任。但即使無該項契約或協議存在亦應由被保險人負賠償責任者，不在此限。

二、被保險人以契約或協議向依法應負賠償責任之人拋棄追償權因而不能追償之損失金額。

三、因產品未達預期功能或使用不當或因被保險人或其受僱人提供錯誤之產品所致之賠償責任。

四、被保險產品尚在被保險人或其代理人、經銷商或受僱人之控制或管理時所發生之賠償責任。

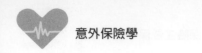

五、被保險產品本身之損失或為檢查、鑑定、修理、清除、拆除、替換、收回該產品所發生之任何費用（包含為收回該產品所需退還之價款）。

六、被保險人或其代理人、經銷商或受僱人於出售或移轉被保險產品之占有於他人時，已知悉該產品已有缺陷，因而所發生之賠償責任。

七、被保險人或其代理人、經銷商或受僱人之故意、刑事不法行為或故意違反正常製作程序所致之賠償責任。

八、因被保險產品所致被保險人所有、管理或控制之財產損失，但受僱人之個人使用財物不在此限。

九、被保險產品若作為其他產品之材料、零件、包裝或觸媒時，致使該其他產品本身之損失。

十、被保險人之受僱人或與被保險人有服務契約關係之人，因執行職務而其身體受有傷害所發生之賠償責任。

十一、在本保險契約「地區限制」欄所載地區以外所發生之意外事故或賠償請求。依本保險契約「準據法限制」欄所載地區以外之法律為準據法之賠償責任。

十二、直接或間接因下列原因所致之賠償責任：

    1. 戰爭、類似戰爭行為、外敵行動（不論宣戰與否）叛亂、內戰、強力霸佔或被征用。

    2. 罷工、暴動、民眾騷擾。

    3. 地震、颱風、洪水及其他氣象上之災變。

    4. 核子反應、核子輻射、及各種形態之污染所致者及為測試、清理、除去、控制或處理前述輻射或污染所致之費用。

    5. 各種罰金、罰鍰、懲罰性賠償金或違約金，但經書面約定加保者不在此限。

    6. 因誹謗、惡意中傷、違反著作權、商標權、專利權所致者。

    7. 被保險產品用作船舶、飛機或其他航空器之零件或材料時。

    8. 被保險產品由被保險人或其代理人交付予買受人已屆滿十年者，但經書面約定加保者不在此限。

    9. 肇因於下列產品或產品中含有下列成份所致者，但經書面加保者不在此限：

        (1) 石綿（Asbestos）

        (2) 多氯聯苯（PCB）

        (3) 尿素甲醛（Urea-Formaldehyde）

(4) 避孕用具或藥品（Contraceptives of any kind）

(5) 乳矽膠填充物（Human implant containing silicon）

(6) 治療亞級性骨髓神經系統之藥品（Subacute Myelo-Optico-Neuropathy ）

(7) 己醯雌酚（Diethylastilbstrol ）

(8) 奧克西欽諾林（Oxychinoline）

(9) 感冒疫苗（Swine flu Vaccin）

(10) 診斷或治療愛滋病（後天免疫不全症候群）之產品

(11) 煙草及其製品（Tobacco and any Tobacco Products）

第三章　一般事項

第五條　（名詞定義）

本保險契約所使用之名詞，其定義如下：

一、「被保險產品」係指經載明於本保險契約，由被保險人設計、生產、飼養、製造、裝配、改裝、分裝、加工、處理、採購、經銷、輸入之產品，包括該產品之包裝及容器。

二、「被保險產品之缺陷」係指被保險產品未達合理之安全期待，具有瑕疵、缺點、或具有不可預料之傷害或毒害性質，足以導致第三人身體傷害或財物損失者。

三、「身體傷害」係指任何人所遭受之體傷、疾病及因而導致之死亡，以下簡稱「體傷」。

四、「財物損失」係指有形財產之毀損或滅失，並包括因而不能使用之損失，以下簡稱「財損」。

五、「每一個人身體傷害」之保險金額，係指任何一次意外事故內對每一個人之身體傷害個別所負之最高賠償限額。

如在同一次意外事故內，傷亡人數超過一人時，本公司之賠償責任，僅以本保險單所載「每一意外事故身體傷害」之保險金額為限，且仍受「每一個人身體傷害」保險金額之限制。

六、「每一意外事故財物損失」之保險金額，係指在同一次意外事故內，對所有財物損失所負最高賠償限額。

七、「一次意外事故」係指第一次在保險契約有效期間內之賠償請求而言，且在第一次賠償請求發生後 12 個月內基於同缺陷所受之賠償請求與第一次之賠償請求均視為同時請求，為一次意外事故。

本公司對每「一次意外事故」若同時發生體傷或財損時，本公司之賠償責任最高僅以本保險契約所載「每一意外事故體傷及財損之保險金額」為限，且仍受其他各分項保險金額之限制。

八、「保險期間內之累計保險金額」係指在本保險契約有效期間內賠償請求不止一次時本公司所負之累積最高賠償限額。

第六條　　（損害之防阻）

被保險人應遵守對於被保險產品產銷有關之法令規定，防阻產品之缺陷，並應採取一切合理必要之安全措施，以防止意外事故之發生。其因而所發生之費用由被保險人自行負擔。

第七條　　（告知義務）

要保人或其代理人於訂立保險契約時，對於所填寫之要保書及本公司之書面詢問，均應據實說明。如有故意隱匿或過失遺漏或為不實之說明，足以變更或減少本公司對於危險之估計者，本公司得解除本保險契約；其危險發生後亦同。但要保人證明危險之發生未基於其說明或未說明之事實時，不在此限。

前項解除契約權，自本公司知其事實或知其不實之日起，經過一個月不行使而消滅。

本公司依前項規定解除本保險契約時，已收之保險費不予退還，倘賠償金額已給付，得請求被保險人退還之。

第八條　　（保險費之計收）

本保險契約之保險費係依據保險期間內預計銷售總金額計算預收。被保險人應於保險期間屆滿後三十日內，將實際銷售總金額以書面通知本公司，以作為計算實際保險費之依據。實際保險費超過預收保險費之差額，應由被保險人補繳之；預收保險費超過實際保險費之差額，由本公司退還被保險人，但本公司應收保險費不得低於本保險契約所載之最低保險費。

第九條　　（產銷文件之保管）

被保險人應保存有關被保險產品產銷之文件、憑證、記錄、序號或批號以便對該產品追蹤管理。本公司認為必要時，得查閱該有關資料。

第十條　（保險契約之通知與變更）

有關本保險契約之通知事項，除另有特別約定外，被保險人應以書面為之。本保險契約所記載事項遇有變更，被保險人應於事前通知本公司。上述變更，需經本公司簽批後始生效力。

第十一條　（保險契約之轉讓）

本保險契約之批改或本保險契約權益之轉讓，均須本公司簽批同意後始生效力。

第十二條　（保險契約之終止）

本保險契約得經被保險人以書面通知而終止之；本公司亦得以十五日為期之書面通知，送達被保險人最近所留之住所終止之。保險契約終止後，被保險人應將保險契約有效期間之實際銷售總金額，以書面通知本公司，以作為計算實際保險費之依據。保險費之退還或加收，比照本保險契約第八條之規定辦理。但保險契約係經被保險人之要求而終止者，實際保險費之計算應依保險有效期間之實際銷售總金額乘以費率及短期費率計算之。惟如被保險人不申報實際銷售金額者，則以全年預收保險費乘以短期費率計算之。

第十三條　（保險契約之失效）

在本保險契約有效期間內，如本公司賠付之金額，已達到本保險契約所載明「保險期間內之累計保險金額」之金額時，本保險契約即告失效。被保險人並應立即將保險單有效期間內之實際銷售總金額，以書面通知本公司，作為計算實際保險費之依據。實際保險費超過預收保險費時，其差額應由被保險人補繳之；但預收保險費超過實際保險費時，其差額不予退還。

第四章　理賠事項

第十四條　（理賠事項）

因發生本保險契約承保範圍內之意外事故時，被保險人應按下列規定辦理：

一、於知悉後應立即通知木公司。

二、立即採取必要合理措施以減少損失。

三、盡可能保留該引起意外事故之被保險產品，隨時接受本公司之勘查與檢驗。

四、於知悉有被起訴或被請求賠償時應將收到之賠償請求書、法院函文、傳票或訴狀影本送交本公司。

五、本公司認為必要時得要求被保險人提供有關資料及文書證件。

第十五條　（參與權及代位求償權）

被保險人對於本保險契約承保範圍內之賠償責任，應遵守下列之約定：

一、被保險人遇有本保險契約承保範圍內之賠償責任時，除必須之急救費用外，被保險人對於第三人就其責任所為之承認、和解或賠償，未經本公司參與者，本公司不受拘束，但經被保險人通知而本公司無正當理由拒絕或遲延參與者，不在此限。

二、被保險人遇有本保險契約承保範圍內之賠償責任時，在未取得法院判決書或依前條規定未經本公司參與達成和解以前，本公司不予賠付，但經本公司同意者或經被保險人通知而本公司無正當理由拒絕或遲延參與和解者，不在此限。

三、對意外事故之發生若另有依法應負賠償責任之第三人時，被保險人不得對該第三人免除責任或拋棄追償權。本公司於賠付後得依法行使代位求償權，被保險人應提供一切資料協助本公司辦理。

第十六條　（複保險）

本保險契約承保範圍內之賠償責任，如另有其他保險契約同時應負賠償責任或重複承保時，不問該契約之訂立係由於被保險人或他人所為，本公司對於該項賠償責任僅按照本保險契約原應賠償金額對全部應賠償總金額之比例為限。

第十七條　（多數被保險人之賠償責任限制）

本保險契約之被保險人不止一人時，本公司對於全體被保險人之賠償責任，仍以本保險契約所訂明之保險金額為限。

第十八條　（抗辯或和解）

因發生本保險契約第一條之意外事故，致被保險人被起訴或受賠償請求時，本公司得經被保險人同意協助抗辯或進行和解，其有關賠償請求之訴訟費用及必要開支，本公司於保險金額範圍內另予以給付。但

一、未經本公司參與之抗辯或和解，其有關賠償請求之訴訟費用及必要開支，本公司不負賠償責任，惟事前經本公司同意者，本公司於保險金額範圍內予以給付。

二、被保險人因刑事責任被起訴時，其具保及因刑事訴訟所生之一切費用，由被保險人自行負擔，本公司不負償還之責。

第五章　其他事項

第十九條　（法令之適用）

　　本保險契約未約定之事項，悉依照保險法及有關法令規定辦理。於本保險契約有效期間內因法令變動而對被保險人較為有利者，變動後之法令，應優先於本保險契約條款而有其適用。

第二十條　（管轄權）

　　因本保險契約涉訟時，約定以要保人或被保險人住所所在地地方法院為管轄法院。

　　但要保人或被保險人之住所在中華民國境外者，則以本公司總公司或臺灣或台北分公司所在地之地方法院為管轄法院。

雇主意外責任保險

第一章　承保範圍

一、被保險人之受僱人在保險期間內因執行職務發生意外事故遭受體傷或死亡，依法應由被保險人負責賠償而受賠償請求時，本公司對被保險人負賠償之責。

本公司依前項對被保險人所負之體傷賠償責任，除本保險單另有約定，以超過勞工保險條例、公務人員保險法或軍人保險條例之給付部份為限。

二、本保險單所稱之「受僱人」係指在一定或不定之期限內，接受被保險人給付之薪津工資而服勞務年滿十五歲之人而言。

第二章　特別不保事項：

三、本公司對下列事項不負賠償之責：

　　1. 受僱人之任何疾病或因疾病所致之死亡。

　　2. 受僱人之故意或非法行為所致本身體傷或死亡。

　　3. 受僱人因受酒類或藥劑之影響所發生之體傷或死亡。

　　4. 被保險人之承包人或轉包人及該承包人或轉包人之受僱人之體傷或死亡，但本保險契約另有約定者不在此限。

　　5. 被保險人依勞動基準法規定之賠償責任。但本保險契約另有約定者不在此限。

營繕承包人公共意外責任保險

第一章　承保範圍

第一條

被保險人或其受僱人於保險期間內在本保險單載明之施工處所內，因執行承包之營繕工程發生意外事故，致第三人體傷、死亡或第三人財物損害，依法應由被保險人負賠償責任而受賠償請求時，本公司對被保險人負賠償之責。

第二章　特別不保事項

第二條

本公司對下列事項不負賠償之責：

一、被保險人、定作人及與承保工程有關廠商或同一施工處所內其他廠商，或上述人員之代理人、受僱人及其居住工地之家屬之體傷、死亡或疾病所致或其所有、管理或使用之財物發生毀損或滅失之賠償責任。但受僱人非在施工處所執行職務且與工程之設計、施工或營建管理無關者不在此限。

二、被保險人所承包之營繕工程於保險期間屆滿前經定作人啓用、接管或驗收後所發生之賠償責任。

前項所稱驗收係指營繕工程之保固或養護期間開始前之驗收。

三、被保險人或其受僱人於執行職務時，因受酒類或藥劑之影響而發生之賠償責任。

四、因震動、土壤擾動、土壤支撐不足、地層移動或擋土失敗，損害土地、道路、建築物或其他財物所致之賠償責任。

五、因損害管線、管路、線路及其有關設施所致之賠償責任。但被保險人證明施工前已取得上述設施位置圖及有關資料，並於施工中已盡相當注意者。為修理或置換受損設施所需費用不在此限。

 意外保險學

高爾夫球員責任保險

第一章　承保範圍

一、因被保險人參加高爾夫球運動發生意外事故致第三人（包括球僮在內）受有體傷或死亡，依法應由被保險人負責賠償時，本公司對被保險人負賠償之責。

二、因被保險人參加高爾夫球運動發生意外事故致第三人之財物（包括高爾夫球俱樂部及球童之財物在內）受有損害，依法應由保險人負責賠償時，本公司對被保險人負賠償責任。

三、被保險人之衣李及高爾夫球具在球場運動期間內置存於高爾夫球場所指定建築物內之保管處所，因火災、雷電、閃擊或竊盜所致之毀損與滅失本公司負賠償責任。

四、被保險人於參加高爾夫球運動時所使用之球桿發生破裂或斷折所致之損失，本公司負賠償責任。

五、因發生本保險單第一條及第二條之意外責任被保險人如被控訴或賠償請求時，本公司得以被保險人之名義代為進行和解或抗辯，凡有關賠償請求之訴訟費用及必要開支事前經本公司書面允諾者得另行給付之，但被保險人如受刑事控訴時其具保及訴訟費用不在此限。

第二章　不保項目

六、適用於一般性者：

因敵人侵略外敵行為、戰爭或類似戰爭之行為（不論宣戰與否）叛亂、內戰、強力霸佔、軍事訓練或演習，無論直接或間接所致之毀損滅失或賠償責任。

因核子分裂、鎔解或輻射作用，無論直接或間接所致之毀損滅失或賠償責任。

因颱風、地震、冰雹、洪水或其他天然災變或氣象上之災變、爆炸、罷工、暴亂或民眾騷擾，無論直接或間接所致之損滅失或賠償責任。

七、適用於第一章第一條者：對被保險人或其家屬或受僱人（球僮除外）因體傷或死亡所發生之賠償責任。

八、適用於第一章第二條者：對被保險人或其家屬或受僱人（球僮除外）自有或租用或代人保管或管理之財物因損害所發生之賠償責任。

九、適用於第一章第三條及第四條者：對被保險高爾夫球具及衣李因疯舊、鼠嚙或蟲蠹或固有瑕疵及非由意外事故所致之損失。

第三章　保險單條款

十、本保險單所載「參加高爾夫球運動發生意外事故」係指被保險人於練習指導或比賽高爾夫球時所發生之意外事故而言。

十一、本保險單所載「每一個人」之保險金額係指在任何一次意外事故內對一個人體傷或死亡所負之個別責任而言。如在同一次意外事故內體傷或死亡不只一人時本公司之賠償責任僅以本保險單所載「每一意外」事故之保險金額爲限。

十二、本保險單所載「每一意外事故」財物損失之保險金額係指在同一次意外事故內所受損失之財物而言，並包括因而不能使用之損失在內。

十三、本保險單所載「衣李」係指被保險人本人所穿著或隨帶之衣物而言，但不包括手錶首飾等貴重物品或硬幣鈔票及有價證券在內。

十四、本保險單所載球具係指被保險人本人所使用者而言。

十五、被保險人之衣李或球具遇有毀損或滅失時，本公司得自由選擇對於其全部或一部加以修理或修復原狀或調換裝配或對於該項毀損或滅失之數額償付現款，但本公司之賠償責任以不超過被保險衣李球具受損部份所受毀損或滅失之實際價值及其合理之裝配費用爲限；且無論如何不得超過本保險單所載該項衣李球具之保險金額或衣李球具在毀損或滅失時之實際價值並以兩者中之較少者爲準。

十六、關於被保險衣李球具因毀損滅失之賠償金額發生爭議時，應交付仲裁由雙方選定仲裁人一人仲裁之，如雙方不能同意仲裁人一人時，則雙方各以書面選定一人由該兩仲裁人決定之，該兩仲裁人應於仲裁程序未開始前預先以書面選定第三仲裁人一人，如該兩仲裁人不能同意時，則交付該第三仲裁人決定之，在未得仲裁書前不得向本公司主張賠償或提出任何權利要求或訴訟。

十七、被保險人於參加高爾夫球運動因意外事故發生本保險單承保範圍第一條及第二條之賠償請求時應在四十八小時內將有關詳細資料以書面通知本公司，如被控訴時應立即將一切有關函件賠償請求書法院令文及傳票或訴狀等立即送交本公司。

十八、被保險人因參加高爾夫球運動致發生對第三人之賠償責任時，在未取得和解書或法院判決書以前，非經本公司同意被保險人不得向本公司要求任何給付。

十九、凡遇有本保險單承保範圍以內之損失時，被保險人應協助本公司處理，除必需之急救費用外，非經本公司同意被保險人不得擅自承認要約允諾或給付賠款，但被保險人自願負擔者不在此限。如有直接涉及訴訟事件經本公司之要求被保險人有應訊並協助覓取有關證據及見證人之義務。

二十、本公司按照本保險單規定給付賠款後得以被保險人之名義代位行使控訴第三人追償本保險單之任何賠款。

　　　本公司行使上項權利時被保險人不得為任何不利於本公司行使此項權利之行為。

二十一、被保險人之衣李及高爾夫球具遭受毀損滅失時被保險人應在四十八小時內以書面通知本公司並提供詳細損失清單。

二十二、被保險人因意外事故所發生本保險單承保範圍內之毀損滅失或賠償責任時，如訂有其他保險契約不問其契約之訂定由於被保險人或他人所為本公司對該項毀損滅失或賠償責任僅負比例分攤之責。

二十三、被保險人或其代理人於要保時如有任何實質上之誤報、漏報或隱匿重要事項時本公司不負賠償責任。被保險人或其代理人對於本保險單請求賠償如有任何欺詐行為或提供虛偽報告或設計詭計情事時本保險單之效力即告喪失。

二十四、凡有關本單險單之一切通知被保險人均應書面送達本公司被保險人繳付保險費時，應以本公司所簽發之正式收據為憑本保險單之批改非經本公司簽署不生效力。

二十五、本保險單之權益不得轉讓。

二十六、本保險單得隨時由被保險人申請取銷之其未滿期間之保險費本公司當依照短期費率之規定退還之。本公司亦得以五日為期之書面通知送達被保險人最後所留之住所取銷之其未滿期間之保險費，本公司應依照全年保險費按日數比例退還。

二十七、被保險人之任何賠償要求經本公司書面拒絕後，倘在廿四個月內未訴諸公斷或提出訴訟則該項賠償請求權即被視為放棄。

二十八、被保險人履行或遵守本保險單所載及簽批之條款及任何約定以及被保險人所繳存要保書中申述之詳實均為本公司負責賠償之先決條件。

二十九、上列第十、十一、十二、十七、十八條適用於承保範圍第一條及第二條第十三、十四、十五、十六、二十三條適用於承保範圍第三條及第四條第十九、二十、二十二、二十三、二十四、二十五、二十六、二十七、二十八條適用於承保範圍一般性者。

特約條款

一、一桿進洞特款

被保險人在本保險單規定之球場參加高爾夫球運動，因「一桿進洞」（Hole in One）而支付任何費用時，被保險人得提供本公司認為必須之證件向本公司申請額外償付，但以不超過新台幣貳萬元為限。

二、球僮特別費用特款

球僮為被保險人服務時，因意外事故受有體傷而支付醫藥費用，被保險人得提供本公司認為必要之證件向本公司申請額外補償，但每次以不超過新台幣伍佰元為限。

三、醫療費用特款

被保險人參加高爾夫球運動發生意外事故而受有體傷時，本公司就其醫療費用負賠償之責，但最高以新台幣伍仟元為限。

醫師業務責任保險

第一章　承保範圍

一、被保險人執行醫師業務，因疏忽或錯誤之診療，直接引致病人體傷或死亡，依法應負賠償責任時，本公司對被保險人負賠償之責。

二、依照本保險單之規定，應由本公司負賠償責任時，悉以本保險單所載保險金額各項規定之保險金額爲限。其能以較少金額解決者，應依該較少金額賠償之。

三、被保險人因執行醫師業務，發生本保險單第一條之事故，致被控訴或受賠償請求時，本公司得以被保險人之名義，代爲抗辯或進行和解。凡有關賠償請求之訴訟費用及必要開支，事前經本公司書面允諾者，另行給付之。但被保險人如受刑事控訴時，其具保之訴訟費用不在此限。

第二章　不保項目

四、被保險人被撤銷醫師資格或被撤銷開業執照或受停業處分而仍繼續執行醫師業務所發生之賠償責任。

五、被保險人由於不正當治療，濫用鴉片、嗎啡等毒劑藥品所發生之賠償責任。

六、被保險人使用放射器材治療所發生之賠償責任。但經本保險單特別承保者不在此限。

七、被保險人因約定治療或包醫之後果發生之賠償責任。

八、被保險人因有醫院、療養院、診所、實驗所或其他事業機構之所有人、合夥人，監督人或經理人之身份所生之賠償責任。

九、被保險人之僱用醫師，因執行醫師業務所發生之賠償責任。

十、在本保險有效期間內，發生本保險單規定應負賠償責之情事，而未爲被保險人在本保險單滿期後六月所發現之賠償責任。

十一、被保險人在本保險單訂立前所發生之賠償責任。

十二、在臺灣省以外地區所發生之賠償責任。

十三、因戰爭、類似戰爭（不論宣戰與否）、敵人侵略、外敵行爲、叛亂、內戰、強力霸佔或被征用，無論直接或間接所致之賠償責任。

十四、因罷工、暴動、民眾騷擾，無論直接或間接所致之賠償責任。

十五、因颱風、地震、洪水，不論直接或間接所致之賠償責任。

十六、因火災、電閃、爆炸所致財物損害之賠償責任。

十七、因核子分裂或輻射作用,無論直接或間接所致之賠償責任。

十八、因被保險人執行未經主管機關許可之業務或其他非法行為所發生之賠償責任。

十九、因被保險人之故意或教唆行為所發生之賠償責任。

二十、因被保險人對於任何第三人允諾或要約遇有意外事故所發生之賠償責任。

二十一、被保險人之受僱人,因執行職務而致死亡或受有體傷所發生之賠償責任。

二十二、被保險人或其受僱人於執行業務時,因受酒類或藥劑之影響而發生之賠償責任。

第三章　一般條款

二十三、被保險人對於其業務不得登載或散佈虛偽誇張之廣告。

二十四、凡遇有本保險單承保範圍內之任何賠償請求或被控訴,非經被保險人同意,本公司不得逕行給付賠款或進行和解。但本公司提供合理金額得予解決賠償請求,不為被保險同意時,本公司之賠償責任,仍以該項金額為限。所有繼續控訴之費用,以及超過該項金額之差額,均由被保險人自行負責。

二十五、被保險人或其代理人於要保時,如有任何實質上之誤報、憑報或隱匿重要事項時,本公司不負賠償責任。

二十六、凡有關本保險單之一切通知,被保險人均應以書面送達本公司。

二十七、本保險單所載被保險有關事項,遇有任何變更,被保險人應於事前通知本公司。凡未得本公司書面同意前,自上述任何變更發生時起,本公司不負賠償責任。

二十八、本保險單所載「每一事故」之保險金額,係指在任何一次事故內對一個或數個體傷或死亡所負之責而言。

二十九、本保險單所載「保險期限內」之保險金額,係指在本保險單有效期間內賠款不祇一次之累計保險金額而言。

三十、被保險人發現本保險單規定應負賠償責任之情事發生時,應於四十八小時內以書面通知本公司。

三十一、被保險人於知悉有被控訴或被請求賠償時,應將收到之賠償請求書、法院令文、傳票或訴狀等立即送交本公司。

意外保險學

三十二、被保險人對於本保險單承保範圍內之賠償責任,除必須之急救費用外,非經本公司同意,不得擅自承諾或給付賠款,但被保險人自願負擔者,不在此限。

三十三、本公司對於本保險單承保圍內之賠償責任,必要時得以被保險人之名義,代位行使抗辯或控訴第三人,追償本公司之損失。

三十四、被保險人對於本保險單承保範圍內之賠償責任,在未取得和解書或法院判決書以前,非經本公司同意,被保險人不得向本公司要求任何賠償。

三十五、被保險或其代理人,對於本保單請求賠償,如有任何欺詐行為或提供虛偽報告、或設施詭計情事時,本保險單之效力即告喪失。

三十六、凡本公司依照本保險單之規定應負賠償責任時,如對同一賠償責任訂有其他保險契約,不問其契約之訂立,係由於被保險人或他人所為,本公司對該項賠償責任僅負比例分攤之責。

三十七、本保險之被保險人不祇一人時,本公司對第三人所負最高賠償責任,仍以本保險所載明之保險金額為限。

三十八、被保險人之任何賠償請求經本公司書面拒絕後,倘於十二個月內不提出訴訟,則該賠償請求權即被視為放棄。

三十九、本保險單權益之轉讓,非經本公司簽批同意不生效力;倘遇被保險死亡、或依法宣告禁治產時,本保險單即行終止,其於未終止前所發生本保險單承保範圍內之賠償責任,本公司對被保險人之法定代理人,予以賠償,其終止後未滿期間之保險費,並依照全年保險費按日數比例退還。

四　十、本保險單得隨時由被保險人取銷之,其未滿期間之保險費,本公司當依照短期費率之規定退還;本公司亦得以十五日為期之書面通知,送達被保險人最後所之住所取銷之,其未滿期間之保險費,本公司依照全年保險費日數比例退還。

四十一、被保險人履行或遵守本保險單所載及簽批之條款及任何約定,以及被保險人所繳存要保書中申述之詳實,均為本公司負責賠償之先決條件。

電梯意外責任保險

第一章　承保範圍

一、被保險人因所有、使用或管理被保險電梯在保險期間內發生意外事故,致乘坐或出入被保險電梯之人體傷、死亡或其隨帶之財物受有損害,依法應負賠償責任,而受賠償請求時,本公司對被保險負賠償之責。

但前項所稱乘坐或出入被保險電梯之人,不包括被保險人或駕駛人在內。

第二章　特別不保事項

二、本公司對下列事項不負賠償之責:

被保險電梯因裝載重量或乘坐人數超過本保險單載明該電梯之負荷量所發生之賠償責任。

被保險電梯發生損壞或故障未經修復或經政府主管機關命令停止使用,而繼續使用發生之賠償責任。

營造綜合保險基本條款

第一章　承保範圍

第　一　條　營造工程財物損失險

本保險契約所載之承保工程在施工處所，於保險期間內，因突發而不可預料之意外事故所致之毀損或滅失，需予修復或重置時，除約定不保事項外，本公司對被保險人負賠償之責。

為營建承保工程所需之施工機具設備或為進行修復所需之拆除清理費用，經約定承保者，本公司亦負賠償責任。

第　二　條　營造工程第三人意外責任險

被保險人在施工處所或毗鄰地區，於保險期間內，因營建本保險契約承保工程發生意外事故，致第三人體傷、死亡或財物受有損害，被保險人依法應負賠償責任而受賠償請求時，除約定不保事項外，本公司對被保險人負賠償之責。

前項賠償責任，其受請求者為定作人時，本公司對定作人仍負賠償之責。但定作人應受本保險單條款之拘束。

被保險人因第一項意外事故，致被起訴或受有賠償請求時，為抗辯或進行和解所需之訴訟費用及必要開支，事先經本公司書面允諾者，本公司另行給付之。但應賠償之金額超過保險金額者，其費用由本公司依保險金額與超過金額之比例分攤。

第　三　條　保險責任之開始與終止

本公司之保險責任，於保險期間內，自承保工程開工或工程材料卸置於施工處所後開始，至啟用、接管或驗收，或保險期間屆滿之日終止，並以其先屆至者為準。倘承保工程之一部分經啟用、接管或驗收，本公司對該部分之保險責任即行終止。

本公司對施工機具設備之保險責任，自其進駐施工處所並安裝完成試驗合格後開始，至運離施工處所或保險期間屆滿之日終止，並以其先屆至者為準。

第 四 條　保險金額

本保險契約承保工程之保險金額應為完成該工程所需之總工程費包括工程材料、組件、施工費用、運費、稅捐及管理費等,並應包含臨時工程之工程費及定作人提供之工程材料費。但經特別約定者不在此限。上述總工程費遇有增減時,被保險人應即以書面通知本公司調整保險金額。總工程費依工程承攬契約或工程計劃得細分計算者,其保險金額應依個別明細項目分別適用。

施工機具設備之保險金額應為其新品重置價格。

第 五 條　部分損失之賠償方式

第一條營造工程財物損失險之保險標的受部分毀損或滅失時,除另有約定外,本公司對以後承保事故所致毀損或滅失之賠償責任,以保險金額扣除已賠償金額之餘額為限。但被保險人得依原費率按日數比例計算加繳保險費後,恢復原保險金額。

第 六 條　自負額

對於任何一次意外事故所致本保險契約承保範圍內之毀損、滅失或賠償責任,被保險人須先行負擔約定之自負額,本公司僅對超過自負額部分負賠償之責。

發生於連續七十二小時內之地震或四十八小時內之颱風,不論次數多寡,均視為一次事故辦理。

第二章　不保事項

第 七 條　共同不保事項

第一條營造工程財物損失險及第二條營造工程第三人意外責任險之承保範圍,不包括直接或間接因下列各項所致之毀損、滅失或賠償責任:

1. 戰爭(不論宣戰與否)、類似戰爭行為、叛亂或強力霸佔等。
2. 罷工、暴動、民眾騷擾。
3. 政治團體或民眾團體之唆使或與之有關人員所為之破壞或惡意行為。
4. 政府或治安當局之命令所為之扣押、沒收、徵用、充公或破壞。

5. 核子反應、核子輻射或放射性污染。

6. 被保險人或其代理人之故意、重大過失。

7. 工程之一部分或全部連續停頓逾三十日曆天。

第 八 條　營造工程財物損失險特別不保事項

第一條營造工程財物損失險之承保範圍不包括下列各項：

1. 任何附帶損失，包括貶值、不能使用、違約金、逾期罰款、罰金以及延滯完工、撤銷合約或不履行合約等之損失。

2. 因工程規劃、設計或規範之錯誤或遺漏所致之毀損或滅失。

3. 因材料、器材之瑕疵、規格不合或工藝品質不良所需之置換修理及改良費用。但因上述原因導致承保工程其他無缺陷部分之意外毀損或滅失，不在此限。

4. 保險標的之腐蝕、氧化、銹垢、變質或其他自然耗損。

5. 文稿、證件、圖說、帳冊、憑證、貨幣及各種有價證券之毀損或滅失。

6. 任何維護或保養費用。

7. 清點或盤存時所發現任何保險標的之失落或短少。

8. 家具、衣李、辦公設備及事務機器之毀損或滅失。

9. 下列財物之毀損或滅失：

    (1) 各型船隻、航空器。

    (2) 領有公路行車執照車輛之毀損或滅失。但在施工處所用作施工機具，經約定並載明於本保險契約者，不在此限。

10. 施工機具設備之機械、電子或電氣性損壞、故障、斷裂、失靈之損失。

第 九 條　營造工程第三人意外責任險特別不保事項

第二條營造工程第三人意外責任險之承保範圍不包括下列各項：

1. 因震動、土壤擾動、土壤支撐不足、地層移動或擋土失敗，損害土地、道路、建築物或其他財物所致之賠償責任。

2. 被保險人、定作人及與承保工程有關廠商或同一施工處所內其他廠商，或上述人員之代理人、受僱人及其居住工地之家屬之體傷、死亡或疾病所致之賠償責任。但受僱人非在施工處所執行職務且與工程之設計、施工或營建管理無關者不在此限。

3. 被保險人、定作人及與承保工程有關廠商或同一施工處所內其他廠商，或上述人員之代理人、受僱人及其居住工地之家屬所有、管理或使用之財物，發生毀損或滅失之賠償責任。但受僱人非在施工處所執行職務且與工程之設計、施工或營建管理無關者不在此限。

4. 因所有、管理或使用下列財物所致之賠償責任：

    (1) 各型船隻、航空器、及其裝載之財物。

    (2) 領有公路行車執照之車輛及其裝載之財物。但車輛經約定投保施工機具並載明本保險契約者，不在此限。

5. 因損害管線、管路、線路及其有關設施所致之賠償責任。但被保險人證明施工前已取得上述設施位置圖及有關資料，並於施工中已盡相當注意者，為修理或置換受損設施所需費用不在此限。

6. 被保險人以契約或協議所承受之賠償責任。但縱無該項契約或協議存在，依法仍應由被保險人負賠償責任者，不在此限。

第三章　理賠事項

第 十 條　保險事故通知與應履行義務

遇有任何意外事故，導致本保險契約承保範圍內之賠償請求時，被保險人應按下列約定辦理：

1. 獲悉後立即通知本公司，並於七日內以書面將損失情形通知本公司。

2. 立即採取必要合理措施，以減少損失至最低程度。

3. 保留受損財物，隨時接受本公司指派人員之勘查。

4. 提供本公司所要求之有關資料及文書證件。

5. 竊盜所致之損失應立即通知治安機關。

6. 非經本公司書面同意，不得擅自承認、要約、允諾或給付賠償。但於承保範圍內，經被保險人合理期間內通知，而本公司無正當理由拒絕或遲延參與者不在此限。

7. 於被起訴或被請求賠償時，應將賠償請求書、法院令文、傳票或訴狀之影本送交本公司。

被保險人不依前項第 1.、2. 款約定辦理者，其因而擴大之損失本公司不負賠償責任。

第 十一 條　營造工程財物損失險之賠償限額

第一條營造工程財物損失險之保險標的因保險事故所致之毀損或滅失，本公司得選擇以現金給付、修復或置換等方式，依下列約定對被保險人予以賠償。但每一次意外事故任一保險標的之賠償金額以不超過其保險金額為限：

1. 可修復者，以修復保險標的至毀損瞬間前之狀況實際所需費用為限，並應扣減殘餘物之價格。所謂修復保險標的至毀損瞬間前之狀況，係指在合理及可能範圍內與該標的原狀相似或類似而言，並非與原狀絲毫無異；不能修復者或雖可修復但修復費用超過保險標的在毀損瞬間前之實際價值者，以其實際價值為限，並應扣減殘餘物之價格。

2. 倘施工機具設備之損耗費、使用費或租金等已包含於總工程費中，本公司依受損承保工程所需分攤該項金額賠付之；施工機具未經載明於本保險契約而為第一條第二項之保險標的者，不論其費用是否載明於工程承攬契約或工程計劃中，本公司對該施工機具之毀損或滅失不負賠償之責。

3. 被保險人為避免或減輕損害之必要合理費用由本公司視實際情況補償之。但補償金額與損失金額合計超過受損部分保險金額時，以保險金額為限。承保項目達二項（含）以上時，應逐項適用；每一次事故訂有賠償限額者，本公司之賠償責任合計不超過該限額。

4. 被保險人不得放棄任何保險標的而以全損請求賠償。

5. 任何修改或變更所增加之費用，本公司不負賠償之責。

6. 臨時修復倘為正式修復之一部分者，在不增加正式修復費用之情況下，其所需費用本公司亦負賠償之責。

7. 任何額外費用如空運費、加急運費、趕工費、加班費等本公司不負賠償之責，但經特別約定並載明於本保險契約者，不在此限。

8. 受損標的未經修復完妥，逕行使用所發生之毀損或滅失，本公司不負賠償之責。

第 十二 條　營造工程第三人意外責任險之賠償之限額

依據第二條營造工程第三人意外責任險之約定，應由本公司對被保險人負賠償責任時，悉以本保險契約所載之保險金額為最高限額。

遇有第三人意外責任險之賠償責任發生，本公司經被保險人委託就民事部分以被保險人名義代為抗辯或進行和解，被保險人應全力協助之，其所需費用由本公司負擔。但應賠償之金額超過保險金額者，本公司對該費用依保險金額與賠償金額之比例分攤之。

第 十三 條　代位求償權

對保險事故之發生若另有依法應負賠償責任之第三人時，被保險人不得對該第三人免除責任或拋棄追償權。

本公司於賠付後得依法向該第三人行使代位求償權，被保險人應提供一切資料並協助本公司辦理，所需費用由本公司負擔。

第 十四 條　複保險或其他保險之分攤

本保險契約承保範圍內之毀損、滅失或賠償責任，倘另有其他保險契約承保同一危險事故時，本公司僅以保險金額為準負比例賠償之責。

第 十五 條　不足額保險之分攤

第一條營造工程財物損失險保險標的之保險金額低於本保險契約第四條約定之金額時，其差額視為被保險人所自保，遇有承保範圍內之毀損或滅失，本公司僅負比例賠償之責。倘保險金額得細分者應逐項分別適用。

第 十六 條　仲裁

對於本保險契約條文之解釋或賠案之處理存有爭議時，得經被保險人及本公司同意後交付仲裁。仲裁時，其程序及費用依商務仲裁條例及相關法規規定辦理。

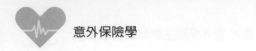

第四章　一般事項

第 十七 條　名詞定義

本保險契約所使用之名詞其定義如下：

1. 承保工程

   工程承攬契約或工程計劃所載明施作之永久性結構物、工作物、工作或臨時工程。

2. 施工處所

   承保工程所坐落之地點。

3. 施工機具設備

   工程施工所使用之機械、設備、器具、支撐物、模型及其附屬配件。

4. 拆除清理費用

   承保工程發生承保範圍內之毀損或滅失，需進行修理或置換時，為拆除運棄毀損殘餘物、外來物或未受損承保工程所發生之費用。

5. 驗收

   承保工程之全部或一部分業經完成，並經定作人或其主管機關檢驗合格。但非指工程契約約定之養護（保固）期間、保證期間、試營運期間或瑕疵修補期限屆滿後之最終驗收。

6. 臨時工程

   為建造或安裝永久性結構物、工作物或工作所使用之輔助性工程，並得於該永久性工程部分或全部完成後廢棄、拆除或移作他用者。

7. 新品重置價格

   在意外事故發生之時、地重新置換與保險標的同一廠牌、型式、規格、性能或相類似機具設備所需之新品價格，該項價格並應包含機具設備之運費、關稅、安裝費用及其他必要費用。

8. 天災

   係指颱風、暴風、洪水、漲水、雨水、閃電、雷擊、地震、火山爆發、海嘯、浪潮、土崩、岩崩、地陷等天然災變。

9. 實際價值

新品重置價格扣減折舊後之金額。

第 十八 條　損害防阻義務

被保險人應遵守有關法令規定，依照工程設計、規範及有關規定事項施工，並採取一切合理必要之安全措施防範意外事故發生，其所需費用由被保險人自行負擔。

第 十九 條　保險標的之查勘權

本公司得派員勘查施工處所，並調查保險標的及其有關之一切文件資料及圖說。

第 二十 條　危險變更之通知

凡有任何變更足以增加本保險契約承保事故發生之危險者，被保險人應於知悉後內十日內以書面通知本公司，必要時本公司得變更承保範圍或調整保險費或終止保險契約。

第二十一條　保險契約之終止

本保險契約得經被保險人書面要求而終止之；本公司亦得終止本保險契約，惟應於十五日前以書面通知被保險人。本保險契約由被保險人請求終止時，本公司得扣除已到期及已發生損失部分之保險費及為本保險實際支出之查勘及管理費用，將保險費之餘額返還被保險人；由本公司要求終止者，尚未到期且未發生損失部分之保險費，由本公司按未到期日數比例返還被保險人。

第二十二條　保險契約之解除

要保人或被保險人或其代理人於訂立本保險契約時，對於所填寫之要保書及本公司之書面詢問均應據實說明。如有故意隱匿或過失遺漏或為不實說明，足以變更或減少本公司對於危險之估計者，本公司得解除契約，其已收之保險費不予退還。但要保人證明危險之發生未基於其說明或未說明之事實時，不在此限。

第二十三條　法令之適用

本保險契約未約定事項悉依照保險法令及有關法令規定辦理。

安裝工程綜合保險基本條款

第一章　承保範圍

第 一 條　安裝工程財物損失險

本保險契約所載之安裝工程在施工處所，於保險期間內，因突發而不可預料之意外事故所致之毀損或滅失，需予修復或重置時，除約定不保事項外，本公司對被保險人負賠償之責。

承保工程所需之施工機具設備或為進行修復所需之拆除清理費用，經約定承保者，本公司亦負賠償責任。

第 二 條　安裝工程第三人意外責任險

被保險人在施工處所或毗鄰地區，於保險期間內，因安裝本保險契約承保工程發生意外事故，致第三人體傷、死亡或財物受有損害，被保險人依法應負賠償責任而受賠償請求時，除約定不保事項外，本公司對被保險人負賠償之責。

前項賠償責任，其受請求者為定作人時，本公司對定作人仍負賠償之責。但定作人應受本保險契約條款之拘束。

被保險人因上述意外事故，致被起訴或受有賠償請求時，為抗辯或進行和解所需之訴訟費用及必要開支，事先經本公司書面允諾者，本公司另行給付之。但應賠償之金額超過保險金額者，其費用由本公司及被保險人依保險金額與應賠償金額之比例分攤。

第 三 條　名詞定義

本保險契約所使用之名詞其定義如下：

1. 安裝工程

    工程承攬契約或工程計劃所載明施作之永久性結構物、工作物、工作或臨時工程。

2. 施工處所

    承保工程所坐落之地點。

3.　施工機具設備

工程施工所使用之機械、設備、器具、支撐物、模型及其附屬配件。

4.　拆除清理費用

承保工程發生承保範圍內之毀損或滅失，需進行修理或置換時，為拆除運棄毀損殘餘物、外來物或未受損承保工程所發生之費用。

5.　驗收

承保工程之全部或一部分業經完成，並經定作人或其主管機關檢驗合格。但非指工程契約約定之養護（保固）期間、保證期間、試營運期間或瑕疵修補期限屆滿後之最終驗收。

6.　臨時工程

為建造或安裝永久性結構物、工作物或工作所使用之輔助性工程，並得於該永久性工程部分或全部完成後廢棄、拆除或移作他用者。

7.　**新品重置價格**

在意外事故發生之時、地重新置換與保險標的同一廠牌、型式、規格、性能或相類似機具設備所需之新品價格，該項價格並應包含機具設備之運費、關稅、安裝費用及其他必要費用。

8.　**天災**

係指颱風、暴風、洪水、漲水、雨水、閃電、雷擊、地震、火山爆發、海嘯、浪潮、土崩、岩崩、地陷等天然災變。

9.　**實際價值**

新品重置價格扣減折舊後之金額。

第　四　條　保險責任之開始與終止

本公司之保險責任，於保險期間內，自承保工程開工或工程材料卸置在施工處所後開始，至啟用、接管、驗收或第一次試車或負荷試驗完畢或保險期間屆滿之日終止，並以其先屆至者為準。前述**試車或負荷試驗之期間概以三十天為限**，被保險人並應於第一次試車或負荷試驗開始前以書面通知本公司。倘承保工程之一部分經啟用、接管或驗收，本公司對該部分之保險責任即行終止。保險標的倘非全新者，一經開始試車或負荷試驗，本公司之保險責任即告終止。

意外保險學

本公司對施工機具設備之保險責任，於保險期間內，自其進駐施工處所並安裝完成試驗合格後開始，至運離施工處所或保險期間屆滿之日終止，並以其先屆至者為準。

第 五 條 保險金額

本保險契約承保工程之保險金額應為完成該工程所需之總工程費，包括工程材料、組件、施工費用、運費、稅捐、管理費及其他費用等，並應包含臨時工程之工程費及定作人提供之工程材料費。上述總工程費遇有增減時，被保險人應即以書面通知本公司調整保險金額。總工程費依工程承攬契約或工程計劃得細分計算者，其保險金額應依個別明細項目分別適用。

施工機具設備之保險金額除經另行約定者外，應為其新品重置價格。

第 六 條 部分損失之賠償方式

第一條安裝工程財物損失險之保險標的受部分毀損或滅失時，除另有約定外，本公司對以後承保事故所致毀損或滅失之賠償責任，以保險金額扣除已賠償金額之餘額為限，但被保險人得依原費率按日數比例計算加繳保險費後，恢復原保險金額。

第 七 條 自負額

對於任何一次意外事故所致本保險契約承保範圍內之毀損、滅失或賠償責任，被保險人須先行負擔約定之自負額，本公司僅對超過自負額部分負賠償之責。

發生於連續七十二小時內之地震或四十八小時內之颱風，不論次數多寡，均視為一次事故辦理。

第二章　不保事項

第 八 條 共同不保事項

第一條安裝工程財物損失險及第二條安裝工程第三人意外責任險之承保範圍，不包括直接或間接因下列各項所致之毀損、滅失或賠償責任：

1. 戰爭（不論宣戰與否）、類似戰爭行為、叛亂或強力霸占等。

2. 罷工、暴動、民眾騷擾。

3. 政治團體或民眾團體之唆使或與之有關人員所為之破壞或惡意行為。

4. 政府或治安當局之命令所為之扣押、沒收、徵用、充公或破壞。

5. 核子反應、核子輻射或放射性污染。

6. 被保險人或其代理人或經理人之故意、重大過失。

7. 工程之一部分或全部連續停頓逾三十日曆天。

第　九　條　安裝工程財物損失險特別不保事項

第一條安裝工程財物損失險之承保範圍不包括下列各項：

1. 任何附帶損失，包括貶值、不能使用、喪失品質保證或瑕疵擔保、違約金、逾期罰款、罰金以及延滯完工、撤消合約、或不履行合約等之損失。

2. 因工程規劃、設計或規範之錯誤或遺漏所致之毀損或滅失。

3. 因材料、器材之瑕疵、規格不合或工藝品質不良所需之置換修理及改良費用及因上述原因所致之毀損或滅失。

4. 保險標的之腐蝕、氧化、銹垢、變質或其他自然耗損。

5. 文稿、證件、圖說、帳冊、憑證、貨幣及各種有價證券之毀損或滅失。

6. 任何維護或保養費用。

7. 清點或盤存時所發現任何保險標的之失落或短少。

8. 家具、衣李、辦公設備及事務機器之毀損或滅失。

9. 下列財物之毀損或滅失：

   (1) 船隻、航空器。

   (2) 領有公路行車執照車輛。但在施工處所用作施工機具設備，經約定並載明於本保險契約者，不在此限。

10. 施工機具設備之機械、電子或電氣性損壞、故障、斷裂、失靈之損失。

第　十　條　安裝工程第三人意外責任險特別不保事項

二條安裝工程第三人意外責任險之承保範圍不包括下列各項：

1. 因震動、土壤擾動、土壤支撐不足、地層移動或擋土失敗，損害土地、道路、建築物或其他財物所致之賠償責任。

2. 被保險人、定作人及與承保工程有關廠商或同一施工處所內其他廠商，或上述人員之代理人、受僱人及其居住工地之家屬之體傷、死亡或疾病所致之賠償責任。但受僱人非在施工處所執行職務且與工程之設計、安裝或營建管理無關者，不在此限。

3. 被保險人、定作人及與承保工程有關廠商或同一施工處所內其他廠商，或上述人員之代理人、受僱人及其居住工地之家屬所有、管理或使用之財物，發生毀損或滅失之賠償責任。但受僱人非在施工處所執行職務且與工程之設計、安裝或營建管理無關者，不在此限。

4. 因所有、管理或使用下列財物所致之賠償責任：

   (1) 各型船隻、航空器及其裝載之財物。

   (2) 領有公路行車執照之車輛及其裝載之財物。但車輛經約定投保施工機具並載明於本保險契約者，不在此限。

5. 因損害管線、管路、線路及其有關設施所致之賠償責任。但被保險人證明施工前已取得上述設施位置圖及有關資料，並於施工中已盡相當注意者，為修理或置換受損設施所需費用不在此限。

6. 被保險人以契約或協議所承受之賠償責任。但縱無該項契約或協議存在，依法仍應由被保險人負賠償責任者，不在此限。

第三章　理賠事項

第 十一 條　保險事故通知與應履行義務

　　　　　　遇有任何意外事故，導致本保險契約承保範圍內之賠償請求時，被保險人應按下列約定辦理：

1. 獲悉後立即通知本公司，並於七日內以書面將損失情形通知本公司。

2. 立即採取必要合理措施，以減少損失至最低程度。

3. 保留受損財物，隨時接受本公司指派人員之勘查。

4. 提供本公司所要求之有關資料及文書證件。

5. 竊盜所致之損失應立即通知治安機關。

6. 非經本公司書面同意，不得擅自承認、要約、允諾或給付賠償。但於承保範圍內，經被保險人合理期間內通知，而本公司無正當理由拒絕或遲延參與者，不在此限。

7. 於被起訴或被請求賠償時，應將賠償請求書、法院令文、傳票或訴狀之影本送交本公司。

被保險人不依前項第 1.、2. 款約定辦理者，其因而擴大之損失本公司不負賠償責任。

第 十二 條　安裝工程財物損失險之賠償限額

第一條安裝工程財物損失險之保險標的因保險事故所致之毀損或滅失，本公司得選擇以現金給付、修復或置換等方式，依下列約定對被保險人予以賠償。但每一次意外事故任一保險標的之賠償金額以不超過其保險金額為限：

1. 可修復者，以修復保險標的至毀損瞬間前之狀況實際所需費用為限，並應扣減殘餘物之價格；所謂修復保險標的至毀損瞬間前之狀況，係指在合理及可能範圍內與該標的原狀相似或類似而言，並非與原狀絲毫無異。不能修復者或雖可修復但修復費用超過保險標的在毀損瞬間前之實際價值者，以其實際價值為限，並應扣減殘餘物之價格。

2. 倘施工機具設備之損耗費、使用費或租金等已包含於總工程費中，本公司依受損承保工程所需分攤該項金額賠付之；施工機具設備未經載明於本保險契約而為第一條第二項之保險標的者，不論其費用是否載明於工程承攬契約或工程計劃中，本公司對其毀損或滅失不負賠償之責。

3. 被保險人不得放棄任何保險標的而以全損請求賠償。

4. 任何修改或變更所增加之費用，本公司不負賠償之責。

5. 臨時修復倘為正式修復之一部分者，在不增加正式修復費用之情況下，其所需費用本公司亦負賠償之責。

6. 任何額外費用如空運費、加急運費、趕工費、加班費等本公司不負賠償之責。但經特別約定並載明於本保險契約者，不在此限。

7. 受損標的未經修復完妥，逕行使用所發生之毀損或滅失，本公司不負賠償之責。

第 十三 條　安裝工程第三人意外責任險之賠償限額

依據第二條安裝工程第三人意外責任險之約定，應由本公司對被保險人負賠償責任時，悉以本保險契約所載之保險金額為最高限額。

遇有第三人意外責任險之賠償責任發生，本公司得經被保險人委託就民事部分以被保險人名義，代為抗辯或進行和解，被保險人應全力協助之，其所需費用由本公司負擔。但應賠償之金額超過保險金額者，其費用由本公司及被保險人依與應賠償金額之比例分攤之。

第 十四 條　代位求償權

對保險事故之發生若另有依法應負賠償責任之第三人時，被保險人不得對該第三人免除責任或拋棄追償權。本公司於賠付後得依法向該第三人行使代位求償權，被保險人應提供一切資料並協助本公司辦理，所需費用由本公司負擔。

第 十五 條　複保險或其他保險之分攤

本保險契約承保範圍內之毀損、滅失或賠償責任，倘另有其他保險契約承保同一危險事故，本公司僅以保險金額為準負比例賠償之責。

第 十六 條　不足額保險之分攤

第一條安裝工程財物損失險保險標的之保險金額低於本保險契約第五條約定之金額時，其差額視為被保險人所自保，遇有承保範圍內之毀損或滅失，本公司僅負比例賠償之責。倘保險金額得細分者應逐項分別適用。

第 十七 條　仲裁

對於本保險契約條文之解釋或應賠償之處理存有爭議時，得經被保險人及本公司同意後交付仲裁。仲裁時，其程序及費用依仲裁法及相關法規規定辦理。

第四章　一般事項

第 十八 條　損害防阻義務

被保險人應遵守有關法令規定，依照工程設計、規範及有關規定事項施工，並採取一切合理必要之安全措施，保護承保工程，防範意外事故發生，其所需費用由被保險人自行負擔。

第 十九 條　保險標的之查勘權

本公司得派員勘查施工處所，並調查保險標的及其有關之一切文件資料及圖說，對因而知悉之被保險人業務上秘密，本公司負保密責任。

第 二十 條　危險變更之通知

凡有任何變更足以增加本保險契約承保事故發生之危險者，被保險人應於知悉後十日內以書面通知本公司，必要時本公司得變更承保範圍或調整保險費或終止保險契約。

第二十一條　保險契約之終止

本保險契約得經被保險人書面要求而終止之；本公司亦得終止本保險契約，惟應於十五日前以書面通知被保險人。

本保險契約由被保險人請求終止時，本公司得扣除已到期及已發生損失部分之保險費及為本保險實際支出之查勘及管理費用，將保險費之餘額返還被保險人；由本公司要求終止者，尚未到期且未發生損失部分之保險費，由本公司按未到期日數比例返還被保險人。

第二十二條　被保險人之告知義務

要保人或被保險人或其代理人於訂立本保險契約時，對於所填寫之要保書及本公司之書面詢問均應據實說明。如有故意隱匿或過失遺漏或為不實說明，足以變更或減少本公司對於危險之估計者，本公司得解除契約，其已收之保險費不予退還。但要保人證明危險之發生未基於其說明或未說明之事實時，不在此限。

第二十三條　法令之適用

本保險契約未約定事項悉依照保險法令及有關法令之規定辦理。

營建機具綜合保險基本條款

第一章　承保範圍

一、機具綜合損失險

本保險單所載之保險標的物在本保險單所載處所，於保險期間內，因突發而不可預料之意外事故所致之毀損或滅失，除本保險單載明除外不保事項外，本公司對被保險人負賠償之責。

二、第三人意外責任險

被保險人在本保險單所載處所，於保險期間內，因被保險標的物之所有、使用、維護及保管，發生突發而不可預料之意外事故，致第三人死亡或受有體傷或第三人財物受有損害，依法應負賠償責任，而受賠償請求時，除本保險單載明不保事項外，本公司對被保險人負賠償之責。

被保險人因上述意外事故，致被控訴或受有賠償請求時，為抗辯或進行和解所需之訴訟費用及必要開支，事先經本公司書面允諾者，本公司另行給付之。

三、本保險單第一條保險標的物之保險金額，除另有約定者外，應為該標的物之重置價格。所謂重置價格係指重新置換與該標的物同一廠牌、型式、規格、性能、或相類似機具之新品價格。該項價格應包括購置新品之出廠價格、運費、關稅、安裝費用及其他必要費用。

四、本保險單所載自負額係指任何一次意外事故所致本保險單承保範圍內之毀損或滅失或賠償責任，被保險人須先行負擔之金額，本公司僅對超過自負額部份負賠償責任。地震在連續七十二小時內發生一次以上時，視同一次事故。

第二章　不保事項

五、本保險單第一條及第二條之承保範圍均不包括直接或間接因下列原因所致之毀損或滅失或賠償責任：

1. 戰爭（不論宣戰與否）、類似戰爭行為、叛亂或強力霸佔等。
2. 罷工、暴動、民眾騷擾。
3. 政治團體或民眾團體之唆使或與之有關人員所為之破壞或惡意行為。

4. 政府或治安當局命令所為之扣押、沒收、徵用、充公或破壞。

5. 核子反應、核子輻射或放射性污染。

6. 被保險人或其代理人之故意或重大過失。

六、本保險單第一條之承保範圍不包括下列各項：

1. 保險標的物機械性或電氣性損壞、故障、斷裂、失靈，及因冷卻劑或其他流體凍結、潤滑不良、缺油或缺冷卻劑等直接所致之毀損或滅失。

2. 可替換之零件或配件如鑽、錐、刀具或其他切割之刀面、鋸條、模具、壓磨面或壓碎面、篩、皮帶、繩索、鋼纜、鏈條、輸送帶、電池、輪胎、電線、電纜、軟管、按期更換之接頭或襯墊等之毀損或滅失，但與本體同時所受之毀損或滅失不在此限。

3. 燃料、觸媒、冷卻劑及潤滑油料之毀損或滅失。

4. 因鍋爐或壓力容器內部蒸氣或流體壓力發生爆炸及內燃機爆炸所致之毀損或滅失。

5. 要保人或被保險人或其受僱人故意或重大疏忽將被保險標的置於臨海地區，任由海潮侵蝕所致之毀損或滅失。

6. 除經特別約定載明於本保險單者外，保險標的物於運輸中所發生之毀損或滅失。

7. 保險標的物之磨損、腐蝕、氧化、銹垢、鍋垢、變質及其他耗損。

8. 保險標的物從事任何試驗或與保險單所載工作項目無關之使用時發生之毀損或滅失。

9. 除經特別約定載明於本保險單者外，保險標的物使用於地面之下，或載浮於水上時所發生之毀損或滅失。

10. 要保人、被保險人或其受僱人明知或可得而知保險標的物之瑕疵、缺陷或其所致之毀損或滅失。

11. 保險標的物製造或供應廠商依法或依約應負責賠償之毀損或滅失。

12. 任何維護或保養費用。

13. 清點或盤存時或例行檢修時發現之損失。

14. 任何附帶損失，包括貶值、不能使用、違約金、罰鍰、延滯完工、撤消合約、或不履行合約等之損失。

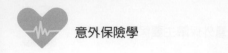

七、本保險單第二條之承保範圍不包括下列各項：

1. 被保險人、或與保險標的物所從事之工作有關廠商，或上述人員之代理人或受僱人之體傷、死亡或疾病。

2. 被保險人或與保險標的物所從事之工作有關廠商，或上述人員之代理人、受僱人或家屬所有、保管、管理或使用之財物，發生毀損或滅失之賠償責任。

3. 因損害管線、管路、線路或其有關設備所致之任何附帶損失。

4. 被保險人對第三人允諾或要約所增加之賠償責任。

5. 保險標的物因其本身及其裝載物之重量或震動所致橋樑、道路或計量臺之毀損或滅失。

6. 除經特別約定載明於本保險單者外，因下列原因損害第三人土地、建築物、設施或其他財物所致之賠償責任：

    (1) 土地下陷、隆起、移動、震動或土砂崩坍陷落。

    (2) 地層軟弱或土砂流動。

    (3) 地下水增加或減少。

    (4) 基礎擋土或支撐設施之薄弱或移動。

第三章　理賠事項

八、遇有任何意外事故，可能導致本保險單承保範圍內之賠償請求時，被保險人應按下列規定辦理：

1. 獲知後立即以電話、電報或書面將損失情形通知本公司，並於七日內以書面將詳細情形通知本公司。

2. 立即採取必要合理措施，以減少損失至最低程度。

3. 保留受損及可能受損之保險標的物，隨時接受本公司指派人員之勘查。

4. 提供本公司所要求之有關資料及文書證件。

5. 竊盜所致之損失，立即通知治安機關。

6. 非經本公司書面同意，不得擅自承認、要約、允諾或給付賠償，或拋棄對第三人之追償權。

7. 於被控訴或被請求賠償而收受法院公文、傳票、訴狀或賠償請求書等文件時，立即通知本公司。

九、遇有本保險單第一條之任何毀損或滅失時，本公司得選擇以現金給付、修理或置換
　　等方式，對被保險人予以賠償。

　　本公司之賠償金額依下列爲準，但每一次意外事故任一保險標的物之賠償金額以不
　　超過其保險金額爲限：

   1.　可修復者：以修復保險標的物至毀損瞬間前之狀況實際所需費用爲限，並應扣
　　　　減殘餘物之價格。所謂修復保險標的物至毀損瞬間前之狀況，係指在合理及可
　　　　能範圍內與該標的物原狀相似或類似而言，並非與原狀絲毫無異。倘必須置換
　　　　之材料、零件或配件，市面無法購得時，得以其他廠牌代替之。

   2.　不能修復者或前款之修復費用超過保險標的物在毀損瞬間前之實際價値者，以
　　　　該實際價値爲限，並應扣減殘餘物之價格。所謂實際價値係按重置價格扣減折
　　　　舊後之金額。

　　被保險人不得放棄任何保險標的物而以全損請求賠償。

　　任何修改或變更所增加之費用，本公司不負賠償之責。

　　臨時修復倘爲正式修復之一部份者，在不增加正式修復費用之情況下，其所需費用
　　本公司亦負賠償之責。

　　任何額外費用如空運費、加急運費、趕工費、加班費等本公司不負賠償之責，但經
　　特別約定，載明於本保險單者不在此限。

　　受損標的物未經修復完妥，逕行使用所發生之毀損或滅失，本公司不負賠償之責。

十、本保險單所載「每一個人體傷或死亡」之保險金額係指任何一次意外事故，本公司
　　對每一個人體傷或死亡所負之最高賠償金額而言，如在同一意外事故內，體傷或死
　　亡不只一人時，本公司之賠償責任，以本保險單所載「每一事故體傷或死亡」之保
　　險金額爲限。本保險單所載「每一事故財物損害」之保險金額係指在任何一次意外
　　事故，本公司對所有受損財物之最高賠償金額而言。

　　本保險單所載「保險期間內最高責任」之保險金額，係指在本保險契約有效期間內
　　賠款不止一次時，本公司對第三人意外責任險之累積最高賠償金額而言。

十一、遇有本保險單第二條規定之賠償責任發生時，本公司應以被保險人名義，對任何
　　　訴訟或賠償請求，行使全權代理之權。被保險人應全力協助之，其所需費用由本
　　　公司負擔，但本公司已同意給付本保險單所載賠償金額者，不在此限。

十二、本公司於履行賠償責任後，得就賠償金額代位行使被保險人對負有賠償責任之第
　　　三人之追償權。本公司行使前項權利之必要或合理行爲，被保險人均應協助本公

司辦理，所需費用由本公司負擔。

十三、本保險單承保範圍內之毀損或滅失或賠償責任，倘另有其他保險契約承保同一危險事故，本公司僅負比例賠償之責。

十四、本保險單第一條保險標的物之保險金額低於本保險單第三條規定之金額時，其差額視爲被保險人所自保，遇有承保範圍內之毀損或滅失，本公司僅依比例負賠償之責。

十五、被保險人於提出賠償請求時，倘有欺詐行爲或提供虛僞報告情事，本公司不負賠償責任。

十六、本公司與被保險人對於損失金額發生爭議時，得交付仲裁，仲裁時由雙方以書面選定仲裁人一人爲之，如雙方不能同意同一仲裁人時，應以書面各選定仲裁人一人共同仲裁之，該二仲裁人應於仲裁開始前，預先以書面選定無利害關係之第三仲裁人一人，在該二仲裁人不能獲致協議時，由第三仲裁人仲裁之。前項仲裁人，經一方選定後以書面催告他方於十五日以內選定，他方不於期限內選定者，由一方選定之仲裁人仲裁之。

仲裁程序由仲裁人或第三仲裁人決定之。

仲裁費用各自負擔，第三仲裁人費用，雙方平均負擔之。

仲裁人或第三仲裁人如有死亡或不能履行其任務者，應由原選任人另行選定仲裁人仲裁之。

第四章　一般事項

十七、被保險人履行或遵守本保險單所載及簽批之條款，爲本公司負責賠償之先決條件。

十八、被保險人應遵守法令規定及製造廠商之裝配使用規範，採取一切必要合理之安全措施，保持保險標的物之有效使用狀況以防止意外事故之發生，其所需費用由被保險人自行負擔。

十九、本公司得隨時派員勘查保險標的物，被保險人應提供本公司所要求之任何有關資料及文書證件。

二十、凡有任何變更足以增加本保險單所承保之保險事故發生之危險者，被保險人應立即採取必要之安全防範措施以保障保險標的物之安全，並於知悉後十日內以書面通知本公司，必要時本公司得變更承保範圍或調整保險費。

二十一、 要保人於訂立本保險契約時，對所填之要保書及本公司之書面詢問，均應據實說明，如故意隱匿或因過失遺漏或為不實之說明，足以變更或減少本公司對於危險之估計者，本公司得解除契約，倘賠款已給付時，得請求被保險人返還之。

二十二、 要保人或被保險人故意或意圖不當之利益，對於保險標的物為複保險者，本保險契約無效。

二十三、 本保險契約得經被保險人書面要求而終止之。

本公司亦得終止本保險契約，惟應於十五日以前以書面通知被保險人。本保險契約由被保險人請求終止時，本公司得按短期費率扣減已到期保險費，將保險費之餘額返還被保險人。

本保險契約由本公司要求終止者，未到期部份之保險費，本公司按日數比例返還被保險人。

二十四、 本保險單之任何變更，未經本公司簽批不生效力。

二十五、 本保險契約未規定事項悉依照保險法令及有關法令之規定辦理。

鍋爐保險基本條款

第一章　承保範圍

一、保險標的因本保險承保之鍋爐或壓力容器於正常操作中發生爆炸或壓潰所致之毀損或滅失。本公司對被保險人負賠償責任。

二、保險標的因第一條所載之意外事故，致第三人受有體傷、或死亡、或第三人之財物受有毀損或滅失，依法應由被保險人負賠償責任，而受賠償之請求時，本公司對被保險人負賠償責任。

三、定義：

1. 鍋爐：鍋爐係指任何可供燃燒之密閉容器或兼指容器連代管線系統產生壓力蒸氣者，本保險承保之鍋爐包括配件、固定過熱器及節熱器。但蒸氣或給水管線或分開之節熱器除外。

2. 容器：容器係指任何非供燃燒之密閉容器，具有蒸氣或空氣壓力者。

3. 爆炸：爆炸係指鍋爐、容器及配件因受內部蒸氣或液體壓力所致形體之突然與劇烈改變、外表破裂、內部散出。前項爆炸包括鍋爐因爐膛或煙道氣體之災然與意外燃燒壓力所致之毀損。

4. 壓潰：壓潰係指鍋爐或容器及配件因受外部蒸氣或液體壓力所致形體之災然與危險彎曲變形，不論外表有無破裂。但任何原因所致之緩慢變形除外。

   煙道氣體爆炸：按照前述「爆炸」之定義，本保險對保險標的因爐膛或煙道氣體燃燒爆炸直接所致之毀損（因火災所致者除外）負賠償責任。

第二章　不保項目

四、本保險之承保範圍，不包括下列各項直接或間接所致毀損滅失或賠償責任：

1. 戰爭（不論宣戰與否）、類似戰爭行為、叛亂或強力霸佔等。

2. 罷工、暴動、民眾騷擾，但得經特別約定承保之。

3. 政治團體或民眾團體之唆使或與之有關人員所為之破壞或惡意行為。

4. 政府或治安當局之命令所為扣押、沒收、徵用、充公或破壞。

5. 核子反應、輻射或放射性污染。

6. 被保險人或其代理人之故意、重大過失或違法行為。

五、 本保險第一章第一條之承保範圍，不包括下列各項毀損滅失或賠償責任：

    1. 凡保險標的因滲漏、腐蝕、或燃料作用致物料磨損或耗損，零件起槽或破裂、自然耗損、裂痕、起泡、疊層及裂隙等瑕疵，蒸氣或給水管接頭之破裂或衰退，管件受熱膨出及變形，鑄鐵製造部份開裂。但上述瑕疵，破裂或衰退、膨出及變形因爆炸或壓潰所致者除外。

    2. 鍋爐、過熱器及節熱器內個別管件之衰退，但爆炸或壓潰所致者除外。

    3. 因工作停止所致之損失。

    4. 因任何試驗所致之毀損，但試驗壓力未超過檢查單位所准許之最高壓力者除外。

    5. 直接或間接因火災、閃電、雷擊、拋擲或墜落物、偷竊、颱風、洪水、地震、火山爆發、土地坍塌陷落及其他自然災變所致之毀損。

    6. 本保險契約簽訂時，要保人或被保險人知保險標的已發生本保險約定危險事故之毀損者。

六、 本保險第一章第二條之承保範圍，不包括下列各項毀損滅失或賠償責任：

    1. 被保險人及其受僱人或家屬因爆炸或壓潰所致之體傷或死亡所發生之賠償責任。

    2. 被保險人自有、代人保管或管理之財物因爆炸或壓潰引起之火災，或任何原因所致之毀損，但得經特別約定承保之。

    3. 被保險人對第三人允諾或要約所增加之賠償責任。

第三章　一般事項

七、 被保險人履行或遵守本保險契約所載及簽批之條款及任何約定，為本公司負責賠償之先決條件。

八、 保險標的遇有任何變更或危險程度增加，或使用燃料變更，被保險人應立即以書面通知本公司，必要時本公司得解除契約或調整保險費。危險程度增加不由於被保險人之行為所致者，被保險人亦應於知悉後十日內通知本公司。被保險人不為前述通知時，本保險契約之效力即行停止。

九、 被保險人應採取一切合理措施使保險標的保持有效使用狀況，並保證不使任何部份過量負荷，被保險人應遵守政府及檢查單位所頒一切有關操作保險標的之法令規章。

意外保險學

十、本公司得隨時派員查勘保險標的，並調閱一切有關文件資料及圖說，本公司應將查勘報告副本送被保險人，保險人及被保險人均有代為守密之義務。

十一、倘遇任何意外事故可能導致本保險契約承保範圍內之賠償請求時，被保險人應按下列規定辦理：

1. 立即以電話或電報通知本公司，並應於七日內將詳情以書面送達本公司。

2. 立即採取一切必要措施以減少損失至最低程度。

3. 保留受損及可能受損之財物及現場，隨時接受本公司之查勘。

4. 非經本公司書面同意，不得擅自承認、要約、允諾或給付賠償金。

5. 於被控訴或被請求賠償時，應將收受之法院令文、傳票、訴狀或賠償請求書等，立即送交本公司。

6. 協助本公司並提供本公司所要求之資料及文書證件。

十二、保險標的遇有本保險條款第一章第一條之任何毀損或滅失時，本公司之賠償金額以本保險契約所載該項保險標的之保險金額為限，並依下列為準：

1. 可修復者：以修復保險標的至損失發生當時之狀況所需之費用為限，並應扣減殘餘物之價格。

2. 全損者：以保險標的在損失發生當時之實際價格為限，並應扣減殘餘物之價格。

上述第一款之修復費用超過其實際價格時，以全損論並依第 2. 款之規定辦理。

本條所稱修復保險標的至其損失發生當時之狀況，係指在合理及可能範圍內與該標的原狀相似或類似而言，並非指與原狀絲毫無異。被保險人自行修理所發生之任何費用，非經事先書面約定者，本公司不負賠償之責任。

十三、本保險單所載「每一個人體傷或死亡」之保險金額，係指任何一次意外事故，本公司對一個人體傷或死亡所負之最高責任金額而言，如在同一次意外事故內，體傷或死亡不只一人時，本公司之賠償責任，僅以本保險單所載「每一事故體傷或死亡」之保險金額為限。本保險單所載，「每一事故財損」之保險金額，係指在同一次意外事故內，本公司對所有財物損害之最高責任額而言。本保險單所載「保險期間內最高責任」之保險金額，係指在本保險契約有效期間內賠款金額而言。遇有本保險單條款第一章第二條之賠償責任發生，本公司得以被保險人名義，對任何訴訟或賠償請求行使全權代理之權。被保險人應全力協助之，其所需費用由本公司負擔。

十四、不論在任何訴訟或其他程序中，倘本公司主張任何毀損滅失或賠償責任不屬於本保險契約承保範圍時，對該項毀損滅失或賠償責任確屬本保險契約承保範圍之舉證責任屬於被保險人。

十五、被保險人或其代理人於訂立保險契約時，對所填之要保書及本公司之書面詢問，均應據實說明。如有故意隱匿，或因過失遺漏，或為不實之說明，足以變更減少本公司對危險之估計者，本公司得解除保險契約。如於請求賠償時，有詐欺行為或提供虛偽報告情事，被保險人之賠償請求權即告喪失。

十六、本保險契約承保範圍內賠款，本公司於給付後依法行使代位求償權時，其訴訟及其他程序所需費用由本公司負擔，要保人及被保險人不得有任何不利於本公司行使該項權利之行為。

十七、本保險契約承保範圍內之毀損滅失或賠償責任，倘另有其他保險契約承保時，不論該保險契約賠償與否，本公司僅負比例賠償之責。

十八、本保險契約，得隨時經被保險人要求而終止之。本公司亦得隨時終止本保險契約，惟應於十五日前通知被保險人。本保險契約由被保險人請求終止者，已到期部份之保險費，本公司當依照短期費率之規定計收，將保險費餘額退還被保險人。本保險契約由本公司終止者，未到期部份之保險費，本公司按日數比例計算退還被保險人。

十九、本公司與被保險人對於損失金額發生爭議時，得交付仲裁。仲裁時，由雙方以書面選定仲裁人一人仲裁之。如雙方不能同意同一仲裁人時，應以書面各選定仲裁人一人共同仲裁之。該二仲裁人並應於仲裁開始前，預先以書面選定無利害關係之第三仲裁人一人，在二仲裁人不能獲致協議時，交付第三仲裁人仲裁之。

前項仲裁人之產生，經一方選定後以書面催告他方於十五日內選定，他方不於期限內選定者，由一方選定之仲裁人仲裁之。關於仲裁程序由仲裁人或第三仲裁人決定之。仲裁費用、各自負擔，第三仲裁人費用，雙方平均負擔之。被保險人如有死亡，並不影響仲裁人或第三仲裁人之職權，仲裁人或第三仲裁人如有死亡，或不能履行其任務者，應由原選任人另行選定他仲裁人為之。前項仲裁人及第三仲裁人應為與雙方無利害關係並具有經驗之合格工程人員。

二十、本保險契約未規定事項悉依照保險法令之規定辦理。

意外保險學

茲特約定：

一、被保險人應確實遵守本保險單第九條之規定，並保證不使任何部份過量負荷，倘被保險人或其代理人使保險標的物之操作負荷超過政府檢驗主管機構或法定代理檢驗機構所核定之許可最高工作壓力時，本保險即視為無效。

二、本保險單所載各承保標的物之保險金額應為該標的物投保時之重置價格。所謂重置價格乃重新置換與其同一廠牌、型武、性能之新鍋爐或壓力容器之價格，包括出廠價格、運費、關稅、安裝費用及其他相關費用。倘本保險單所載該保險標的物之保險金額低於上述重置價格時，其差額視為被保險人所自保，遇有承保範圍內之毀損或滅失時，本公司僅依比例負賠償之責。

三、本保險契約承保範圍內之任何一次損失，被保險人均須先行負擔本保險單所載之自負額，本公司僅對超過自負額部份負賠償之責；若同一次意外事故受損鍋爐或壓力容器不止一項時，被保險人應逐項分別負擔其自負額。

四、本保險單承保之保險標的物發生承保範圍內之毀損或滅失，需予修復或重置時，被保險鍋爐或壓力容器獲有政府檢查單位或政府授權代檢單位發給之有效檢查合格證，為本公司賠償之先決條件。但在保險期間內，發生意外事故係於檢查證有效期限屆滿後三個月之內，且被保險人已按規定申請複檢而能提出有效書面證明者（不包括複檢不合格而禁止使用者），本公司仍負賠償之責。

本特約條款倘與本保單抵觸時，悉依本特約條款之約定辦理。

401 重置價格特約條款

茲特約定：

本保險單承保標的物之保險金額應為該標的物之重置價格。所謂重置價格係指重新置換與該標的物同一廠牌、型式、規格、性能或相類似之新品價格，包括出廠價格、運費、關稅、安裝費用及其他必要費用。

倘本保險單所載保險標的物之保險金額低於上述重置價格時，其差額視為被保險人所自保，遇有承保範圍內之毀損或滅失，本公司僅依比例負賠償責任。

本特約條款適用於鍋爐損失保險。

402 自負額特約條款

茲特約定：

本保險單承保範圍內之任何一次損失，被保險人均須先行負擔本保險單所載之自負額，本公司僅對超過自負額部份負賠償責任；若同一次意外事故受損鍋爐或壓力容器不只一項並分別訂有自負額時，被保險人應逐項分別負擔其自負額。

本特約條款適用於鍋爐損失保險及第三人意外責任保險。

403 鍋爐檢查特約條款

茲特約定：

一、本保險單承保之保險標的物發生承保範圍內之毀損或滅失，需予修復或重置時，被保險鍋爐或壓力容器獲有政府檢查單位或政府授權代檢單位發給之有效檢查合格證，為本公司賠償之先決條件。

二、倘檢查合格證有效期限屆滿三個月內，被保險人已按規定申請複檢而能提出書面證明時，則該標的物在保險期間內發生承保範圍內之毀損或滅失，本公司仍負賠償責任。

三、保險標的物倘經複檢不合格而禁止使用者，本保險效力即行停止，俟修復完妥並再經檢查合格後，即恢復保險效力。

本特約條款適用於鍋爐損失保險。

404 鄰近財物特約條款

茲特約定：

本保險單承保之鍋爐或壓力容器發生本保險單第一條承保範圍內之意外事故直接所致被保險人自有、代人保管或管理財物之毀損或滅失，本公司亦負賠償責任，但每一次意外事故之賠償金額以新台幣○元為限。

本特約條款適用於鍋爐損失保險。

機械保險基本條款

第一章　承保範圍

一、保險標的物在本保險單所載處所於保險期間內，因下列原因發生不可預料及突發之事故，所致之損失，需予修理或重置時，本公司對被保險人負賠償之責：

    1.　設計不當。

    2.　材料、材質或尺度之缺陷。

    3.　製造、裝配或安裝之缺陷。

    4.　操作不良，疏忽或怠工。

    5.　鍋爐缺水。

    6.　物理性爆炸、電器短路、電弧或因離心作用造成之撕裂。

    7.　不屬本保險契約特別載明為不保事項之任何其他原因。

二、對本保險契約承保範圍內之任何一次損失，被保險人均需先負擔本保險單所載之自負額，本公司僅對超過自負額部份負賠償之責；但同一次意外事故受損機械不只一項時，被保險人所應負擔之自負額，應以該次事故受損機械中，各項機械自負額中最高者為準，並不逐項扣除。

三、本保險契約對在保險單所載之處所內之保險標的物，不論是否為使用中或為清理、修理、檢查或移動而所為之拆卸、搬動及重新裝配與安裝過程中之機械均可適用，但均限於已安裝完工經試車或負荷試驗合格並經正式操作者為限。

四、本保險單承保標的物之保險金額，應為標的物之重置價格。所謂重置價格乃重新置換與保險標的物同一廠牌、型式、規格、性能或相類似型式、規格、性能之新機械設備之價格；該項價格應包括出廠價格、運費、關稅、安裝費用及其他必要費用。

第二章　不保事項

五、本公司對下列事項不負賠償責任：

    1.　直接因閃電、直接或間接因火災、撲滅火災、或因上述原因所需之清理或拆除費用、化學性爆炸（但鍋爐爐膛內之氣體爆炸除外）、煙燻、積灰、積垢、竊盜或土崩、岩崩、地陷、洪水泛濫、淹水、地震、火山爆發、海嘯、海潮、各種風暴（如：旋風、颶風、颱風等）等天然災害及各型舟車、航空器之碰撞等

所引起之損失。

2. 皮帶、繩索、金屬線、鍊條、橡皮輪胎、模具或可替換之工具、蝕刻之滾筒、玻璃製品、陶瓷器、襯墊、油毛氈、篩、編織物及各種工作媒質（如潤滑油、燃料、觸媒劑）等之損失。

3. 直接或間接因下列原因所致之損失：

   (1) 戰爭（不論宣戰與否）、類似戰爭行為、叛亂或強力霸佔。

   (2) 罷工、暴動、民眾騷擾。

   (3) 政治團體或民眾團體之唆使或與之有關人員所為之破壞或惡意行為。

   (4) 政府或治安當局命令所為之扣押、沒收、徵用、充公或破壞。

   (5) 核子反應、核子輻射或放射性污染。

4. 保險標的物於本保險契約生效前已有而為被保險人或各該保險標的物之主管人員已知悉或應知之缺陷或瑕疵（不論本公司知悉與否）所致之損失。

5. 被保險人或其代表人之故意、重大過失或違法行為所致之損失。

6. 機械供應廠商或製造廠商依法或依合約規定應負責賠償之損失。

7. 保險標的物之磨損、孔蝕、沖蝕、腐蝕、銹蝕、鍋垢及其他耗損。

8. 保險事故發生後之任何附帶損失或責任。

在任何訴訟或仲裁程序中，被保險人對保險事故主張不屬於本條第 3. 項至第 6. 項所規定之不保事項時應負舉證之責任。

第三章　理賠事項

六、倘遇任何意外事故，可能導致本保險契約承保範圍內之賠償請求時，被保險人應按下列規定辦理：

1. 應於知悉後立即以電話、電報、或書面將損失情形通知本公司，並於七日內以書面將詳細情形通知本公司。

2. 立即採取一切必要合理措施以減少損失至最低程度。

3. 保留受損及可能受損之標的物，隨時接受本公司之勘查。

4. 本公司認有必要時得要求被保險人提供有關資料及文書證件，其費用由被保險人負擔。

七、保險標的物遇有本保險單承保範圍內之損失時，本公司之賠償責任，應依下列規定辦理，但無論如何應不超過本保險單所載各該項保險標的物之保險金額：

    1.   可修復者：以修復保險標的物至損失發生當時之狀況所需之費用爲限，並應扣減殘餘物之價格。

          上述修復費用得包括因修復所需之拆除費用、裝配費用、搬運至修理廠之正常往返運費。

          毀損倘係由被保險人自行修復時，本公司對所需材料及工資負賠償責任，並得負擔合理之管理費用。

    2.   不能修復者或上述第 1. 款之修理費用超過保險標的物在損失發生時之實際價格者，以其實際價值爲限，並得另行賠償合理之拆除費用，惟應扣減殘餘物之價格。

    所謂實際價值係按重置價格減除適當之折舊後之價格。

    本條所稱修復保險標的物至損失發生當時之狀況，係指在合理及可能範圍內與該標的物的原狀相似或類似而言，並非與原狀絲毫無異。

    如必需置換之零件或配件，市面上無法購得時，本公司得以其他廠牌零件更換之。

    臨時修理倘爲正式修復之一部份者，在不增加正式修理費用之情況下，其所需費用本公司亦負賠償責任。

    任何修改或變更所增加之費用，本公司不負賠償之責。

    任何額外費用如空運費、加急運費、趕工費、加班費等本公司不負賠償之責，但經特別約定並載明於保險單者不在此限。

    受損標的物未經修復完妥，逕行使用所發生之損失，本公司不負賠償之責。

八、本保險契約承保範圍內之損失，本公司得選擇以現金給付、修理或置換等方式對被保險人予以賠償。本公司於保險期間內對於任一保險標的物之累積賠償金額，以不超過該項保險標的物之保險金額爲限。保險期間內本保險單累積賠償金額，亦以不超過總保險金額爲限。

九、本公司於履行本保險契約之賠款責任後，得就賠償或修理或置換所需費用，對保險標的物負有損失賠償責任之第三人行使代位求償權。

    本公司行使前項權利之必要或合理行爲，被保險人均應同意，所需費用由本公司負擔。

十、 本保險契約承保範圍內之損失，倘另有其他保險契約承保同一危險事故時，不論該契約賠償與否，本公司僅負比例賠償之責。

十一、 保險標的物之保險金額低於本保險單第一章第四條規定之重置價格時，其差額視為被保險人所自保，遇有承保範圍內之損失時本公司僅依比例負賠償之責。

十二、 本公司與被保險人對於損失金額發生爭議時得交付仲裁，仲裁由雙方以書面選定仲裁人一人為之，如雙方不能同意同一仲裁人時，應以書面各選定仲裁人一人共同仲裁之，該二仲裁人並應於仲裁開始前預先以書面選定無利害關係之第三仲裁人一人，在二仲裁人不能獲致協議時，由第三仲裁人仲裁之。

前項仲裁人，經一方選定後以書面催告他方於十五日以內選定，他方不於期限內選定者，由一方選定之仲裁人仲裁之。關於仲裁程序由仲裁人或第三仲裁人決定之。

仲裁費用各自負擔，第三仲裁人費用，雙方平均負擔之。

仲裁人或第三仲裁人如有死亡，或不能履行其任務者，應由原選任人另行選定他仲裁人仲裁之。

第四章　一般事項

十三、 被保險人履行或遵守本保險單所載及簽批之事項暨任何約定，為本公司負責賠償之先決條件。

十四、 被保險人應遵守法令規定及製造廠商之裝配使用規範，採取一切合理必要之安全措施，其所需費用由被保險人自行負擔，保持保險標的物之有效使用狀況，以防止意外事故之發生。

十五、 本公司得隨時派員勘查保險標的物，被保險人應提供本公司要求之任何有關資料及文書證件。

十六、 凡有任何變更，足以增加本保險契約所承保事故之危險者，被保險人應立即採取必要之安全防範措施以保障保險標的物之安全，並於知悉後十日內以書面通知本公司，必要時本公司得變更承保範圍或調整保險費。

十七、 要保人或其代理人於訂立保險契約時，對所填之要保書及本公司之書面詢問，均應據實說明。如有故意隱匿或因過失遺漏，不陳述其所知之事實或為不實之說明，足以變更或減少本公司對於危險之估計者，本公司得解除契約，倘賠償金已給付時，得請求被保險人退還之。

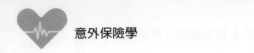

十八、本保險契約，得經被保險人要求而終止之。

　　　　本公司亦得終止本保險契約，惟應於十五日前以書面通知被保險人。本保險契約由被保險人請求終止時，本公司得按短期費率扣除已到期之保險費，將保險費餘額退還被保險人；本保險契約由本公司要求終止者，未到期部份之保險費，本公司按日數比例計算退還被保險人。

十九、本保險單之任何變更，非經本公司簽批不生效力。

二十、本保險契約權利之轉讓，除因被保險人死亡或破產，並由其法定繼承人或破產管理人於九十天以內通知本公司者外，非經本公司簽批不生效力。

二十一、由本保險契約所生之權利，自得為請求之日起，經過二年不行使而消滅。

二十二、本保險契約未規定事項悉依照保險法及有關法令之規定辦理。

電子設備保險基本條款

第一章 承保範圍

第一條 電子設備損失險

本保險契約所載之電子設備在所載處所，於保險期間內，因突發而不可預料之意外事故所致之毀損或滅失，除約定不保事項外，本公司對被保險人負賠償之責。

第二條 電腦外在資料儲存體損失險

本保險契約所載電子設備中之電腦外在資料儲存體，在所載處所，於保險期間內，因第一條電子設備損失險之承保事故所致之毀損或滅失，需予置換或其儲存資料需予重製時，除約定不保事項外，本公司對被保險人負賠償之責。

第三條 電腦額外費用險

本保險契約承保電子設備中之電腦設備，於保險期間內，因第一條電子設備損失險之承保事故，受有毀損或滅失致作業全部或部分中斷，為繼續作業使用非本保險契約承保之替代設備所增加之租金、人事費及材料運費，除約定不保事項外，本公司對被保險人負賠償之責。

第四條 保險金額

第一條電子設備損失險保險標的物之保險金額應為其新品重置價格。所謂新品重置價格係指重新置換與該標的物同一廠牌、型式、規格、性能或相類似設備所需之新品價格。該項價格並應包含設備之運費、關稅、安裝費用及其他必要費用。

第二條電腦外在資料儲存體損失險保險標的物之保險金額應為其重新置換及重製資料所需費用。

第三條電腦額外費用險之保險金額應為使用與受損電子設備中之電腦規格功能相同或類似之替代品，於十二個月期間所需之租金、人事費及材料運費，並應依本保險契約所載每日及每月保險金額計算之。

第五條部分損失之賠償方式發生本保險契約承保事故時，除另有約定外，本公司對以後之毀損滅失或費用，以保險金額扣除已賠償金額後之餘額為限，對被保險人負賠償之責。但被保險人得依原費率按日數比例計算加繳保險費後，恢復原保險金額。

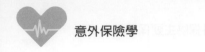

第六條　保險效力

本公司之保險責任於保險期間內，自保險標的物安裝完成，經測試合格後開始，至保險期間屆滿之日止，並包括保險標的物因進行清理或檢修所為之拆卸、重新安裝及於原裝置處所內搬移過程中發生之承保事故。

第七條　自負額

對於任何一次意外事故所致本保險契約承保範圍內之損失，被保險人須先行負擔約定之自負額，本公司僅對超過自負額部分負賠償之責。

第二章　不保事項

第八條　共同不保事項

第一條電子設備損失險、第二條電腦外在資料儲存體損失險及第三條電腦額外費用險之承保範圍，均不包括直接或間接因下列事項所致之毀損滅失或所生費用：

1. 戰爭（不論宣戰與否）、類似戰爭行為、叛亂或強力霸占等。
2. 罷工、暴動、民眾騷擾。
3. 政治團體或民眾團體之唆使或與之有關人員所為之破壞或惡意行為。
4. 政府或治安當局命令所為之扣押、沒收、徵用、充公或毀壞。
5. 核子反應、核子輻射或放射性污染。
6. 被保險人或其代理人之故意、重大過失。

第九條　電子設備及電腦外在資料儲存體損失險之共同不保事項

一、第一條電子設備損失險及第二條電腦外在資料儲存體損失險因下列事項所致之毀損滅失或所生費用，本公司不負賠償之責：

1. 直接或間接因氣體、給水或電力供應不正常或中斷所致之毀損或滅失。
2. 保險標的物之磨損、腐蝕、氧化、鏽垢、變質及自然耗損。
3. 保險標的物未發生毀損滅失，為排除一般作業障礙所生之費用。
4. 電腦病毒。
5. 任何維護保養之費用及其置換之零件。
6. 保險標的物製造商或供應商依法或依約應負責賠償之毀損或滅失。
7. 租借之保險標的物，其所有人依法或依約應負責賠償之毀損或滅失。
8. 任何性質之附帶損失及賠償責任。

9. 消耗性或需定期更換之零組件之毀損或滅失。但與本體同時受損者，不在此限。

10. 保險標的物外觀上之瑕疵，如脫漆、刮痕、褪色等。但與本體同時受損者，不在此限。

二、第一條電子設備損失險及第二條電腦外在資料儲存體損失險因下列事項所致之毀損滅失或所生費用，除經本公司書面同意加保者外，本公司不負賠償之責：

1. 直接或間接因颱風、洪水、地震、火山爆發或海嘯所致之毀損或滅失。

2. 保險標的物置存於地下室或低於地面處所，因淹水或漲水所致之毀損或滅失。

3. 直接或間接因竊盜所致之毀損或滅失。

第十條　電腦外在資料儲存體損失險特別不保事項

第二條電腦外在資料儲存體損失險之承保範圍不包括因下列事項所生費用：

1. 程式設計、打卡或標記之錯誤。

2. 不當之資料註銷或儲存體之廢棄。

3. 磁場干擾所致之資料喪失。

4. 系統或程式之設計。

第十一條　電腦額外費用險特別不保事項

第三條電腦額外費用險之承保範圍不包括因下列事項所增加之費用：

1. 政府對電腦設備之重置修復或操作所加之限制。

2. 被保險人未及時支付受損電腦設備之修復或重置費用。

第三章　理賠事項

第十二條　保險事故通知與應履行義務

遇有任何意外事故，導致本保險契約承保範圍內之賠償請求時，被保險人應按下列約定辦理：

1. 獲悉後立即通知本公司，並於七日內以書面將損失情形通知本公司。

2. 立即採取必要合理措施，以減少損失至最低程度。

3. 保留受損財物，隨時接受本公司指派人員之勘查。

4. 提供本公司所要求之有關資料及文書證件。

5. 竊盜所致之損失應立即通知治安機關。

被保險人不依前項第 1.、2. 款規定辦理者，其因而擴大之損失，本公司不負賠償責任。

第十三條　電子設備損失險之賠償限額

第一條電子設備損失險之保險標的物因保險事故所致之毀損或滅失，本公司得選擇以現金給付、修復或置換等方式，依下列約定對被保險人予以賠償。但每一次意外事故任一保險標的物之賠償金額以不超過其保險金額為限：

1. 可修復者：以修復保險標的物至毀損瞬間前之狀況所需費用為限，包括為進行修復所需之拆除、重新裝配費用及往返修理廠之正常運費；由被保險人自行修復者，本公司對修復所需工資材料負賠償責任，並補償合理之管理費。凡置換之零組件均不扣減折舊，惟應扣除殘餘物之價值。

   上述所稱修復保險標的物至毀損瞬間前之狀況，係指在合理及可能範圍內與該標的物原狀相似或類似而言，並非與原狀絲毫無異。

   倘必需置換之材料及零組件，市面無法購得時，得以其他品牌更換之。

2. 不能修復或雖可修復但所需費用超過保險標的物毀損瞬間前之實際價值者，除另有約定者外，以該實際價值為準，惟應扣除殘餘物之價值。所謂實際價值係按新品重置價格扣減折舊後之金額。

   拆除受損物所需之必要合理費用，本公司另行給付之。

   除另經約定並載明於保險契約者外，本公司對該標的物嗣後之毀損滅失概不負賠償之責。

3. 被保險人為避免或減輕損害之必要合理費用由本公司視實際情況補償之。但補償金額與損失金額合計超過受損部分保險金額時，以保險金額為限。承保項目達二項（含）以上時，應逐項適用；每一次事故訂有賠償限額者，本公司之賠償責任合計不超過該限額。

4. 被保險人不得放棄任何保險標的物而以全損請求賠償。

5. 任何修改或變更所增加之費用，本公司不負賠償之責。

6. 臨時修復倘非正式修復之一部分者，本公司對該項費用不負賠償之責。

7. 任何額外費用如空運費、加急運費、趕工費、加班費等本公司不負賠償之責。但經特別約定並載明於本保險契約者，不在此限。

8. 受損標的物未經修復完妥，逕行使用所發生之毀損或滅失，本公司不負賠償之責。

第十四條　電腦外在資料儲存體損失險之賠償限額

遇有第二條電腦外在資料儲存體損失險承保範圍內之毀損或滅失時，本公司對被保險人自損失發生之日起十二個月內，為恢復受損標的物至毀損瞬間前之狀況所需之置換及其儲存資料重製費用，以保險金額為限，負賠償責任。

前條第 3.、4.、5.、7. 款之約定於第二條電腦外在資料儲存體損失險亦適用之。

第十五條　電腦額外費用險之賠償限額

遇有第三條電腦額外費用險承保範圍內之損失時，本公司對被保險人為繼續作業，自使用與承保電腦設備相同或類似功能之替代設備之日起，於約定補償期間內實際增加之租金、人事費及材料運費負賠償責任。但以本保險契約所載每日、每月或每年之保險金額為限。

第十六條　代位求償權

對保險事故之發生若另有依法應負賠償責任之第三人時，被保險人不得對該第三人免除責任或拋棄追償權。

本公司於賠付後得依法向該第三人行使代位求償權，被保險人應提供一切資料並協助本公司辦理，所需費用由本公司負擔。

第十七條　複保險或其他保險之分攤

本保險契約承保範圍內之毀損或滅失，倘另有其他保險契約承保同一危險事故時，本公司僅以保險金額為準負比例賠償之責。

第十八條　不足額保險之分攤

第一條電子設備損失險保險標的物之保險金額低於第四條約定之金額時，其差額視為被保險人所自保，遇有承保範圍內之毀損或滅失，本公司僅負比例賠償之責。倘保險金額得細分者應逐項分別適用。

第十九條　仲裁

對於本保險契約條文之解釋或賠案之處理存有爭議時得經被保險人及本公司同意後交付仲裁。仲裁時，其程序及費用依商務仲裁條例及相關法規規定辦理。

第四章　一般事項

第二十條　損害防阻義務

被保險人應遵守有關法令規定及製造廠商之裝配使用規範及建議事項，並採取一切必要合理之安全措施，保持保險標的物之有效使用狀況以防止意外之發生，其所需

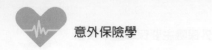

費用由被保險人自行負擔。

第二十一條　保險標的物查勘之權

本公司得隨時派員勘查保險標的物，被保險人應提供本公司所要求之任何有關資料及文書證件。

第二十二條　危險變更之通知

凡有任何變更足以增加本保險契約所承保事故發生之危險者，被保險人應於知悉後十日內以書面通知本公司，必要時本公司得變更承保範圍或調整保險費或終止保險契約。

第二十三條　保險契約之解除

要保人或被保險人或其代理人於訂立本保險契約時對於所填寫之要保書及本公司之書面詢問均應據實說明。如有故意隱匿或過失遺漏或為不實之說明，足以變更或減少本公司對於危險之估計者，本公司得解除保險契約，其已收之保險費不予退還。但要保人證明危險之發生未基於其說明或未說明之事實時，不在此限。

第二十四條　保險契約之終止

本保險契約得經被保險人書面要求而終止之；本公司亦得終止本保險契約，惟應於十五日前以書面通知被保險人。

本保險契約由被保險人請求終止時，本公司於扣除已發生損失部分之保險費及按短期費率計算公式計算未發生損失部分應收之保險費後，將保險費之餘額返還被保險人；由本公司要求終止者，尚未到期且未發生損失部分之保險費，本公司按未到期日數比例返還被保險人。

第二十五條法令之適用

本保險契約未約定事項悉依照保險法令及有關法令規定辦理。

工誠實保證保險基本條款

第一章　承保範圍

一、本公司對於被保險人所有依法應負責任或以任何名義保管之財產，為任一被保證員工，在其被保證期間內，因單獨或共謀之不誠實行為所致之直接損失負賠償之責。

前項所稱「財產」包括貨幣、票據、有價證券及有形財物在內；所稱「被保證員工」應以接受被保險人聘僱、受有人事管理約束，並領有薪資者為限；所稱「不誠實行為」係指被保證員工之強盜、搶奪、竊盜、詐欺、侵佔或其他不法行為而言。

二、本公司對於任一被保證員工，在其被保證期間內所負之保證責任，以本保險契約所載各該員工之保險金額為限。

任一被保證員工，不論其保險金額有否增減，本公司對該員工所負之保證責任，以不誠實行為當時之保險契約所載該員工之保險金額為限；但不誠實行為係連續發生時，則以最後一次不誠實行為發生當時之保險契約所載該員工之保險金額為限。

第二章　不保事項

三、本公司對於下列損失，不負賠償責任：

1. 被保險人故意行為所致之損失。
2. 被保證員工之疏忽或過失所致之損失。
3. 被保證員工向被保險人所為之借貸或使用財產所致之損失。
4. 點查財產不符之損失；但確係由被保證員工之不法行為所致者不在此限。
5. 承保範圍內之損失結果所致之任何附帶損失。

第三章　理賠事項

四、被保險人發現任一被保證員工有不誠實行為而導致本保險單承保範圍內之損失時，應按下列規定辦理：

1. 立即以書面通知本公司，並於三個月內提出詳細損失情形及金額。
2. 經本公司之要求，應儘速控告該員工，並協助本公司辦理有關理賠事宜。
3. 提供本公司所需之有關帳冊、資料及文件；必要時提供本公司所認可之執業會計師有關損失之證明，所需之公費經本公司書面允諾者，由本公司負擔之。

五、 本保險契約連續有效期間內，被保險人對任一被保證員工，不論被保證年度之多寡，其連續所發生之損失，僅能提出一次賠償請求；本公司之賠償責任則以最後一次發生不誠實行為當時之保險契約所載該員工之保險金額為限。

任何損失自發生之日起二年內未被發現者，本公司不負賠償責任。

六、 本保險契約經全部終止或對於部份被保證員工終止保證責任時，其在保險有效期間內所發生之損失，自終止之日起六個月內發現，被保險人亦得提出賠償請求，逾期本公司不負賠償責任。前項賠償請求權，仍受自損失發生之日起至發現之日止兩年之限制。

七、 被保險人向本公司提出賠償請求時，須扣減應付未付有關員工之薪資、報酬或其他款項，以及在本公司賠付前已收回之任何財產，作為抵償損失之一部分。

八、 遇有本保險單承保範圍內之損失發生，本公司得於給付賠款後，代位行使被保險人對於有不誠實行為員工或第三人之損害賠償請求權。

本公司行使前項請求權時，被保險人應提供一切資料並協助本公司辦理。

第一項所稱第三人，不包括有不誠實行為之員工之人保或舖保。

九、 被保險人之實際損失超過本公司之賠償金額時，本公司依法訴追之所得，應先扣除一切訴訟有關費用後，再與被保險人按損失比例分配之。

十、 本公司依照本保險單之規定應負賠償責任時，如同一賠償責任訂有其他保險契約，本公司對該項賠償責任僅負比例分攤之責。

十一、 本保險單承保範圍之損失，被保險人如與有關員工有所折衷妥協或自行了結情事，本公司對上述損失不負賠償責任。但事先經本公司書面同意者，不在此限。

十二、 對於本公司應賠付之金額發生爭議時，得交付仲裁。

仲裁時，依商務仲裁條例之規定辦理。

十三、 本保險契約所生之權利，自得為請求之日起，經過二年不行使而消滅。

第四章　一般事項

十四、 本保險單所載事項之任何變更，被保險人均應以書面送達本公司。

前項變更，須經本公司簽批後始生效力。

十五、 要保人或其代理人於訂立本保險契約時，對所填之要保書及本公司之書面詢問，均應據實說明，如故意隱匿或因過失遺漏或為不實之說明，足以變更或減少本公司對於危險之估計者，本公司得解除契約，其危險發生後亦同。

十六、被保險人對於被保證員工經管財產之程序、帳務覆核抽查之手續，以及其他之內部監督，均應切實依照被保險人任何書面所陳述之情形予以執行。倘有任何重大變更，應以書面通知本公司。

十七、本保險有效期間內，被保險人如發現任一被保證員工有不誠實行為時，不得繼續交託員工經管財產，否則因此所發生之損失，本公司不負賠償責任。

十八、本保險有效期間內，任一被保證員工死亡、停職、解職、退休或經被保險人通知終止保證責任時，本保險單對於各該員工之保證責任即告終止。

十九、本保險契約得隨時由被保險人以書面通知本公司終止之，其未滿期間之年保險費，本公司當依照短期費率之規定返還被保險人；如係按月費率交費者，則當月保險費不予返還。

本公司亦得以十五日為期之書面通知送達被保險人最後所留之住所，終止本保險契約；其未滿期之保險費，本公司依照全年或全月保險費按日數比例返還被保險人。

二十、被保險人履行或遵守本保險單所載及簽批之條款及任何約定，以及被保險人所填交要保書中之詳實申述，均為本公司負責賠償之先決條件。

第五章　法令之適用

二十一、本保險單未規定事項，悉依照保險法及有關法令之規定辦理。

工程履約保證保險單條款

第一條：承保範圍

　　承攬人於保險期間內，不履行本保險單所載之工程契約（以下簡稱工程契約），致被保險人受有損失，而承攬人依工程契約之規定應負賠償責任時，本公司依本保險單之約定對被保險人負賠償之責。

第二條：不保事項

一、承攬人因下列事項未能履行工程契約時，本公司不負賠償責任：

　　1. 戰爭（不論宣戰與否）、類似戰爭行為、叛亂或強力霸佔。

　　2. 依政府命令所為之徵用、充公或破壞。

　　3. 罷工、暴動或民眾騷擾。但承攬人或其代理人或與本工程有關廠商之受僱人所為者，不在此限。

　　4. 核子反應、核子輻射或放射性污染。

　　5. 可歸責於被保險人之事由。

二、本公司對承攬人不償還預付款所致之損失不負賠償責任。

第三條：保險期間

　　本保險單之承保期間為自承攬人與被保險人簽訂工程契約之日起，至工程完工經被保險人驗收合格並報經有關機關核准之日或被保險人書面通知解除保證責任之日止，以兩日期中先屆期者為準。

　　前項所稱驗收係指工程合約所訂保固或稱養護期間開始前之驗收。

　　於保險期間內，非經被保險人同意本公司不得逕行終止本保險單。

第四條：工程契約之變更

　　工程契約遇有變更時，本公司之保證責任以變更後之工程契約為準。但承攬人不履行契約應由本公司負賠償責任，而由被保險人按本保險單第六條第一項第二款規定，就未完成部分重新發包時所為之變更不在此限。

第五條：發生不履行工程契約情事之通知

　　被保險人於承攬人不履行工程契約時，應立即以書面通知本公司。

第六條：賠償方式

　　本公司於接獲前條通知後，得選擇下列任一方式，對被保險人負賠償之責：

一、由本公司代洽符合原投標資格並經被保險人同意之廠商依照原工程契約完成該
　　工程。

二、由被保險人依照原工程契約發包方式及契約條件而就未完成部分重新發包。本
　　公司按重新發包之總金額超過原工程契約總金額扣除實際已付承攬人工程費之
　　差額，對被保險人負賠償之責。

承攬人不履行工程契約致所受損失，包括利息、登記、運費、違約金、訂約費、稅
捐、訴訟費及重新招標費用，本公司亦負賠償責任。

本公司對於前兩項之賠償責任合計以不超過本保險單所載保險金額為限。

第七條：賠償之請求

被保險人於知悉承攬人不履行工程契約時，應於六十日（如係依工程契約規定交付
仲裁者，於裁定後三十日）或經本公司書面同意之期間內檢具下列資料，向本公司
請求賠償，並隨時接受本公司指派人員之勘查：

一、賠償申請書。

二、損失金額估算書。

三、其他有關資料及文書證件。

本公司應於損失金額確定後十五日內給付賠償金。

第八條：協助追償

本公司於履行賠償責任後，向承攬人追償時，被保險人對本公司為行使該項權利之
必要行為，應予協助，其所需費用由本公司負擔。

第九條：保險契約之終止

本保險單所載之承攬人變更時，本保險契約之效力即行終止。但中途由工程契約保
證人繼續承攬經被保險人同意並書面通知本公司者，本公司仍依本保險單約定對被
保險人負保險之責。

第十條：放棄先行就承攬人財產為強制執行之主張

本公司不得以被保險人未就承攬人財產強制執行尚無結果為由，拒絕履行對被保險
人之賠償責任。

第十一條：第一審管轄法院

倘因本保險而涉訟時，本公司同意以本保險單所載被保險人住所所在地之地方法院
為第一審管轄法院。

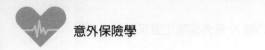

第十二條：其他事項

一、本保險單之批單、批註暨工程契約均爲本保險契約之一部份。

二、本保險單之任何變更，需經本公司簽批始生效力。

三、本保險單未規定事項，悉依照保險法及其他有關法令辦理。

傷害保險單條款

第一條：本保險單條款、附著之要保書、批註及其他約定書，均為本保險契約（以下簡稱本契約）的構成部分。

本契約的解釋，應探求契約當事人的眞意，不得拘泥於所用的文字；如有疑義時，以作有利於被保險人的解釋爲原則。

第二條：被保險人於本契約有效期間內，因遭受意外傷害事故，致其身體蒙受傷害而致殘廢或死亡時，本公司依照本契約的約定，給付保險金。

前項所稱意外傷害事故，指非由疾病引起之外來突發事故。

第三條：本契約的保險期間，以本契約保險單上所載日時爲準。

第四條：被保險人於本契約有效期間內遭受第二條約定的意外傷害事故，自意外傷害事故發生之日起一百八十日以內死亡者，本公司按保險金額給付身故保險金。但超過一百八十日死亡者，受益人若能證明被保險人之死亡與該意外傷害事故具有因果關係者，不在此限。

訂立本契約時，以未滿十五足歲之未成年人爲被保險人，其身故保險金之給付於被保險人滿十五足歲之日起發生效力。

訂立本契約時，以精神障礙或其他心智缺陷，致不能辨識其行爲或欠缺依其辨識而行爲之能力者爲被保險人，其身故保險金均變更爲喪葬費用保險金。

前項被保險人於民國九十九年二月三日（含）以後所投保之喪葬費用保險金額總和（不限本公司），不得超過訂立本契約時遺產及贈與稅法第十七條有關遺產稅喪葬費扣除額之半數，其超過部分本公司不負給付責任，本公司並應無息退還該超過部分之已繳保險費。

前項情形，如要保人向二家（含）以上保險公司投保，或向同一保險公司投保數個保險契（附）約，且其投保之喪葬費用保險金額合計超過前項所定之限額者，本公司於所承保之喪葬費用金額範圍內，依各要保書所載之要保時間先後，依約給付喪葬費用保險金至前項喪葬費用額度上限爲止，

如有二家以上保險公司之保險契約要保時間相同或無法區分其要保時間之先後者，各該保險公司應依其喪葬費用保險金額與扣除要保時間在先之保險公司應理賠之金額後所餘之限額比例分擔其責任。

第五條：被保險人於本契約有效期間內遭受第二條約定的意外傷害事故，自意外傷害事故發生之日起一百八十日以內致成附表所列殘廢程度之一者，本公司給付殘廢保險金，其金額按該表所列之給付比例計算。但超過一百八十日致成殘廢者，受益人若能證明被保險人之殘廢與該意外傷害事故具有因果關係者，不在此限。

被保險人因同一意外傷害事故致成附表所列二項以上殘廢程度時，本公司給付各該項殘廢保險金之和，最高以保險金額為限。但不同殘廢項目屬於同一手或同一足時，僅給付一項殘廢保險金；若殘廢項目所屬殘廢等級不同時，給付較嚴重項目的殘廢保險金。

被保險人因本次意外傷害事故所致之殘廢，如合併以前（含本契約訂立前）的殘廢，可領附表所列較嚴重項目的殘廢保險金者，本公司按較嚴重的項目給付殘廢保險金，但以前的殘廢，視同已給付殘廢保險金，應扣除之。

前項情形，若被保險人扣除以前的殘廢後得領取之保險金低於單獨請領之金額者，不適用合併之約定。

被保險人於本契約有效期間內因不同意外傷害事故申領殘廢保險金時，本公司累計給付金額最高以保險金額為限。

第六條：被保險人於本契約有效期間內因同一意外傷害事故致成殘廢後身故，並符合本契約第四條及第五條約定之申領條件時，本公司之給付總金額合計最高以保險金額為限。

前項情形，受益人已受領殘廢保險金者，本公司僅就保險金額與已受領金額間之差額負給付責任。

被保險人於本契約有效期間內因不同意外傷害事故致成殘廢、身故時，受益人得依第四條及第五條之約定分別申領保險金，不適用第一項之約定。

第七條：被保險人因下列原因致成死亡、殘廢或傷害時，本公司不負給付保險金的責任。

一、要保人、被保險人的故意行為。

二、被保險人犯罪行為。

三、被保險人飲酒後駕（騎）車，其吐氣或血液所含酒精成份超過道路交通法令規定標準者。

四、戰爭（不論宣戰與否）、內亂及其他類似的武裝變亂。但契約另有約定者不在此限。

五、因原子或核子能裝置所引起的爆炸、灼熱、輻射或污染。但契約另有約定者不在此限。

前項第一款情形（除被保險人的故意行為外），致被保險人傷害或殘廢時，本公司仍給付保險金。

第八條：被保險人從事下列活動，致成死亡、殘廢或傷害時，除契約另有約定外，本公司不負給付保險金的責任：

一、被保險人從事角力、摔跤、柔道、空手道、跆拳道、馬術、拳擊、特技表演等的競賽或表演。

二、被保險人從事汽車、機車及自由車等的競賽或表演。

第九條：本契約訂立時，僅要保人知保險事故已發生者，契約無效。本公司不退還所收受之保險費。

第十條：要保人在訂立本契約時，對於本公司要保書書面（或投保網頁）詢問的告知事項應據實說明，如有為隱匿或遺漏不為說明，或為不實的說明，足以變更或減少本公司對於危險的估計者，本公司得解除契約，其保險事故發生後亦同。但危險的發生未基於其說明或未說明的事實時，不在此限。

前項解除契約權，自本公司知有解除之原因後經過一個月不行使而消滅。

（未辦理電子商務適用）

要保人在訂立本契約時，對於本公司要保書書面詢問的告知事項應據實說明，如有為隱匿或遺漏不為說明，或為不實的說明，足以變更或減少本公司對於危險的估計者，本公司得解除契約，其保險事故發生後亦同。但危險的發生未基於其說明或未說明的事實時，不在此限。

前項解除契約權，自本公司知有解除之原因後經過一個月不行使而消滅。

第十一條：要保人得隨時終止本契約。

前項契約之終止，自本公司收到要保人書面或其他約定方式通知時，開始生效。

要保人依第一項約定終止本契約時，本公司應從當期已繳保險費扣除按短期費率計算已經過期間之保險費後，將其未滿期保險費退還要保人。短期費率如附件。

（未辦理電子商務適用）

要保人得隨時終止本契約。

　　　　前項契約之終止，自本公司收到要保人書面通知時，開始生效。

　　　　要保人依第一項約定終止本契約時，本公司應從當期已繳保險費扣除按短期費率計算已經過期間之保險費後，將其未滿期保險費退還要保人。短期費率如附件。

第十二條：被保險人變更其職業或職務時，要保人或被保險人應即時以書面或其他約定方式通知本公司。

　　　　被保險人所變更的職業或職務，依照本公司職業分類其危險性減低時，本公司於接到通知後，應自職業或職務變更之日起按其差額比率退還未滿期保險費。

　　　　被保險人所變更的職業或職務，依照本公司職業分類其危險性增加時，本公司於接到通知後，自職業或職務變更之日起，按差額比率增收未滿期保險費。但被保險人所變更的職業或職務依照本公司職業分類在拒保範圍內者，本公司於接到通知後得終止契約，並按日計算退還未滿期保險費。

　　　　被保險人所變更的職業或職務，依照本公司職業分類其危險性增加，未依第一項約定通知而發生保險事故者，本公司按其原收保險費與應收保險費的比率折算保險金給付。

　　　　（未辦理電子商務適用）

　　　　被保險人變更其職業或職務時，要保人或被保險人應即時以書面通知本公司。

　　　　被保險人所變更的職業或職務，依照本公司職業分類其危險性減低時，本公司於接到通知後，應自職業或職務變更之日起按其差額比率退還未滿期保險費。

　　　　被保險人所變更的職業或職務，依照本公司職業分類其危險性增加時，本公司於接到通知後，自職業或職務變更之日起，按差額比率增收未滿期保險費。但被保險人所變更的職業或職務依照本公司職業分類在拒保範圍內者，本公司於接到通知後得終止契約，並按日計算退還未滿期保險費。

　　　　被保險人所變更的職業或職務，依照本公司職業分類其危險性增加，未依第一項約定通知而發生保險事故者，本公司按其原收保險費與應收保險費的比率折算保險金給付。

第十三條：被保險人於本契約有效期間內遭受第二條約定的意外傷害事故時，要保人、被保險人或受益人應於知悉意外傷害事故發生後○○日（不得少於五日）內

將事故狀況及被保險人的傷害程度，通知本公司。並於通知後儘速檢具所需文件向本公司申請給付保險金。

本公司應於收齊前項文件後○○日（不得高於十五日）內給付之。但因可歸責於本公司之事由致未在前述約定期限內為給付者，應按年利一分加計利息給付。

第十四條：被保險人在本契約有效期間內因第二條所約定的意外傷害事故失蹤，於戶籍資料所載失蹤之日起滿一年仍未尋獲，或要保人、受益人能提出證明文件足以認為被保險人極可能因本契約所約定之意外傷害事故而死亡者，本公司按第四條約定先行給付身故保險金或喪葬費用保險金，但日後發現被

保險人生還時，受益人應將該筆已領之身故保險金或喪葬費用保險金歸還本公司，其間有應繳而未繳之保險費者，於要保人一次清償後，本契約自原終止日繼續有效，本公司如有應行給付其他保險金情事者，仍依約給付。

第十五條：受益人申領「身故保險金或喪葬費用保險金」時應檢具下列文件：

一、保險金申請書。

二、保險單或其謄本。

三、相驗屍體證明書或死亡診斷書；但必要時本公司得要求提供意外傷害事故證明文件。

四、被保險人除戶戶籍謄本。

五、受益人的身分證明。

第十六條：受益人申領「殘廢保險金」時應檢具下列文件：

一、保險金申請書。

二、保險單或其謄本。

三、殘廢診斷書；但必要時本公司得要求提供意外傷害事故證明文件。

四、受益人之身分證明。

受益人申領殘廢保險金時，本公司得對被保險人的身體予以檢驗，必要時並得經受益人同意調閱被保險人之就醫相關資料，其費用由本公司負擔。

第十七條：殘廢保險金的受益人，為被保險人本人，本公司不受理其指定或變更。受益人之指定及變更，要保人得依下列約定辦理，並應符合指定或變更當時法令之規定：

一、於訂立本契約時，經被保險人同意指定受益人。

意外保險學

二、於保險事故發生前經被保險人同意變更受益人，如要保人未將前述變更通知本公司者，不得對抗本公司。

前項受益人的變更，於要保人檢具申請書及被保險人的同意書（要、被保險人為同一人時為申請書或電子申請文件）送達本公司時，本公司應即予批註或發給批註書。本公司為身故或殘廢給付時，應以受益人直接申領為限。

（未辦理電子商務適用）

殘廢保險金的受益人，為被保險人本人，本公司不受理其指定或變更。受益人之指定及變更，要保人得依下列約定辦理：

一、於訂立本契約時，經被保險人同意指定受益人。

二、於保險事故發生前經被保險人同意變更受益人，如要保人未將前述變更通知本公司者，不得對抗本公司。

前項受益人的變更，於要保人檢具申請書及被保險人的同意書送達本公司時，本公司應即予批註或發給批註書。本公司為身故或殘廢給付時，應以受益人直接申領為限。

第十八條：受益人故意致被保險人於死或雖未致死者，喪失其受益權。

前項情形，如因該受益人喪失受益權，而致無受益人受領保險金額時，其保險金額作為被保險人遺產。如有其他受益人者，喪失受益權之受益人原應得之部份，按其他受益人原約定比例分歸其他受益人。

第十九條：由本契約所生的權利，自得為請求之日起，經過兩年不行使而消滅。

第二十條：本契約內容的變更，或記載事項的增刪，除第十七條另有規定外，應經要保人與本公司雙方書面或其他約定方式同意，並由本公司即予批註或發給批註書。

（未辦理電子商務適用）

本契約內容的變更，或記載事項的增刪，除第十七條另有規定外，應經要保人與本公司雙方書面同意，並由本公司即予批註或發給批註書。

第二十一條：因本契約涉訟者，同意以要保人住所地地方法院為第一審管轄法院，要保人的住所在中華民國境外時，以○○地方法院為第一審管轄法院。但不得排除消費者保護法第四十七條及民事訴訟法第四百三十六條之九小額訴訟管轄法院之適用。

傷害醫療保險給付附加條款

傷害醫療保險金的給付（實支實付型）

第　　條：被保險人於本契約有效期間內遭受第二條約定的意外傷害事故，自意外傷害事故發生之日起一百八十日以內，經登記合格的醫院或診所治療者，本公司就其實際醫療費用，超過全民健康

保險給付部分，給付傷害醫療保險金。但超過一百八十日繼續治療者，受益人若能證明被保險人之治療與該意外傷害事故具有因果關係者，不在此限。

前項同一次傷害的給付總額不得超過保險單所記載的「每次實支實付傷害醫療保險金限額」。

傷害醫療保險金的給付（日額型）

第　　條：被保險人於本契約有效期間內遭受第二條約定的意外傷害事故，自意外傷害事故發生之日起一百八十日以內，經登記合格的院治療者，本公司就其住院日數，給付保險單所記載的「傷害醫療保險金日額」。但超過一百八十日繼續治療者，受益人若能證明被保險人之治療與該意外傷害事故具有因果關係者，不在此限。

前項每次傷害給付日數不得超過九十日。

被保險人因第一項傷害蒙受骨折未住院治療者，或已住院但未達下列骨折別所定日數表，其未住院部分本公司按下列骨折別所定日數乘「傷害醫療保險金日額」的二分之一給付。合計給付日數以按骨折別所訂日數爲上限。

前項所稱骨折是指骨骼完全折斷而言。如係不完全骨折，按完全骨折日數二分之一給付；如係骨骼龜裂者按完全骨折日數四分之一給付，如同時蒙受下列二項以上骨折時，僅給付一項較高等級的醫療保險金。

骨折部分	完全骨折日數
1 鼻骨、眶骨〈含顴骨〉	14 天
2 掌骨、指骨	14 天
3 蹠骨、趾骨	14 天
4 下顎（齒槽醫療除外）	20 天
5 肋骨	20 天
6 鎖骨	28 天
7 橈骨或尺骨	28 天
8 膝蓋骨	28 天
9 肩胛骨	34 天
10 椎骨（包括胸椎、腰椎及尾骨）	40 天
11 骨盤（包括腸骨、恥骨、坐骨、薦骨）	40 天
12 頭蓋骨	50 天
13 臂骨	40 天
14 橈骨與尺骨	40 天
15 腕骨（一手或雙手）	40 天
16 脛骨或腓骨	40 天
17 踝骨（一足或雙足）	40 天
18 股骨	50 天
19 脛骨及腓骨	50 天
20 大腿骨頸	60 天

傷害醫療保險金的申領

第　條　受益人申領「傷害醫療保險金」時應檢具下列文件：

　　一、保險金申請書。

　　二、保險單或其膳本。

　　三、醫療診斷書或住院證明；但必要時本公司得要求提供意外傷害事故證明文
　　　　件。

四、醫療費用明細或醫療證明文件（或醫療費用收據）。

五、受益人之身分證明。

傷害醫療保險金受益人之指定

第　條：傷害醫療保險金的受益人，為被保險人本人，本公司不受理其指定或變更。

附表殘廢程度與保險金給付表

項目		項次	殘廢程度	殘廢等級	給付比例
1 神經	神經障害 （註1）	1-1-1	中樞神經系統機能遺存極度障害，包括植物人狀態或氣切呼吸器輔助，終身無工作能力，為維持生命必要之日常生活活動，全須他人扶助，經常需醫療護理或專人周密照護者。	1	100%
		1-1-2	中樞神經系統機能遺存高度障害，須長期臥床或無法自行翻身，終身無工作能力，為維持生命必要之日常生活活動之一部分須他人扶助者。	2	90%
		1-1-3	中樞神經系統機能遺存顯著障害，終身無工作能力，為維持生命必要之日常生活活動尚可自理者。	3	80%
		1-1-4	中樞神經系統機能遺存障害，由醫學上可證明局部遺存頑固神經症狀，且勞動能力較一般顯明低下者。	7	40%
		1-1-5	中樞神經系統機能遺存障害，由醫學上可證明局部遺存頑固神經症狀，但通常無礙勞動。	11	5%
2 眼	視力障害 （註2）	2-1-1	雙目均失明者。	1	100%
		2-1-2	雙目視力減退至 0.06 以下者。	5	60%
		2-1-3	雙目視力減退至 0.1 以下者。	7	40%
		2-1-4	一目失明，他目視力減退至 0.06 以下者。	4	70%
		2-1-5	一目失明，他目視力減退至 0.1 以下者。	6	50%
		2-1-6	一目失明者。	7	40%
3 耳	聽覺障害 （註3）	3-1-1	兩耳鼓膜全部缺損或兩耳聽覺機能均喪失 90 分貝以上者。	5	60%
		3-1-2	兩耳聽覺機能均喪失 70 分貝以上者。	7	40%
4 鼻	缺損及機能障害 （註4）	4-1-1	鼻部缺損，致其機能永久遺存顯著障害者。	9	20%

項目		項次	殘廢程度	殘廢等級	給付比例
5 口	咀嚼吞嚥及言語機能障害（註5）	5-1-1	永久喪失咀嚼、吞嚥或言語之機能者。	1	100%
		5-1-2	咀嚼、吞嚥及言語之機能永久遺存顯著障害者。	5	60%
		5-1-3	咀嚼、吞嚥或言語構音之機能永久遺存顯著障害者。	7	40%
6 胸腹部臟器	胸腹部臟器機能障害（註6）	6-1-1	胸腹部臟器機能遺存極度障害，終身不能從事任何工作，經常需要醫療護理或專人周密照護者。	1	100%
		6-1-2	胸腹部臟器機能遺存高度障害，終身不能從事任何工作，且日常生活需人扶助。	2	90%
		6-1-3	胸腹部臟器機能遺存顯著障害，終身不能從事任何工作，但日常生活尚可自理者。	3	80%
		6-1-4	胸腹部臟器機能遺存顯著障害，終身祇能從事輕便工作者。	7	40%
	臟器切除	6-2-1	任一主要臟器切除二分之一以上者。	9	20%
		6-2-2	脾臟切除者。	11	5%
	膀胱機能障害	6-3-1	膀胱機能完全喪失且無裝置人工膀胱者。	3	80%
7 軀幹	脊柱運動障害（註7）	7-1-1	脊柱永久遺存顯著運動障害者。	7	40%
		7-1-2	脊柱永久遺存運動障害者。	9	20%
8 上肢	上肢缺損障害	8-1-1	兩上肢腕關節缺失者。	1	100%
		8-1-2	一上肢肩、肘及腕關節中，有二大關節以上缺失者。	5	60%
		8-1-3	一上肢腕關節缺失者。	6	50%
	手指缺損障害（註8）	8-2-1	雙手十指均缺失者。	3	80%
		8-2-2	雙手兩拇指均缺失者。	7	40%
		8-2-3	一手五指均缺失者。	7	40%
		8-2-4	一手包含拇指及食指在內，共有四指缺失者。	7	40%
		8-2-5	一手拇指及食指缺失者。	8	30%
		8-2-6	一手包含拇指或食指在內，共有三指以上缺失者。	8	30%
		8-2-7	一手包含拇指在內，共有二指缺失者。	9	20%
		8-2-8	一手拇指缺失或一手食指缺失者。	11	5%
		8-2-9	一手拇指及食指以外之任何手指，共有二指以上缺失者。	11	5%

項目		項次	殘廢程度	殘廢等級	給付比例
8 上肢	上肢機能障害（註9）	8-3-1	兩上肢肩、肘及腕關節均永久喪失機能者。	2	90%
		8-3-2	兩上肢肩、肘及腕關節中，各有二大關節永久喪失機能者。	3	80%
		8-3-3	兩上肢肩、肘及腕關節中，各有一大關節永久喪失機能者。	6	50%
		8-3-4	一上肢肩、肘及腕關節均永久喪失機能者。	6	50%
		8-3-5	一上肢肩、肘及腕關節中，有二大關節永久喪失機能者。	7	40%
		8-3-6	一上肢肩、肘及腕關節中，有一大關節永久喪失機能者。	8	30%
		8-3-7	兩上肢肩、肘及腕關節均永久遺存顯著運動障害者。	4	70%
		8-3-8	兩上肢肩、肘及腕關節中，各有二大關節永久遺存顯著運動障害者。	5	60%
		8-3-9	兩上肢肩、肘及腕關節中，各有一大關節永久遺存顯著運動障害者。	7	40%
		8-3-10	一上肢肩、肘及腕關節均永久遺存顯著運動障害者。	7	40%
		8-3-11	一上肢肩、肘及腕關節中，有二大關節永久遺存顯著運動障害者。	8	30%
		8-3-12	兩上肢肩、肘及腕關節均永久遺存運動障害者。	6	50%
		8-3-13	一上肢肩、肘及腕關節均永久遺存運動障害者。	9	20%
	手指機能障害（註10）	8-4-1	雙手十指均永久喪失機能者。	5	60%
		8-4-2	雙手兩拇指均永久喪失機能者。	8	30%
		8-4-3	一手五指均永久喪失機能者。	8	30%
		8-4-4	一手包含拇指及食指在內，共有四指永久喪失機能者。	8	30%
		8-4-5	一手拇指及食指永久喪失機能者。	11	5%
		8-4-6	一手含拇指及食指有三手指以上之機能永久完全喪失者。	9	20%
		8-4-7	一手拇指或食指及其他任何手指，共有三指以上永久喪失機能者。	10	10%

項目		項次	殘廢程度	殘廢等級	給付比例
9 下 肢	下肢缺損 障害	9-1-1	兩下肢足踝關節缺失者。	1	100%
		9-1-2	一下肢髖、膝及足踝關節中,有二大關節以上缺失者。	5	60%
		9-1-3	一下肢足踝關節缺失者。	6	50%
	縮短障害 (註 11)	9-2-1	一下肢永久縮短五公分以上者	7	40%
	足趾缺損 障害 (註 12)	9-3-1	雙足十趾均缺失者。	5	60%
		9-3-2	一足五趾均缺失者。	7	40%
	下肢機能 障害 (註 13)	9-4-1	兩下肢髖、膝及足踝關節均永久喪失機能者。	2	90%
		9-4-2	兩下肢髖、膝及足踝關節中,各有二大關節永久喪失機能者。	3	80%
		9-4-3	兩下肢髖、膝及足踝關節中,各有一大關節永久喪失機能者。	6	50%
		9-4-4	一下肢髖、膝及足踝關節均永久喪失機能者。	6	50%
		9-4-5	一下肢髖、膝及足踝關節中,有二大關節永久喪失機能者。	7	40%
		9-4-6	一下肢髖、膝及足踝關節中,有一大關節永久喪失機能者。	8	30%
		9-4-7	兩下肢髖、膝及足踝關節均永久遺存顯著運動障害者。	4	70%
		9-4-8	兩下肢髖、膝及足踝關節中,各有二大關節永久遺存顯著運動障害者。	5	60%
		9-4-9	兩下肢髖、膝及足踝關節中,各有一大關節永久遺存顯著運動障害者。	7	40%
		9-4-10	一下肢髖、膝及足踝關節均遺存永久顯著運動障害者。	7	40%
		9-4-11	一下肢髖、膝及足踝關節中,有二大關節永久遺存顯著運動障害者。	8	30%
		9-4-12	兩下肢髖、膝及足踝關節均永久遺存運動障害者。	6	50%
		9-4-13	一下肢髖、膝及足踝關節均永久遺存運動障害者。	9	20%
	足趾機能 障害 (註 14)	9-5-1	雙足十趾均永久喪失機能者。	7	40%
		9-5-2	一足五趾均永久喪失機能者。	9	20%

銀行業綜合保險基本條款

第一章 承保範圍

本保險以下列危險事故及其所致之損失為承保範圍：

甲、**員工之不忠實行為**：被保險人之員工意圖獲取不當利得，單獨或與他人串謀，以不忠實或詐欺行為所致於被保險人財產之損失。

乙、**營業處所之財產**：

一、置存於被保險人營業處所內之財產，因竊盜、搶劫、誤放、或其他原因之失蹤或毀損所致之損失。

二、顧客或其代表所持有之財產，於被保險人營業處所內因前項危險事故所致之損失，但損失係由該顧客或其代表之行為所致者，不在此限。

丙、**運送中之財產**：被保險人之財產於其員工或專責運送機構運送中所遭受之毀損滅失。但專責運送機構就本保險標的財產已另行投保，或另有其他有效保險存在，或被保險人得按運送契約求償者，本公司僅於承保金額範圍內就超過部份之損失負賠償之責。

丁、**票據及有價證券之偽造或變造**：支票、本票、匯票、存款證明、信用狀、取款憑條、公庫支付令之偽造或變造及就經偽造或變造之票證付款所致之損失。前項所謂偽造或變造，包括按上述票證原載之字體或簽章加以變更、改造、仿刻或盜蓋。

戊、**偽造通貨**：被保險人善意收受經偽造或變造之中華民國政府發行流通之本位幣或輔幣而生之損失。

己、**營業處所及設備之損毀**：被保險人營業處所及其內部之裝潢、設備、傢俱、文具、供應品、保險箱及保險庫（電腦及其有關設備除外）因竊盜、搶劫、惡意行為所致之毀損滅失。但以此項營業處所或設備為被保險人所有或其對此項毀損滅失須負責者為限。

庚、**證券或契據之失誤**：被保險人於正常營業過程中，善意就本保險單所規定之證券或契據為行為，而該項證券或契據曾經偽造、變造或遺失、盜竊所致之損失。

第二章　定義

本保險單所使用之名詞其定義如下：

一、「營業處所」指被保險人從事營業行為之場所，包括因營業而使用或暫時使用之房舍及巡迴服務車等。

二、「員工」指與被保險人有僱傭關係人員，包括職員與工友。

三、「財產」指現金（即硬幣與紙幣）、金銀條塊，各種貴重金屬及其製品、珠寶（包括未雕琢之寶石）股票、債券、利息單及其他有價證券、提單、倉單、支票、匯票、本票、存單、信用狀、公庫支付令、印花稅票、保險單、權利契據、權利證書、代表金錢或其他動產、不動產利益之流通與非流通證券或契據及貴重文件，不包括被保險人經營業務所使用或由被保險人保管之帳冊及記錄。

四、「存單」指銀行簽發之存款承認書，載有對存款人或其指定人支付存款之允諾者。

五、「取款憑款」指存款人自其設於被保險人處之儲蓄帳戶中收到款項之確認書據。

六、「證券」或「契據」指下列各類證券或契約而言：

　　1. 股票、無記名股票、股本證明書、認股證書或權利證書、債券或利息債券。

　　2. 合夥事業發行類似公司債之有擔保之債券。

　　3. 信託證、不動產權狀、動產及不動產抵押書據。

　　4. 存單與信用狀。

七、「溯及日」指本公司同意承保自該日以後所發生之損失，損失在該日以前所發生而在該日以後所發現者，本公司不負賠償責任。

八、「共同監管」指財物之處理應至少有另一人在場監視，而該人對有關各項財物或記錄同負保管之責者，各種保險箱櫃與金庫須非一人能單獨開啟。

九、「**雙重管制**」指一人處理之事務須由第二人審核，二人共同負責。

十、「運送中」指負責運送之員工、專責運送機構或自被保險人或其代理人處受領財物起至目的地交付時止之全部過程。

第三章　不保項目

一、適用於第一章承保範圍乙項者：保險標的財產在郵寄中或於專責運送機構保管或運送中所遭受之毀損滅失。

二、適用於第一章承保範圍丁項者：票據或證券記載不實所致之損失。

三、適用於第一章承保範圍己項者：火災所致之毀損滅失。

四、適用於第一章承保範圍庚項者：本保險單第一章承保範圍甲項（員工之不忠實行為）或丁項（票據及有價證券之偽造或變造）所承保之損失。

五、下列損失除由本保險單第一章承保範圍甲項所承保者外，本公司不負賠償責任：

1. 被保險人之員工一次或多次不忠實或詐欺行為所致之損失。

2. 被保險人誤將款項記入存款帳戶之貸方，並將款項自該帳戶中撥付或容許提取所致之損失。

3. 偽造或變造旅行支票、旅行信用狀、應收帳款單據，提單、倉單、信託收據所致之損失。

4. 遙控操縱被保險人所有或租用之電腦所致之損失。

5. 客戶存放於保管箱內之財物之毀損滅失。

六、下列損失除由本保險單第一章承保範圍甲、丁或庚項承保外，本公司不負賠償責任：

1. 被保險人之放款或類似之融資，全部或一部不能收回。

2. 被保險人受讓或取得之債券、本票或分期付款之價金，全部或一部不能獲得付款。

上二項損失按實際支出之金額、墊付款或被提領之金額減去自此等交易行為所受領之給付額利息、佣金等後之餘額決定之。

七、下列損失除由本保險單第一章承保範圍甲、丁、戊或庚項承保者外，本公司不負賠償責任：

1. 票證偽造或變造所致之損失。

八、本保險單有效時間內未發現之損失及本保險單所載「溯及日」前發生之損失。

九、被保險人之董（理、監）事，不論其是否同時兼任員工，其犯罪行為直接或間接所致之損失。

十、被保險人將未收到之存款記入存款人之帳戶，進而自該帳戶撥付或容許提領所致之損失，至於此項付款或提款是否出於被保險人員工之善意、偽造、詐欺或其他不誠實手段，要非所問。

十一、被保險人之出納員因錯誤導致正常現金短少而生之損失。出納員現金之短少未超過該項短少發生之營業處所之正常出納員現金短少時，仍應視為係由錯誤所導致。

十二、被保險人因遭受下列恐嚇或脅迫，在其營業處所外交付保標的物所生之損失：

1. 傷害被保險人之董（理、監）事或員工或其他任何人之身體。

2. 破壞被保險人之營業處所或被保險人或其他任何人之財物包括保險標的物在內。但保險標的物在被保險人之員工負責運送前，被保險人並不知悉有此恐嚇或威脅存在時，不在此限。

十三、由被保險人保管出售而尚未售出之旅行支票之損失，但若該支票事後發票人付款而被保險人對損失依法應負責任者，不在此限。

十四、信用卡或記帳卡所致之損失。

十五、被保險人依法應負責賠償之各種損害，但就本保險單所承保之直接損失所為之賠償，不在此限。

十六、附帶損失（包括利息及股息之損失，但不以二者為限）。

十七、正常損耗，逐漸變質、蟲蛀所致之毀損滅失。

十八、颱風、颶風、旋風、火山爆發、地震、地下火或其他自然界之變動所致之毀損滅失，以及因上述危險事故同時引起之火災或搶劫所致之毀損滅失。

十九、戰爭、敵侵、外敵行為、敵對行為或類似戰爭（不論宣戰與否）內戰、叛亂、革命、暴動、民眾騷擾、武裝奪權、戒嚴、暴或任何合法當局之行為所致之毀損滅失。

二十、核子反應、核子輻射或放射性污染所致之毀損滅失或因而導致之法律責任。

第四章　一般條款

一、被保險人之忠實遵照本條規定為本公司依本保險單負責之先決條件：

1. 對於下列各項應確立並貫徹「共同監管」制度：

(1) 置存於保險箱、櫃或金庫之財物。

(2) 開啓保險箱、櫃或金庫之全部鑰匙。

(3) 代號、密碼及押密。

2. 對於下列各項應確立並貫徹「雙重管制」制度：

(1) 股票、流通與非流通證券及尚未發行之空白票證。

(2) 備份之空白支票或匯票及未發行之旅行支票。

(3) 匿名之存款帳戶。

(4) 代號、密碼及押密。

3. 營業帳目除由主管機關定期查核外，被保險人對各營業設施（包括電腦作業）應每年加以稽核檢討。

二、事業合併、所有權或管理權之變更：

    1. 本保險單之效力於被保險人進入清算程序，或任命清算人或與債權人就債務之清償達成和解時協議時即行終止。

    2. 被保險人如有下列情事之一者，應即通知本公司：

      (1) 與其他事業合併、或資產、股份之買賣導致所有權或管理權之變更者。

      (2) 被保險人由政府接管者。

被保險人為上項通知時應附提詳細資料；如達增加保險費之程度者，尚須按本公司之要求加交保險費，被保險人未於前述事故發生之日起三十日內為通知者，保險契約視為終止，並溯及事故發生之日生效。

被保險人之通知須送達本公司。

三、保險單之終止：本保險單遇有下列情形時即行終止：

    1. 本章第二條所規定之事業所有權或管理權變更而本公司拒絕繼續承保者；或同條所規定被保險人與其他事業合併，或所有權或管理權變更後被保險人未在規定之時限內為通知者。

    2. 被保險人獲悉其員工之不忠實或詐欺行為時，對該員工之保險即行終止，但在該員工運送中財物之損失，則不在此限。

    3. 被保險人終止本保險單。

    4. 本公司終止本保險單，本公司之終止通知須以書面為之，並須定三十日期間。通知如以掛號郵寄被保險人之總行，視為已適時送達。保險單如由被保險人終止者，其未滿期之保險費本公司當按短期費率之規定退還；如由本公司按照本條第 1. 及 4. 款終止者，其未滿期之保費，本公司應依照全年保險費，按日數比例退還。

四、其他保險：本保險單所載之危險事故發生，如對於同一損失另有其他保險存在，除本保險單承保範圍內項另有規定者外，本公司對該項損失僅負比例分擔，但若此項競合係因要保人或被保險人意圖不當利得而複保險所導致者，本保險契約無效。

五、責任限額：

    1. 依據本保險單所為之任何賠償不減少本公司於本保險單下應負之其他賠償責任，但本公司之賠償責任之決定則受下列各點之限制：

      (1) 本保險單所訂之保險金總額。

    (2) 不論保險年度之多寡，被保險人對於其保險期間內之員工因單獨或共謀之行為所致之一次或數次累積損失均視為一次事故之損失，僅能以知悉時之保險金額為限提出一次賠償請求。

    (3) 一次或數次之累積損失，雖無直接或間接單獨或共謀行為存在，但因同一事故所致之任何損失，本公司之賠償責任仍以保險單之承保範圍所載之保險金額為限。

    (4) 對於某一損失如同時有本保險單正面所載承保範圍一項以上之適用者，保險人仍以一項之保險金額為其最高賠償額，並以有效近因為適用決定之準據。

2. 自負額：本公司僅就超過本保險單所訂自負額部份負其賠償之責，自負額應由被保險人所遭受之「最後淨額」內扣減之。

3. 「最後淨額」：指減除所有追償額及殘值（凡可按特定保險求償之自負額不在此處扣減範圍以內）後被保險人所受之實際淨損。被保險人之員工因參與賠案調查、理算或訴訟所生費用，則不包括在內。

六、出險通知、損失證明、求償之訴：被保險人應於知悉損失發生後立即通知本公司，並於卅日內以書面通知本公司。

被保險人應於知悉損失發生後六個月內提出損失清單及憑證。

依據本保險單所得為之賠償請求，自知悉損失發生之日起屆滿二年而未訴諸仲裁或提起訴訟者，視為拋棄。

七、訴訟費用：被保險人因索賠或提起賠償之訴所支出之必要費用，本公司在合理之範圍內，另行給付之。

本公司於被保險人因本保險單所承保之損失而被訴追時，應為被保險人之利益進行抗辯。

本公司對被保險人為估定及證明本保險單所承保之損失而出之費（不論其為依法支出之費用或其他會計、勞務之費用）不負償還之義務。

八、保險單之解釋：本保險單之名詞，不保項目及一般條款應按本保險單第二章之定義，我國法令及本保險單內所載之文義解釋之。

九、證券及外幣之估價基準：對任何證券、外匯或外幣損失之索賠，其價值按損失發現前最後營業日之收盤市價；如損失於收盤後發現，則按損失發現日之收盤市價定之。

於前項所規定日期若無該項證券或外幣之市價時，其價值由被保險人與保險人協議定之；若協議不成，得交付仲裁。被保險人經本公司同意如以同類證券、外匯或外幣替換時，其價值為實際之替換成本。

十、　仲裁：本公司與被保險人對於損失金額發生爭議時，得交付仲裁，關於仲裁人之選任，判斷之達成及其費用之負擔，悉依商務仲裁條例之規定。

十一、代位求償：對於同一損失另有應負責之第三人存在時，本公司於對被保險人為賠償後，按保險法第五十三條規定行使代位求償權。

十二、殘值與追償：保險標的財產毀損後因殘值處分或向應負責之第三人追償結果所得之金額，於扣減追償之實際費用（不包括被保險人自身之勞務費用）後應按下列次序分配之：

　　1.　全數補償被保險人超過保險金額部份之損失（自負額不論多寡，均不在其內）。

　　2.　補償本公司。

　　3.　補償被保險人自負額部份之損失或對同一損失有二以上保險競合，本保險僅就超額部份為賠償時所導致之損失。

十三、詐欺：被保險人於提出賠償請求時，倘有詐欺或報告不實情事，本保險單無效，本公司不負賠償責任。

十四、變更通知：有關本保險單之任何變更，未經本公司簽批者，不生效力。

十五、其他：本保險單未規定事項，悉依照保險法令及有關法令之規定辦理。

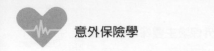

現金保險基本條款

第一章　承保範圍

一、本公司對於被保險人所有或負責管理之現金因下列保險事故所致之損失，負賠償責任：

    1. 現金運送保險：在本保險單載明之運送途中遭受竊盜、搶奪、強盜、火災、爆炸或運送人員、運送工具發生意外事故所致之損失。

    2. 庫存現金保險：在本保險單載明之金庫或保險櫃保存中遭受竊盜、搶奪、強盜、火災、爆炸所致之損失。

    3. 櫃台現金保險：在本保險單載明之櫃台地址及範圍內遭受竊盜、搶奪、強盜、火災、爆炸所致之損失。

二、被保險現金發生第一條承保範圍內之任何一次損失時，被保險人應自行負擔損失金額之百分之十，最高以新臺幣一百萬元為限。

第二章　不保事項

三、本公司對於下列事項所致之現金損失不負賠償責任：

    1. 適用於一般性者：

        (1) 因戰爭、類似戰爭、敵人侵略、外敵行為（不論宣戰與否）、叛亂、內戰、或被合法當局沒收所致之損失。

        (2) 因核子分裂或輻射作用所致之損失。

        (3) 因罷工、暴動、民眾騷擾所致之損失。但經書面約定加保者不在此限。

        (4) 因颱風、地震、洪水或其他天然災變所致之損失。但經書面約定加保者不在此限。

        (5) 被保險人或其受僱人、運送人員之故意或重大過失行為所致之損失。

        (6) 因被保險人之受僱人或運送人員之詐欺、背信、侵佔或其他犯罪行為所致之損失。

        (7) 現金因點鈔員疏忽、錯誤或點查不符所致之損失。

        (8) 因現金損失結果所致之附帶損失。

2. 適用於現金運送保險者：

(1) 非被保險人指派之運送人員負責運送所發生之損失。

(2) 在運送途中除運送車輛駕駛人外未經指派運送人員二人以上負責運送時所發生之損失。但經本公司書面同意者，不在此限。

(3) 以專用運鈔車運送，而現金於運送途中未存放於保險櫃內所發生之損失。

(4) 被保險人指派之運送人員於執行運送任務時，因受酒類或藥劑之影響所致之損失。

(5) 運送途中現金無人看管時所發生之損失。

(6) 以郵寄或托運方式運送所致之損失。

3. 適用於庫存現金保險者：

(1) 現金置存於本保險單載明之金庫或保險櫃以外所發生之損失。

(2) 在被保險人營業或辦公時間以外，金庫或保險櫃未予鎖妥時發生竊盜、搶奪、強盜之損失。

4. 適用於櫃台現金保險者：

(1) 在本保險單載明之櫃台地址及範圍以外所發生之損失。

(2) 在被保險人營業或辦公時間以外所發生之損失。

(3) 置存現金之櫃台無人看守時所發生之損失。

(4) 被保險人或其受僱人未經收受前或已經交付後所發生之損失。

(5) 因被冒領或票據、存摺、存單或其他單據被偽造、變造所致之損失。

第三章 理賠事項

四、被保險現金發生保險事故時，被保險人應按下列規定辦理：

1. 知悉後應立即向警察機關報案及通知本公司，並於五日內將詳細情形以書面送達本公司。

2. 立即採取必要合理措施，以減少損失至最低程度。

3. 保留現場，隨時接受並協助本公司指派人員之勘查。

4. 提供本公司要求之有關資料及文書證件。

五、被保險現金發生承保範圍內之損失應由本公司負責賠償時，被保險人應負舉證責任。被保險人並有防範損失擴大之義務，倘被保險人不履行其義務，則因而擴大之損失，本公司不負賠償責任。

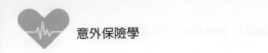

六、 本保險單現金運送保險「每一次事故之保險金額」係指在任何一次保險事故本公司
所負之最高賠償責任金額;「保險期間內之保險金額」係指在本保險單有效期間內
賠款不止一次時,本公司所負之累積賠款總金額。

本公司之賠款達到「保險期間內之保險金額」時,本保險單有關現金運送保險部分
即行失效,預收之保險費不予返還。

七、 本保險單有關庫存現金保險或櫃台現金保險,如有承保範圍內之損失發生時,其保
險金額應減為自原保險金額減除賠款金額之餘額。但被保險人如同意就損失金額部
份自損失發生日起至保險單滿期日止,按日數比例加交保險費,則本保險單之保險
金額應恢復為原有金額。

八、 被保險人依據本保險單請求賠償,如有任何詐欺行為或提供虛偽報告或設施詭計情
事,本公司不負賠償責任。倘本公司已賠付者,被保險人應立即返還之。本公司因
前項事由受有損失時,被保險人應負損害賠償責任。

九、 被保險現金遇有本保險單承保範圍內之損失發生時,如就同一保險事故訂有其他保
險契約,無論其契約之訂立係由於被保險人或他人所為,本公司僅負比例分擔之責。

十、 被保險現金之損失係由於第三人之行為所致者,非經本公司之書面同意,被保險人
不得和解或放棄追償權利。

十一、 對於本公司應賠付之金額發生爭議時,得交付仲裁。仲裁時,依商務仲裁條例之
規定辦理。

十二、 本保險契約所生之權利,自得為請求之日起,經過二年不行使而消滅。

第四章　一般事項

十三、 本保險單所使用之名詞,其定義如下:

1. 「現金」係指國內現行通用之紙幣、硬幣及等值之外幣,或經書面約定加保
之匯票、本票、支票、債券、印花稅票及其他有價證券。

2. 「運送人員」係指被保險人指派運送現金之員工;或經被保險人委託之現金
專業運送機構指派運送現金之員工。

3. 「運送途中」係指現金經運送人員在起運處所內收受時起至到達目的處所內
交付受款人時止而言。

4. 「專用運鈔車」係指專為運送現金之車輛,並須於車內裝置有固定活動式強
固且有密碼之保險櫃與引擎電源、短路開關及必要之警報器。

5. 「金庫」係指構築於建築物內專爲存放現金及貴重物品之庫房。

6. 「保險櫃」係指置存於建築物內固定處所專存現金及貴重物品之厚重鋼鐵製鐵櫃，但不包括手提式保險箱及文書鐵櫃。

7. 「櫃台」係指本保險單所載「櫃台地址及範圍內」之營業處所，但不包括金庫及保險櫃在內。

十四、要保人、被保險人或其代理人於要保時，如有任何實質上之誤報、漏報或隱匿重要事項時，其隱匿、遺漏或不實之說明，足以變更或減少本公司對於危險之估計者，本公司得解除本保險契約，其危險發生後亦同。

十五、被保險人應採取合理必要之安全措施，防止保險事故之發生。

被保險人或其代理人知悉被保險現金之危險有變更時應立即以書面通知本公司，本公司得視危險變更程度調整保險費。

十六、本保險單所記載事項之任何變更，被保險人均應以書面送達本公司。

前項變更，非經本公司簽批不生效力。

十七、現金運送保險之保險費，係依據保險期間內預計現金運送總金額計算預收，被保險人應於保險期間屆滿三十日內，將保險期間內實際運送總金額以書面通知本公司，據以計算應收保險費，其與預收保險費之差額，多退少補之。但本公司退還保險費以預收保險費之三分之一為限。

十八、現金運送保險在保險期間內一次或累積之實際運送金額達到本保險單所載預計運送總金額時，本保險單該項保險之效力即行終止，預收之保險費不予退還，但被保險人得加交保險費恢復之。

十九、本保險單得由被保險人以書面通知終止之，其未滿期間之保險費，庫存現金保險及櫃台現金保險，本公司依照短期費率之規定退還；現金運送保險按保險單有效期間內實際運送之總金額計算之。

本公司亦得以十五日為期之書面通知，送達被保險人最後所留之住所終止之。其未滿期間之保險費，庫存現金保險及櫃台現金保險，本公司按日數比例退還；現金運送保險之保險費則按保險單有效期間內實際運送之總金額計算之。

二十、被保險人因本公司應負賠償責任之損失發生，而對於第三人有損失賠償請求權者，本公司得於給付賠償金額後，代位行使被保險人對於第三人之請求權。本公司行使前項權利時，被保險人應提供必要資料協助本公司辦理，並不得妨害本公司行使此項權利。

二十一、被保險人履行或遵守本保險單所載及簽批之條款及任何約定，以及被保險人所填交要保書之詳實申述，均為本公司負責賠償之先決條件。

第五章　法令之適用

二十二、本保險單未規定事項，悉依照保險法及有關法令之規定辦理。

現金保險金融業特約條款

茲特約定：

一、適用於現金運送保險者：

1. 全程以徒步或自行車運送者，自起運處所至目的地處所之距離以一公里為限，本公司對於每次運送之最高賠償金額並以新臺幣二百萬元為限。

2. 以機車運送者，本公司對於每次運送之最高賠償金額以新臺幣一百萬元為限。

3. 以專用運鈔車以外之各種汽車運送者，本公司對於每次運送之最高賠償金額以新臺幣二千萬元為限。

4. 運送路線與時間應儘可能經常改變，臨時酌情彈性選用。

二、適用於庫存現金、櫃台現金保險者：

1. 營業處所及重要處所應裝置自動安全維護系統，並應指定專人負責操作、監控，一般櫃台抽屜並應裝設自動鎖。金庫應裝設自動錄影、自動報警、自動關閉及定時鎖與系統，並加強週邊設備。

2. 金庫鑰匙、密碼應輪流由二人以上共同保管，一人不得開啟，並應嚴予保密。

3. 營業處所在營業時間內至少應有員工二人以上在勤。

4. 營業處所應貫徹二十四小時值勤制度。

三、本特約條款適用於被保險人為金融業者。

竊盜損失保險單

第一章　承保範圍

一、被保險人或其家屬所有置存於本保險單規定處所之下列保險標的物因竊盜所致之損失。

　　1. 普通物品：住宅之傢俱、衣李、家常日用品及官署、學校、教堂、醫院診所、辦公處所之生財器具，但不包括珠寶、鐘錶、項鍊、手鐲、寶石、首飾、金銀器皿，及皮貨等貴重物品在內。

　　2. 特定物品：以特別訂明者為限，但珠寶、鐘錶、項鍊、手鐲、寶石、首飾、金銀器皿，及皮貨等貴重物品每件之保險金額不得超過新台幣壹萬元整。

　　除上述特定物品外，其他每件物品之最高賠償額以普通物品總保險金額百分之二或新台幣貳千元為限，但以兩者較少之金額為準。

二、置存保險標的物之房屋因遭受竊盜所致之毀損，本公司負賠償責任，但該被毀損之房屋以被保險人所自有者為限。

第二章　不保項目

三、因戰爭、類似戰爭（不論宣戰與否）、敵人侵略、外敵行為、判亂、內戰、強力霸佔、征用、沒收、罷工、暴動及民眾騷擾，無論直接或間接所致之損失。

四、因颱風、地震、冰雹、洪水或其他天然災變無論直接或間接所致之損失。

五、因火災、閃電雷擊及爆炸，無論直接或間接所致之損失。

六、因核子分裂，或融解或輻射作用，無論直接或間接所致之損失。

七、保險標的物置存於連續三天無人居住之房屋所發生之竊盜損失。

八、因被保險人或其家屬或其受雇人，或與其同住之人之主謀、共謀或串通所致之竊盜損失。

九、被保險人對於保險標的物所受之損失，無法證明確係由於竊盜所致者。

十、車輛、勳章、古董、雕刻品、手稿、珍本、圖案、商品、樣品、模型、字畫、契據、股票、有價證券、硬幣、鈔票、印花、郵票、帳簿、權利證書、牲畜、家禽及食用品等之竊盜損失。

第三章　一般條款

十一、定義

　　1. 竊盜：本保險單所稱之「竊盜」係指除被保險人或其家屬或其受雇人或與其同住之人以外之任何人企圖獲取不法利益，毀越門窗、牆垣或其他安全設備，並侵入置存保險標的物之處所，而從事竊取或奪取之行為。

　　2. 處所：本保險單所稱之「處所」係指置存保險標的物之房屋，包括可以全部關閉之車庫以及其他附屬建築物，但不包括庭院。

　　3. 損失：本保險單所稱之「損失」係指因竊盜直接所致之毀損或滅失。

十二、被保險人於要保時，如有任何實質上之誤報，漏報或隱匿重要事項時，本公司不負賠償責任。

十三、被保險人應合理維護保險標的物之安全，並盡一切可能防止與減少損失事故之發生。

十四、凡有關本保險單之一切通知，被保險人均應以書面送達本公司，被保險人繳付保險費時，應以本公司所簽發之正式收據為準，本保險單之批改，非經本公司簽署不生效力。

十五、本保險單所載被保險有關事項，遇有任何變更，被保險人應於事前通知本公司，凡未得本公司書面同意前，自上述任何變更發生時起，本公司不負賠償責任。

十六、被保險人於發現保險標的物被竊盜後，應立即報告警察機關說明被竊盜情形，呈驗損失清單，並盡可能採取實際步驟偵察尋求竊盜犯，及追回損失標的物。被保險人應於發現保險標的物被竊盜後廿四小時內，立即通知本公司，並於七日內將損失情形，被竊盜標的物現值估價單及損失金額，書面通知本公司，逾期未為通知或自竊盜發生之日起三天被保險人未能發現者，該項損失之賠償請求權即被視為喪失，本公司不負賠償責任。

十七、保險標的物因竊盜所致之損失應由本公司負責賠償時，本公司得賠付現金，或修補或代置該項標的物至類似原來形狀及性質，其所需之費用，並以不超過本保險單所載對該項標的物之賠償額為限。

十八、任何一套或一組保險標的物遇有部份損失時，應視該損失部份對該套或該組在使用上之重要性與價值之比例作合理之賠償，且此項損失不得視為該套或該組之全部損失。

十九、保險標的物因竊盜所致之滅失，經本公司理賠後，如追回原物，應為本公司所有，但被保險人如願收回，應將賠款或代置費用退還。

二十、保險標的物遇有毀損或滅失時，該標的物之實際市價倘超過本保險單所載之保險金額，其差額應視為被保險人所自保，由被保險人按比例分擔其損失。若本保險單所載保險標的物不祇一項時，應逐項分開。分別按照本條之規定分擔之。

二十一、保險標的物遇有損失時，如同一標的物訂有其他保險契約，不問其契約訂立，係由於被保險人或他人所為，本公司對該項賠償責任僅負比例分攤之責。

二十二、本公司對於本保險單承保範圍內已賠付之款項，必要時得以被保險人之名義，代位行使抗辯或控訴第三人，追償本公司之損失。對於本公司追償賠付之款項，被保險人應提供文件及採取必要之行為，協助本公司行使上項權利，被保險人並不得為任何不利於本公司行使上項權利之行為。

二十三、本保險單權益之轉讓，非經本公司簽批同意，不生效力。在本保險單有效期間，倘若被保險人死亡或被裁定破產者，應於六十天內，以書面通知本公司，並指定繼承人或法定代理人。

二十四、被保險人對於本保險單請求賠償，如有任何欺詐行為，或提供虛偽報告，或施設詭計情事，本保險單之效力即告喪失。

二十五、本保險單得隨時由被保險人取銷之，其未滿期間之保險費，本公司當依照短期費率之規定退還。本公司亦得以五日為期之書面通知，送達被保險人最後所留之住所取銷之，其未滿期間之保險費，本公司應依照保險期限及保險費按日數比例退還。

二十六、關於本保險單之賠償金額發生爭議時應交付仲裁，由雙方選定仲裁人一人仲裁之，如雙方不能同意仲裁人一人時，則雙方各以書面選定仲裁人一人共同決定之，該兩仲裁人應於仲裁程序未開始前，預先以書面選定第三仲裁人一人，如該兩仲裁人不能同意時，則交付該第三人仲裁人決定之，在未得仲裁書前不得向本公司主張賠償或提出任何權利要求或訴訟。

二十七、被保險人之任何賠償請求經本公司書面拒絕後倘於廿四個月內未訴諸仲裁或提出訴訟則該項賠償請求權即被視為放棄。

二十八、被保險人履行或遵守本保險單所載及簽批之條款及任何約定，以及被保險人所繳存要保書中申述之詳實，均為本公司負責賠償之先決條件。

玻璃保險基本條款

第一章 承保範圍

一、保險標的物因意外事故所致之毀損或滅失，本公司負賠償之責。

二、因前條毀損或滅失所需拆除、重新裝置或為減輕損失所需合理之費用，本公司亦負賠償之責。但保險金額低於保險價額者，應按比例分攤。

第二章 不保事項

三、本公司對於下列各項事故，不負賠償責任：

1. 戰爭（不論宣戰與否），類似戰爭行為，叛亂或強力霸佔。
2. 罷工、暴動或民眾騷擾。
3. 政府治安或消防當局之命令所為之扣押、沒收、徵用、充公或故意破壞。
4. 核子反應、核子輻射或放射性污染。

四、本公司對於下列各項損失，不負賠償責任：

1. 自然耗損、刮損、磨損，原有瑕疵或破損。
2. 因保險標的物毀損或滅失之任何附帶損失。
3. 裝置保險標的物之房屋無人居住連續達六十天以上所發生之任何毀損或滅失。但經本公司書面同意者，不在此限。
4. 被保險人或其家屬或其受僱人之故意行為所致之毀損或滅失。
5. 火災、爆炸、颱風、地震、洪水所致之毀損滅失。

第三章 理賠事項

五、保險標的物毀損或滅失時，被保險人應按下列規定辦理：

1. 自知悉後立即通知本公司。
2. 立即採取必要合理措施，以減少損失至最低程度。
3. 保留受損及可能受損之保險標的物，隨時接受本公司指派人員之勘查。
4. 提供本公司所要求之有關資料及文書證件。

六、保險標的物之毀損或滅失，本公司得選擇對其全部或一部予以修復或換裝或賠付現金。

七、保險標的物毀損或滅失時，倘其實際價值超過本保險單所載之保險金額，其差額應視為被保險人所自保，被保險人應按比例分攤其損失。

八、保險期間內一次或累積之賠款金額達總保險金額時，本保險單之效力即行終止，保險費不予返還。

九、保險標的物之毀損或滅失係由第三人之行為所致者，非經本公司書面同意，被保險人不得和解或放棄追償權利。

十、保險標的物毀損或滅失時，如同一保險標的物訂有其他保險契約，本公司僅負比例分攤之責。

十一、對於本公司應賠付之金額發生爭議時，得交付仲裁。仲裁時，依商務仲裁條例之規定辦理。

第四章　一般事項

十二、要保人、被保險人或其代理人於要保時，對所填之要保書及本公司之書面詢問，均應據實說明。如有故意隱匿，或因過失遺漏或作不實之說明，足以變更或減少本公司對危險之估計者，本公司得解除本保險契約，其危險發生後亦同。倘賠償金已給付時，得請求被保險人返還之。

十三、保險標的物裝置之地址、位置及房屋之用途有變更或出租與他人時，被保險人應事先通知本公司。

本保險契約之任何變更，非經本公司簽批不生效力。

十四、被保險人因本公司應負賠償責任之損失發生而對於第三人有損失賠償請求權者，本公司得於給付賠償金額後，代位行使被保險人對於第三人之請求權。

本公司行使前項請求權時，被保險人應提供一切資料，並協助本公司辦理。

十五、本保險契約得隨時由被保險人以書面通知本公司終止之，其未滿期之保險費，本公司依照短期費率之規定返還被保險人。

本公司亦得以七日為期之書面通知，送達被保險人最後所留之住所，終止本保險契約，其未滿期之保險費，本公司應依照全年保險費，按日數比例返還被保險人。

十六、根據本保險契約所提出之賠償請求權，自本公司拒絕之日起，經過二年不行使而消滅。

十七、被保險人履行或遵守本保險單所載及簽批之條款及任何約定，以及被保險人所填交要保書中之詳實申述，均為本公司負責賠償之先決條件。

第五章　法令之適用

十八、本保險單未規定事項，悉依照保險法及其他有關法令之規定辦理。

藝術品綜合保險

第一章　承保範圍

一、本公司承保被保險人所有或保管之下列藝術品,於典藏、展覽陳列期間或爲展覽陳列之需要而在運送途中因意外事故所致之毀損滅失,除本保險單所載明不保事項外,負賠償責任。

（甲）**館藏品**:係指被保險人所有之藝術品。

（乙）**參展品**:係指接受被保險人邀請參加展覽之藝術品。

（丙）**運送品**:係指運送中（包含搬運及裝卸時）之藝術品。

前述（丙）項之運送包括牆至牆或處所至處所。

二、因救護保險標的物,致保險標的物發生損失者,視同本保險契約所承保危險事故所致之損失。

第二章　不保事項

三、本保險單對於因下列事故所致保險標的之毀損滅失不負賠償之責任:

同時適用於承保範圍（甲）、（乙）及（丙）者:

保險標的之自然耗損、腐蝕、變質、固有瑕疵、銹垢或氧化;

蟲咬;因整修、復舊、重新裝框或類似工作過程所致;機械性或電氣性損壞或失靈;藝術品本身脆弱或易碎性質之破損,除非該破損係由竊盜或火災所致者;

由於氣候或大氣狀況或溫度之極端變化所致之毀損或滅失,除非該項毀損或滅失在一般火災保險單中所承保;

畫框玻璃或裝潢之破損,但因破損之玻璃、裝潢所引起保險標的本身之損害者,不在此限;

由於飛機或其他航空器以音速或超音速飛行所引起之震波;

核子反應,核子幅射或放射性污染;

爆炸性核子裝配或核子組件之具有放射性、毒性、爆炸性或其他危險性之物品;

適用於承保範圍（甲）者:館藏品赴館外展覽時所生之毀損滅失。

適用於承保範圍（丙）者:因運送工具無人看守而遭竊所致之毀損或滅失;

因未依保險標的之性質及運送情況而爲適當之包裝所致之毀損或滅失。

第三章　理賠事項

四、保險標的無論係成雙、成對或成組，如僅其中一個組件毀損或滅失時，本公司僅按比例賠償該組件部份之損失。

五、保險標的如遇有毀損或滅失時，本公司依據「保險金額」或該保險標的的遭受毀損或滅失時之「市場價格」二者中較低之金額賠付。

六、保險標的遭受部份毀損或滅失而可以修復或回復原狀時，本公司對該項毀損或滅失之賠付僅就保險金額與該保險標的的遭受毀損滅失前之「市場價格」之比例負賠償責任。

七、有關偷竊或侵入館內之竊盜損失，本公司僅在被保險人確實遵守以下三項事項時，始負賠償責任，無論館內是否有人看守，館內、外所有安全系統或設施皆須保持完全的警戒效力。

　　所有警戒系統均須與裝設該系統之公司訂定定期維護合約。

　　該警戒系統在未得本公司事前書面同意下，被保險人不得為任何撤銷或為任何降低其效力之更換。

八、保險標的發生任何毀損或滅失時，被保險人應盡力保持現場並立即通知本公司處理，如有需要，並應通知警方，被保險人有盡力避免或減輕損失之義務，否則其因而擴大之損失本公司不負賠償責任。

九、保險事故發生時，保險標的物如另有其他保險契約承保同一危險事故，本公司僅負比例賠償之責。

十、本保險有自負額規定者，本公司僅就超過本保險單所訂自負額部份負賠償責任。

十一、保險標的物發生損失經本公司賠償後保險金額即自動回復，被保險人不須再繳付保險費。

十二、本公司與被保險人對於損失金額發生爭議而提付仲裁者，應按商務仲裁條例之規定處理。

十三、本公司於履行賠償責任後，得依保險法第五十三條之規定行使代位求償權。

十四、本保險單未規定之事項，適用保險法及其有關法令之規定。

消費者貸款信用保險基本條款

第一章　承保範圍

一、本保險單對於被保險人辦理之消費者貸款，因借款人未能依約按期攤還借款本息，並由被保險人依本保險單第十二條約定追償無著而遭受損失時，本公司對被保險人負賠償之責。

第二章　不保事項

二、本公司對於下列事項所致之損失不負賠償責任：

1. 被保險人之借款人因故不能償還借款，而被保險人未依照本保險單第十二條規定之程序向借款人追償所致之損失。
2. 由於要保人及被保險人或其受雇人之不誠實行為或與借款人串通、共謀所致之損失。
3. 由於戰爭、兵亂、罷工、暴動、民眾騷擾、核子分裂或輻射作用所致之損失。

第三章　一般事項

三、本保險單所使用之名詞，其定義如下：

1. 被保險人之「借款人」係指經向要保人購貨並經被保險人核准貸款者。
2. 每一借款人「信用保險金額」係指被保險人對上述借款人在其購貨借款範圍內所辦理之放款本金包括利息及遲延利息。

四、被保險人對借款人於貸放當日所訂定之利率於其借款期間內，不再增減調整。

五、借款人於被保險人各分支機構另設有活期性存款帳戶者，借款人得事前授權被保險人可逕予撥轉、清償借款本息。

六、要保人、被保險人或其代理人於要保時，如有實質上之誤報、漏報或隱匿重要事項時，其隱匿、遺漏或不實之說明足以變更或減少本公司對於危險之估計致使本公司有所損失者，本公司得就損失請求要保人或被保險人賠償。

七、本保險單責任於被保險人貸放當日即起生效，而每筆借款內容（亦即借款人姓名、階級或職別、出生年月日、借款金額、借款期間起止日期等）應由要保人詳細列表附於要保書，連同應付保險費，送到本公司以憑簽收回執，並簽發正式收據。

八、要保人於交付保險費時，應以本公司所簽發之正式收據為憑。不論借款人提前清償借款本息，或因本公司依本保險單條款拒賠或不賠者，本公司所收保險費概不予退還。

九、本保險對借款人之徵信工作，仍由被保險人為之，對現役軍官士官、官校成年學生、公務人員及學校教職員之徵信，被保險人應查其身份證、戶口名簿及補給證或公勞保證，並影印乙份存查。

被保險人審核其他身份之借款人時，則應查其身份證、戶口名簿、服務證明，並影印存查。

十、本保險單之批改或本保險單權益之轉讓，均需經本公司業務主管部門經理或副經理簽署後始生效力。

十一、本公司與要保人及被保險人之換文約定，要保書均視同本保險條款之一部分。

第四章　理賠事項

十二、被保險人之借款人未依約按期攤還借款本息時，被保險人應依下列程序辦理：

1. 通知：應於逾期三十天以書面通知借款人繳付當期借款本息。
2. 催收：經通知後仍未繳付者，應於逾期六十天再函催借款人繳付所欠借款本息，並將副本抄送本公司及要保人。借款攤還逾期達六個月，七天內被保險人可請求理賠。
3. 請求理賠：經被保險人採取上述程序後，仍未清償者，被保險人應將借款債權憑證有關文件，及借款人身份證件等影本並詳列損失金額（包括借款本金餘額、利息及遲延利息）函請本公司於文到十日內理賠，被保險人於收到理賠款同時應將對借款人之債權移轉與本公司，所需稅負由本公司負擔。

被保險人或其代理人依據本保險單請求賠償時，如有任何詐欺或不誠實行為者，本公司不負賠償責任。

十三、本公司對於本保險單承保範圍內已賠付之損失金額，得代位行使或控訴借款人或有關之第三人，追償本公司之損失。

被保險人應提供有關文件及採取必要之行為協助本公司行使上項權利。

第五章　其他事項

十四、本保險單未規定之其他事項，悉依照保險法及其他有關法令之規定辦理。

NOTE

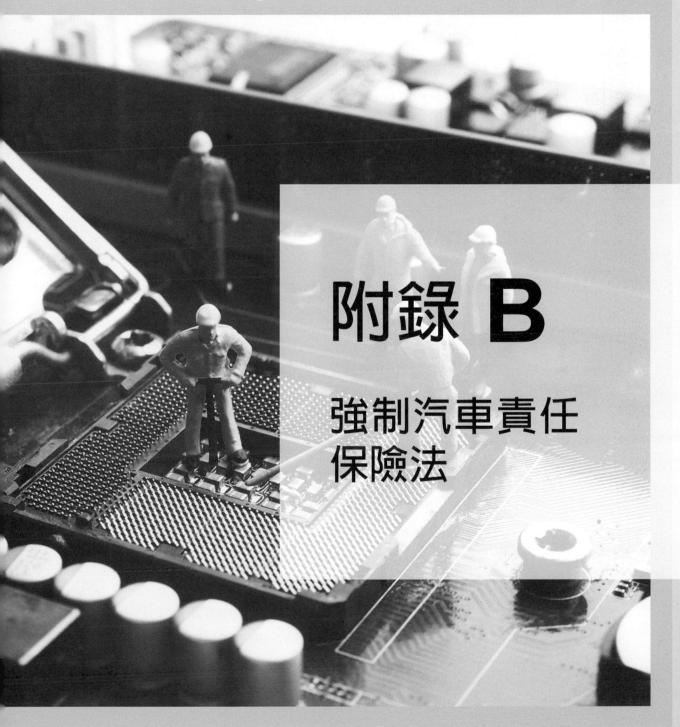

The Principles and Practice of Casualty Insurance

附錄 B

強制汽車責任
保險法

第一章　總則

第　一　條　為使汽車交通事故所致傷害或死亡之受害人，迅速獲得基本保障，並維護道路交通安全，特制定本法。

第　二　條　強制汽車責任保險（以下簡稱本保險）依本法之規定；本法未規定者，適用保險法之規定。

第　三　條　本法之主管機關為行政院金融監督管理委員會。

第　四　條　主管機關為調查本保險之汽車交通事故理賠、精算統計及補償業務，得向保險人、警政、交通監理及其他與本保險相關之機關（構），要求提供有關資料。

第　五　條　本法所稱汽車，係指公路法第二條第八款規定之汽車及行駛道路之動力機械。

另第三十八條及第四十九條所稱之機車，亦為公路法第二條第八款所定義之汽車。

除前二項所稱汽車外，亦包括特定之非依軌道行駛，具有運輸功能之陸上動力車輛；其範圍及應訂立本保險契約之汽車種類，由主管機關會同中央交通主管機關訂定公告之。

第　六　條　應訂立本保險契約之汽車所有人應依本法規定訂立本保險契約。軍用汽車於非作戰期間，亦同。

前項汽車所有人未訂立本保險契約者，推定公路監理機關登記之所有人為投保義務人。

第一項汽車有下列情形之一者，以其使用人或管理人為投保義務人：

一、汽車牌照已繳還、繳銷或註銷。

二、汽車所有人不明。

三、因可歸責於汽車使用人或管理人之事由，致汽車所有人無法管理或使用汽車。

本保險之投保義務人應維持保險契約之有效性，於保險契約終止前或經保險人依第十八條第一項規定拒絕承保時，應依本法規定再行訂立本保險契約。

第 七 條 因汽車交通事故致受害人傷害或死亡者，不論加害人有無過失，請求權人
得依本法規定向保險人請求保險給付或向財團法人汽車交通事故特別補償
基金（以下簡稱特別補償基金）請求補償。

第 八 條 本法所稱保險人，指經主管機關許可，得經營本保險之保險業。

前項保險業申請許可應具備之資格條件、應檢附文件、廢止許可事由及其
他應遵行事項之辦法，由主管機關會同中央交通主管機關定之。

第 九 條 本法所稱要保人，指依第六條規定向保險人申請訂立本保險契約，並負有
交付保險費義務之人。

本法所稱被保險人，指經保險人承保之要保人及經該要保人同意使用或管
理被保險汽車之人。

第 十 條 本法所稱加害人，指因使用或管理汽車造成汽車交通事故之人。

本法所稱受害人，指因汽車交通事故遭致傷害或死亡之人。

第 十一 條 本法所稱請求權人，指下列得向保險人請求保險給付或向特別補償基金請
求補償之人：

一、因汽車交通事故遭致傷害者，為受害人本人。

二、因汽車交通事故死亡者，為受害人之遺屬；其順位如下：

　　(一) 父母、子女及配偶。

　　(二) 祖父母。

　　(三) 孫子女。

　　(四) 兄弟姐妹。

同一順位之遺屬有數人時，按人數平均分配保險給付或補償。

受害人死亡，無第一項第二款所定之請求權人時，為其支出殯葬費之人於
殯葬費數額範圍內，得向保險人請求給付或向特別補償基金請求補償。保
險給付扣除殯葬費後有餘額時，其餘額歸特別補償基金所有。受害人死
亡，無第一項第二款所定之請求權人，亦無支出殯葬費之人時，保險給付
歸特別補償基金所有。

前項殯葬費之項目及金額，由主管機關訂定公告之。

意外保險學

第 十二 條　本法所稱被保險汽車，指應依本法規定訂立本保險契約之汽車。保險人接到要保書後，逾十日未為承保或拒絕承保之意思表示者，該要保書所載之汽車視為被保險汽車。

本保險保險證（以下簡稱保險證）所記載之汽車，推定為被保險汽車。

本法所稱未保險汽車，指應依本法規定訂立本保險契約而未訂立之汽車。

第 十三 條　本法所稱汽車交通事故，指使用或管理汽車致乘客或車外第三人傷害或死亡之事故。

第 十四 條　請求權人對於保險人之保險給付請求權，自知有損害發生及保險人時起，二年間不行使而消滅。自汽車交通事故發生時起，逾十年者，亦同。

前項時效完成前，請求權人已向保險人為保險給付之請求者，自請求發生效力之時起，至保險人為保險給付決定之通知到達時止，不計入時效期間。

請求權人對於保險人保險給付請求權，有時效中斷、時效不完成或前項不計入消滅時效期間之情事者，在保險金額範圍內，就請求權人對於被保險人之損害賠償請求權，亦生同一效力。請求權人對被保險人之損害賠償請求權，有時效中斷或時效不完成之情事者，就請求權人對於保險人之保險給付請求權，亦生同一效力。

前三項規定，於關於本法所生請求特別補償基金補償之權利，除其請求權消滅時效之起算依下列規定外，準用之：

一、事故汽車無法查究者，自知有損害及確認肇事汽車無法查究時起算。

二、事故汽車為未保險汽車者，自知有損害及確認肇事汽車為未保險汽車時起算。

三、事故汽車係未經被保險人同意使用或管理之被保險汽車者，自知有損害發生及確認被保險汽車係未經同意使用或管理之事實起算。

四、事故汽車為無須訂立本保險契約之汽車者，自知有損害發生及確認加害汽車為無須訂立本保險契約之汽車時起算。

第 十五 條　保險人應於保險期間屆滿三十日前通知要保人續保，其怠於通知而於原保險期間屆滿後三十日內發生保險事故者，如要保人辦妥續保手續，並將其始期追溯自原保險期間屆滿之時，保險人仍須負給付責任。

第二章　保險契約

第一節　契約之成立

第 十六 條　應訂立本保險契約之汽車所有人於申請發給牌照、臨時通行證或本保險期間屆滿前，應以每一個別汽車為單位，向保險人申請訂立本保險契約。

　　　　　公路監理機關對於有下列情事之汽車，不得發給牌照、臨時通行證、換發牌照、異動登記或檢驗，惟停駛中車輛過戶不在此限：

　　　　　一、應訂立本保險契約而未訂立。

　　　　　二、本保險有效期間不滿三十日。但申請臨時牌照或臨時通行證者，不適用之。

第 十七 條　要保人申請訂立本保險契約時，對於下列事項應據實說明：

　　　　　一、汽車種類。

　　　　　二、使用性質。

　　　　　三、汽車號牌號碼、引擎號碼或車身號碼。

　　　　　四、投保義務人姓名、性別、出生年月日、住所及國民身分證統一編號。汽車所有人為法人、非法人團體或機關時，其名稱、營利事業統一編號或財稅機關編發之統一編號、營業所或事務所所在地及代表人之姓名。

第 十八 條　除要保人未交付保險費或有違反前條規定之據實說明義務外，保險人不得拒絕承保。

　　　　　保險人依前項規定拒絕承保時，應於接到要保書之日起十日內以書面為意思表示；屆期未以書面表示者，視為同意承保。

第 十九 條　保險人於本保險契約成立後，應將載有保險條款之文書、保險證及保險標章交予要保人。

　　　　　保險人應於本保險契約成立後四個工作日內，將承保資料傳輸至主管機關及中央交通主管機關指定之機關（構）。

　　　　　保險證上記載之被保險人、保險期間、被保險汽車及保險證號碼有變更時，要保人應通知保險人更正。

第 二十 條　保險人不得解除保險契約。

除有下列情事之一者外，保險人不得終止保險契約：

一、要保人違反第十七條之據實說明義務。

二、要保人未依約定交付保險費。

保險人依前項規定終止保險契約前，應以書面通知要保人於通知到達後十日內補正；要保人於終止契約通知到達前補正者，保險人不得終止契約。

保險契約終止，保險人應於三日內通知被保險汽車之轄屬公路監理機關、主管機關及中央交通主管機關指定之機關（構）。

保險人應返還要保人終止契約後未到期之保險費；保險費未返還前，視為保險契約存續中。

第二十一條　要保人不得解除保險契約。

除有下列情事之一者外，要保人不得終止保險契約：

一、被保險汽車之牌照已繳銷或因吊銷、註銷、停駛而繳存。

二、被保險汽車報廢。

三、被保險汽車因所有權移轉且移轉後之投保義務人已投保本保險契約致發生重複投保情形。

保險契約依前項規定終止後，保險費已交付者，保險人應返還終止後未到期之保險費；未交付者，要保人應支付終止前已到期之保險費。

第二十二條　要保人重複訂立本保險契約者，要保人或保險契約生效在後之保險人得撤銷生效在後之保險契約。汽車交通事故發生後，亦同。

前項撤銷權之行使，應於重複訂立事實發生之時起，至生效在先之保險契約期間屆滿前為之。

保險契約經撤銷者，保險人應將保險費扣除保險人之業務費用及為健全本保險費用之餘額，返還要保人。

第二十三條　被保險汽車所有權移轉時，應先辦理本保險契約之訂立或變更手續，惟停駛中車輛辦理過戶不在此限；未辦理前，公路監理機關不得辦理過戶登記。

第二十四條　要保人、被保險人或請求權人對保險人之通知及要保人申請變更保險契約，應以書面為之；保險人對要保人、被保險人、請求權人之通知或同意變更保險契約，亦同。

第二節　保險範圍

第二十五條　條保險人於被保險汽車發生汽車交通事故時，依本法規定對請求權人負保險給付之責。

保險人應於被保險人或請求權人交齊相關證明文件之次日起十個工作日內給付之；相關證明文件之內容，由主管機關會商相關機關（構）訂定公告之。

保險人因可歸責於自己之事由致未在前項規定期限內為給付者，自期限屆滿之次日起，應按年利一分給付遲延利息。

第一項請求權人請求保險給付之權利及未經請求權人具領之保險給付，不得扣押、讓與或提供擔保。

第二十六條　條本保險之保險期間，由主管機關會同中央交通主管機關視實際需要定之。

第二十七條　本保險之給付項目如下：

一、傷害醫療費用給付。

二、殘廢給付。

三、死亡給付。

前項給付項目之等級、金額及審核等事項之標準，由主管機關會同中央交通主管機關視社會及經濟實際情況定之。

前項標準修正時，於修正生效日後發生之汽車交通事故，保險人應依修正後之規定辦理保險給付。

第二十八條　受害人或其他請求權人有下列情事之一，致被保險汽車發生汽車交通事故者，保險人不負保險給付責任：

一、故意行為所致。

二、從事犯罪行為所致。

意外保險學

前項其他請求權人有數人，其中一人或數人有故意或從事犯罪之行爲者，保險人應將扣除該一人或數人應分得部分之餘額，給付於其他請求權人。

第二十九條　被保險人有下列情事之一，致被保險汽車發生汽車交通事故者，保險人仍應依本法規定負保險給付之責。但得在給付金額範圍內，代位行使請求權人對被保險人之請求權：

一、飲用酒類或其他類似物後駕駛汽車，其吐氣或血液中所含酒精濃度超過道路交通管理法規規定之標準。

二、駕駛汽車，經測試檢定有吸食毒品、迷幻藥、麻醉藥品或其他相類似管制藥品。

三、故意行爲所致。

四、從事犯罪行爲或逃避合法拘捕。

五、違反道路交通管理處罰條例第二十一條或第二十一條之一規定而駕車。

前項保險人之代位權，自保險人為保險給付之日起，二年間不行使而消滅。

第三十條　請求權人對被保險人之和解、拋棄或其他約定，有妨礙保險人依前條規定代位行使請求權人對於被保險人之請求權，而未經保險人同意者，保險人不受其拘束。

第三節　請求權之行使

第三十一條　被保險汽車發生汽車交通事故，被保險人已爲一部之賠償者，保險人僅於本法規定之保險金額扣除該賠償金額之餘額範圍內，負給付責任。但請求權人與被保險人約定不得扣除者，從其約定。

前項被保險人先行賠償之金額，保險人於本法規定之保險金額範圍內給付被保險人。但前項但書之情形，不在此限。

第三十二條　保險人依本法規定所爲之保險給付，視爲被保險人損害賠償金額之一部分；被保險人受賠償請求時，得扣除之。

第三十三條　汽車交通事故之發生，如可歸責於被保險人以外之第三人，保險人於保險給付後，得代位行使被保險人對於第三人之請求權。但其所得請求之數額，以不逾保險給付爲限。

前項第三人為被保險人或請求權人之配偶、家長、家屬、四親等內血親或三親等內姻親者，保險人無代位求償之權利。但汽車交通事故由其故意所致者，不在此限。

第三十四條　被保險汽車發生交通事故時，應依下列規定辦理：

一、被保險人或加害人應自行或請他人立即將受害人護送至當地或附近之醫療院所急救。但依當時情形顯然無法施救者，不在此限。

二、被保險人或加害人應立即報請當地警、憲機關處理，並應於五日內以書面通知保險人。請求權人亦得直接以書面通知保險人。

三、被保險人、加害人及請求權人應與保險人合作，提供人證、物證有關資料及文件。

被保險人、加害人及請求權人違反前項規定之義務者，保險人仍負保險給付之責任。但因其故意或過失致生保險人之損害者，應負賠償責任。

第三十五條　因汽車交通事故死亡者，請求權人得提出證明文件，請求保險人暫先給付相當於保險給付二分之一之金額。

因汽車交通事故殘廢者，請求權人得提出證明文件，就保險人已審定之殘廢等級，請求保險人暫先給付其保險金。

保險人應於請求權人依前二項規定提出證明文件之次日起十個工作日內給付之。保險人因可歸責於自己之事由致未在期限內為給付者，自期限屆滿時起，應按年利一分給付遲延利息。

保險人暫先給付之保險金額超過其應為之保險給付時，就超過部分，得向請求權人請求返還。

第三十六條　同一汽車交通事故牽涉數汽車時，依下列規定處理：

一、事故汽車全部為被保險汽車者，請求權人得請求各應負給付義務之保險人連帶為保險給付。

二、事故汽車全部為第四十條第一項所定之汽車者，請求權人得請求特別補償基金補償。

三、事故汽車部分為被保險汽車，部分為第四十條第一項所定之汽車者，請求權人得請求各應負給付義務之保險人與特別補償基金連帶為保險給付或補償。

前項保險人間或保險人與特別補償基金間，按其所應給付或補償之事故汽車數量比例，負分擔之責。

第三十七條　請求權人依本法規定請求保險給付者，保險人不得以其有本保險以外之其他種類保險而拒絕或減少給付。

第三章　汽車交通事故特別補償基金

第三十八條　為使汽車交通事故之受害人均能依本法規定獲得基本保障及健全本保險制度，應設置特別補償基金，並依汽、機車分別列帳，作為計算費率之依據。

前項特別補償基金為財團法人；其捐助章程及基金管理辦法，由主管機關會同中央交通主管機關定之。

第三十九條　特別補償基金之來源如下：

一、本保險之保險費所含特別補償基金分擔額。

二、依第四十二條第二項規定代位求償之所得。

三、基金之孳息。

四、依第十一條第三項規定之所得。

五、其他收入。

第　四十　條　汽車交通事故發生時，請求權人因下列情事之一，未能依本法規定向保險人請求保險給付者，得於本法規定之保險金額範圍內，向特別補償基金請求補償：

一、事故汽車無法查究。

二、事故汽車為未保險汽車。

三、事故汽車係未經被保險人同意使用或管理之被保險汽車。

四、事故汽車全部或部分為無須訂立本保險契約之汽車。

前項第三款規定未經被保險人同意使用或管理認定如有疑義，在確認前，應由被保險汽車之保險人暫先給付保險金。

第一項第四款所定事故汽車，全部為無須訂立本保險契約之汽車之情形，各事故汽車之駕駛人不得向特別補償基金請求補償。

特別補償基金依第一項第一款規定爲補償後，事故汽車經查明係本保險之被保險汽車者，得向其保險人請求返還。

保險人依前項規定對特別補償基金爲返還者，視爲已依本法之規定向請求權人爲保險給付。

汽車交通事故之請求權人，依第一項規定申請特別補償基金補償者，準用第二十五條第二項至第四項、第二十七條、第二十八條、第三十五條及第三十七條規定。但準用第二十七條規定補償之傷害醫療費用給付，不包括全民健康保險之給付金額。

第四十一條　未保險汽車或無須訂立本保險契約之汽車發生交通事故時，準用第三十四條規定。

第四十二條　特別補償基金依第四十條規定所爲之補償，視爲損害賠償義務人損害賠償金額之一部分；損害賠償義務人受賠償請求時，得扣除之。

特別補償基金於給付補償金額後，得代位行使請求權人對於損害賠償義務人之請求權。但其所得請求之數額，以補償金額爲限。

前項之請求權，自特別補償基金爲補償之日起，二年間不行使而消滅。

損害賠償義務人爲請求權人之配偶、家長、家屬、四親等內血親或三親等內姻親者，特別補償基金無代位求償之權利。但損害賠償義務人有第二十九條第一項各款情事之一者，不在此限。

第四十三條　請求權人對損害賠償義務人之和解、拋棄或其他約定，有妨礙特別補償基金代位行使請求權人對損害賠償義務人請求權，而未經特別補償基金同意者，特別補償基金不受其拘束。

請求權人自損害賠償義務人獲有賠償者，特別補償基金於補償時，應扣除之。如有應扣除而未扣除者，特別補償基金得於該應扣除之範圍內請求返還之。

第四章 保險業之監理

第四十四條　本保險之保險費結構如下：

一、預期損失。

意外保險學

二、保險人之業務費用。

三、安定基金。

四、特別補償基金之分擔額。

五、費率精算、研究發展、查詢服務、資訊傳輸等健全本保險之費用。

前項各款之比率、金額及內容，由主管機關會同中央交通主管機關訂定公告之。

第四十五條　本保險費率，由主管機關會同中央交通主管機關擬訂，提經社會公正人士組成之費率審議委員會審議通過後發布之。

前項費率擬訂工作，得委託適當專業機構辦理。

保險費率之訂定，以兼採從人因素及從車因素為原則。但得視社會實際情形擇一採用之。

保險人應依主管機關會同中央交通主管機關依第一項規定發布之保險費率計收保險費。

主管機關得委託專業機構辦理保險費及其他相關資訊之查詢服務。

第四十六條　保險人經營本保險，應正確記載承保資料及辦理理賠；承保資料應記載內容、理賠程序與第十五條通知之方式及其他應遵行事項之辦法，由主管機關定之。

第四十七條　保險人應設立獨立會計，記載本保險之業務及財務狀況。

保險人辦理本保險之保險費，屬於第四十四條第一項第一款規定之預期損失者，應專供本保險理賠及提存各種準備金之用，其預期損失與實際損失之差額，應提存為特別準備金，除因調整保險費率、調高保險金額、彌補純保險費虧損或依第三項所定辦法處理外，不得收回、移轉或供其他用途。

保險人辦理本保險之會計處理與業務財務資料陳報、各種準備金之提存、保管、運用、收回、移轉及其他應遵行事項之辦法，由主管機關會商中央交通主管機關定之。

第四十七之一條　保險人之債權人，非基於本法所取得之債權，不得對本保險之相關資產聲請扣押或行使其他權利。

前項相關資產之項目及範圍，於前條第三項之辦法定之。

第五章　罰則

第四十八條　保險業違反第八條第一項規定者，由主管機關處新臺幣三百萬元以上一千五百萬元以下罰鍰。

保險人違反第十八條第一項或第二十條規定者，由主管機關處新臺幣二十萬元以上一百萬元以下罰鍰。

保險人違反第四十五條第四項、第四十七條第一項、第二項或依第三項所定辦法中有關本保險之會計處理與業務財務資料陳報、各種準備金提存、保管、運用、收回及移轉之規定者，由主管機關處新臺幣六十萬元以上三百萬元以下罰鍰。

保險人違反第十五條、第十九條第一項、第二項或依第四十六條所定辦法中有關正確記載承保資料、辦理理賠或第十五條通知方式之規定者，由主管機關處新臺幣六萬元以上三十萬元以下罰鍰。

主管機關為前四項處分時，得命其限期改正，屆期未改正者，按次處罰，並得視情節輕重為下列處分：

一、命其解除經理人或職員之職務。

二、解除董事、監察人職務或停止其於一定期間內執行職務。

三、停止於一定期間內接受本保險之投保。

四、撤銷或廢止經營本保險之許可。

第四十九條　投保義務人未依本法規定訂立本保險契約，或本保險期間屆滿前未再行訂立者，其處罰依下列各款規定：

一、經公路監理機關或警察機關攔檢稽查舉發者，由公路監理機關處以罰鍰。為汽車者，處新臺幣三千元以上一萬五千元以下罰鍰；為機車者，處新臺幣一千五百元以上三千元以下罰鍰。

二、未投保汽車肇事，由公路監理機關處新臺幣六千元以上三萬元以下罰鍰，並扣留車輛牌照至其依規定投保後發還。

依前項規定所處罰鍰，得分期繳納；其申請條件、分期期數、不依期限繳納之處理等事項之辦法，由中央交通主管機關會同主管機關定之。

 意外保險學

第 五 十 條　公路監理機關於執行路邊稽查或警察機關於執行交通勤務時，應查驗保險證。對於未依規定投保本保險者，應予舉發。

投保義務人接獲違反本保險事件通知單後，應於十五日內到達指定處所聽候裁決；屆期未到案者，公路監理機關得逕行裁決之。但投保義務人認為舉發之事實與違規情形相符者，得不經裁決，逕依公路監理機關所處罰鍰，自動向指定之處所繳納結案。

第五十一條　依本法所處之罰鍰未繳納前，公路監理機關不予受理應訂立本保險契約之汽車辦理換發牌照、異動登記或檢驗。

前項罰鍰經限期繳納，屆期未繳納者，依法移送強制執行。

第六章　附則

第五十二條　本法施行細則，由主管機關會同中央交通主管機關定之。

第五十三條　本法自公布日施行。

參考文獻

中文部份

1. 財團法人保險事業發展中心, 中華民國意外及其他財產保險業務統計，https://www.tii.org.tw/opencms/actuarial/actuarial1/report/result.html。

2. 中華民國產物保險核保學會，《產物保險業核保理賠人員資格考試綱要及參考試題」(共同科目篇)》，中華民國九十二年十二月。

3. 中華民國產物保險核保學會，《產物保險業核保理賠人員資格考試綱要及參考試題」(專業科目篇)》，中華民國九十二年十二月。

4. 中華民國責任保險研究發展基金會，《責任保險論文集》，第一輯～第十輯。

5. 台北市產物保險商業同業公會，《汽車保險費率規章》，中華民國九十五年七月。

6. 台北市產物保險商業同業公會，《保險大道社期刊》，http://www.nlia.org.tw/modules/tadnews/index.php?ncsn=37#A。

7. 台北市產物保險商業同業公會，《意外保險簡介》。

8. 胡宜仁，《保險實務》，三民書局，中華民國七十七年十一月。

9. 袁宗蔚，《保險學》，三民書局，增訂廿九版，中華民國七十八年七月。

10. 財團法人工程保險協進會，《工程保險及工程保證保險手冊》，http://www.eia.org.tw/。

11. 財團法人保險事業發展中心，《工程保證保險訓練教材》，中華民國八十一年五月。

12. 財團法人保險事業發展中心，《保險英漢辭典》，中華民國 92 年 6 月。

13. 財團法人保險事業發展中心，《工程保險訓練教材》第一輯，1993 年。

14. 財團法人保險事業發展中心，《我國現行產物保險單彙編》，1987 年。

15. 財團法人保險事業發展中心，《汽車保險訓練教材》，中華民國八十一年七月。

16. 財團法人保險事業發展中心，《保險業務概況》，中華民國七十六年。

17. 財團法人保險事業發展中心，《意外保險訓練教材》第一輯，2005 年。

18. 財團法人保險事業發展中心，《新種保險論》，1989 年 5 月。

19. 陳代眾，《工程保險》，中華民國六十八年五月一日。

20. 陳繼堯，《工程保險－理論與實務》，智勝文化事業有限公司，2002 年 1 月。

21 陳繼堯，《汽車保險－理論與實務》，智勝文化事業有限公司，1999 年 8 月。

22. 湯俊湘，《保險學》，三民書局，中華民國七十七年三月。

23. 楊誠對，《意外保險》，三民書局，中華民國七十七年六月。

24. 中華民國產物保險商業同業公會，意外險手冊及相關資料，http://www.nlia.org.tw/。

英文部份

1. Dinsdale, W.A.1954. History of Accident Insurance in Great Britain.

2. Dinsdale, W. A., 1975. Principle and Practice of Accident Insurance, 9th edition.

3. Gee, H. F., 1964. Agent's Casualty Guide, Amazon.

4. Gee, H. F., 1981. Agent's Bonding Guide 21 edition. Rough Notes Company, Inc.

5. Harrington, S. E. & Niehaus, G. R., 1999. Risk management and Insurance, Mc Graw-Hill.

6. Kulp, C.A. & Hall, J. W., 1968. Casualty Insurance.

7. Madge, P., 1987. Civil engineering insurance and bonding.

8. Magarick P., 1989. Casualty Insurance Claims.

9. Mehr, R. I. & Cammack, E., 1980. Principles of Insurance, seven edition.

10. Vaughan, E., 1997. Risk Management, John Wiley & Sons , Inc.

11. Vaughan, E. J. & Ellintt, C. M., 2003. Fundamentals of Risk and Insurance, 9th edition.

12. Rejda, G. E. & McNamara M., 2016. Principles of Risk Management and Insurance, Prentice Hall PTR.